Rainer Dissars-Nygaard, Jahrgang 1949, studierte Betriebswirtschaft und ist als Unternehmensberater tätig. Er lebt auf der Insel Nordstrand bei Husum. Im Emons Verlag erschienen unter dem Pseudonym Hannes Nygaard »Tod in der Marsch«, »Vom Himmel hoch«, »Mordlicht«, »Tod an der Förde«, »Todeshaus am Deich«, »Küstenfilz« und »Todesküste«.

Dieses Buch ist ein Roman. Handlungen und Personen sind frei erfunden. Ähnlichkeiten mit lebenden oder toten Personen sind rein zufällig.

HANNES NYGAARD

TOD AM KANAL

HINTERM DEICH KRIMI

Emons Verlag

© Hermann-Josef Emons Verlag
Alle Rechte vorbehalten.
Umschlagzeichnung: Heribert Stragholz
Druck und Bindung: CPI – Clausen & Bosse, Leck
Printed in Germany 2008
ISBN 978-3-89705-585-8
Hinterm Deich Krimi 8
Originalausgabe

Unser Newsletter informiert Sie
regelmäßig über Neues von emons:
Kostenlos bestellen unter
www.emons-verlag.de

Dieser Roman wurde vermittelt durch die Agentur EDITIO DIALOG,
Dr. Michael Wenzel, Lille, Frankreich (www.editio-dialog.com)

Für Julia und Leif

»*Über alles hat der Mensch Gewalt, nur nicht über sein Herz.*«
Friedrich Hebbel

EINS

Leise drangen deutsche Schlager aus den Lautsprechern, bis eine Männerstimme mit aufgesetzter Fröhlichkeit dazwischenfuhr und verkündete, dass es kurz vor sieben Uhr sei an diesem wunderbaren Morgen und in wenigen Minuten der Norddeutsche Rundfunk seine Hörer mit den neuesten Nachrichten aus aller Welt beglücken werde.

»Komm, Maike, mach ein bisschen zu. Ich verstehe nicht, weshalb du morgens nie in die Hufe kommst.« Renate Hauffe wich, ein Tablett mit Frühstücksgeschirr balancierend, ihrer Tochter aus, die mit müden Schritten ihren Weg von der Küche zum Esstisch im Wohnzimmer kreuzte. »Und du bist auch 'nen richtiger Morgenmuffel«, warf sie ihrem Mann zu, der am Fenster stand und auf den Burggraben schaute. »Ich begreife nicht, warum ihr beide jeden Morgen so rumtrödeln müsst.«

»Ja – ja«, brummte Wulf Hauffe zurück und starrte weiter aus dem Fenster. Rechts waren durch die Stämme der majestätischen Bäume die Treppengiebel der Häuser zu sehen, die den historischen Marktplatz Friedrichstadts begrenzten. Von Osten her schien die kräftige Morgensonne auf das Ensemble aus weißen Häusern, zwischen das sich ein Gebäude mit einer Klinkerfassade gemogelt hatte. Selbst ein Maler mit ausgereiftem Sinn für Romantik hätte das Farbenspiel nicht besser inszenieren können.

Hauffe liebte die Sicht aus seiner Wohnung am Burggraben, der Gracht, die die Altstadt des Holländerstädtchens teilte. Vom Wohnzimmer in der ersten Etage hatte man einen wunderbaren Ausblick auf den Marktplatz, die Häuser und die Gracht, in deren stillem Wasser sich die steinerne Rundbogenbrücke ebenso wie die großen Bäume spiegelte, die das grüne Uferband säumten. Fast vor dem Haus führte eine hölzerne Fußgängerbrücke über das Wasser, an dessen Ufer kleine Holzstege als Anlegestelle für Kanus und Sportboote dienten.

Die sechzehnjährige Maike war ins Wohnzimmer getreten, hatte sich ein Croissant aus dem Brötchenkorb gegriffen und biss im Stehen in das Backwerk hinein.

»Setz dich hin. Es ist nicht gesund, im Vorbeilaufen zu frühstücken«, mahnte ihre Mutter.

»Ich muss noch meine Haare machen«, antwortete das hochgewachsene schlanke Mädchen. »Sag mal, müssen wir eigentlich immer diesen Gruftisender hören? Das nervt, wenn man schon in aller Frühe diese Töne ins Ohr geblasen bekommt.«

»Papa besteht auf seinen Nachrichten. Herrje noch mal – sieh dir das an. Jetzt hast du das ganze Krümelzeug wieder auf dem Teppich verteilt.«

Maike folgte dem Blick ihrer Mutter, die ärgerlich auf die Krumen des Croissants schaute, die vor Maikes Füßen lagen.

»Nun pass auf, Mädchen, dass du das nicht auch noch breit trittst«, schimpfte Renate Hauffe. »Was ist mit dir, Wulf, brauchst du eine Extraeinladung?«

»Jaja«, antwortete ihr Mann und sah immer noch aus dem Fenster.

»Von dir höre ich immer nur ›Jaja‹. Wollt ihr beide mich verscheißern? Wenn euch das alles nicht passt, könnt ihr euren Mist künftig alleine machen. *Ich* kann auch später in Ruhe mein Brötchen essen.« Renate Hauffe drehte sich zu ihrer Tochter um. »Was ist nun? Soll ich deinen Dreck auch noch wegwischen?«

Maike winkte lässig ab. »Ich muss los.« Das Mädchen hängte sich einen MP3-Player um den Hals, stöpselte die beiden Ohrhörer ein, griff zu einem Rucksack, der in der Ecke lag, und warf ein »Tschüss« in den Raum.

»Warum gehst du nicht mit deinem Vater zusammen? Schließlich habt ihr den gleichen Weg.«

Maike deutete ihrer Mutter einen gehauchten Kuss an. »Es ist schon blöd genug, dass mein Vater Lehrer an meiner Schule ist. Wie sieht das aus, wenn ich mit meinem Alten zusammen zur Penne trotte?«

»Du sollst deinen Vater nicht immer ›Alter‹ nennen. Das habe ich dir schon oft gesagt.«

Maike verschwand ohne ein weiteres Wort.

Renate trat neben ihren Mann ans Fenster. »Du bist auch nicht besser als deine Tochter.«

Anstelle einer Antwort zeigte Wulf Hauffe zur Gracht hinunter. »Siehst du das?«

»Was?« Sie sah zum Burggraben. Zwischen der kopfsteingepflasterten Straße, in der sie wohnten, und dem Wasser fiel die Böschung leicht ab. Auf dem Gras lag ein kleineres Motorboot, das mit einer Plane abgedeckt war. Außer Maike, die jetzt auf der Straße erschien, sich eine Zigarette anzündete und dann, ohne sich umzublicken, nach links aus dem Sichtfeld verschwand, konnte Renate Hauffe nichts entdecken.

»Da drüben.« Ihr Mann streckte den Arm aus und wies zur Gracht hinunter.

»Ich weiß nicht, was du meinst.« Renate wollte sich umdrehen, aber er hielt sie am Ärmel fest.

»Das Kanu, das halb unter der Holzbrücke liegt.«

»Na und?«

»Mir ist es schon vorhin aufgefallen. Da liegt jemand drin.«

Renate Hauffe kniff die Augen zusammen. »Ich brauche meine Brille«, sagte sie und holte sich die Sehhilfe vom Couchtisch. Angestrengt blinzelte sie durch die Gläser. »Tatsächlich. Ich glaube, du hast recht.«

»Merkwürdig«, stellte Hauffe fest. »Wer legt sich zu dieser Stunde in ein Kanu?«

»Ist doch nicht unser Problem«, entgegnete seine Frau unwirsch und sah auf die Armbanduhr. »Ach, Mensch, jetzt ist es wieder so spät. Du musst los. Jetzt hocke ich allein vor dem ganzen Frühstück. Ich mag nicht mehr.«

Hauffe fuhr sich mit der Hand übers Kinn. »Sieht aus wie 'ne Frau. Die ist mir schon vor einer Stunde aufgefallen.«

»Was geht mich jemand an, der besoffen in einem Boot schaukelt.« Renate Hauffe drehte sich um und setzte sich an den Tisch.

Auch Hauffe wandte sich vom Fenster ab. Er betrachtete seine Frau. Die dunkel getönten Haare hingen strähnig auf die Schulter. Der Jogginganzug, den sie oft im Haus trug, war ausgebeult und verdeckte nur unzureichend die Polster, die sich im Laufe der Jahre angesammelt hatten. Ungeschminkt unterschied sie sich schon seit Langem sehr von der Frau, die er einmal geheiratet hatte. Und auch wenn sie sich zu besonderen Anlässen ausgiebig der Politur ihres Äußeren hingab, war in seinen Augen der Glanz früherer Jahre verblasst.

»Du lässt dich gehn«, sagte er leise und dachte dabei an das Chanson von Charles Aznavour. »Du solltest vielleicht einmal nachsehen, was es mit der Frau auf sich hat«, warf er ihr im Vorbeigehen zu.

Renate Hauffe hatte von einem Brötchen abgebissen. Sie nahm einen Schluck Kaffee und antwortete mit vollem Mund: »Kannst du doch machen, wenn du gehst.«

Er hatte sich eine Jacke übergeworfen und seine abgegriffene Aktenmappe geschnappt. »Ich muss jetzt zur Schule. Dann ruf doch die Polizei, wenn du zu träge bist, nachzuschauen.«

Ohne weiteren Gruß verließ er die Wohnung.

Renate Hauffe griff zur Tageszeitung und blätterte lustlos durch die Seiten. Die Worte ihres Mannes ließen ihr keine Ruhe. Sie stand auf, trat erneut ans Fenster und sah auf den Burggraben hinab. Die Frau lag immer noch reglos im Kanu. Mit einem Seufzer griff sie das Telefon, wählte die Nummer und lauschte einer sonoren Männerstimme, die sich mit »Polizeinotruf« meldete.

»Hauffe, Friedrichstadt. Wir wohnen am Mittelburgwall. Direkt gegenüber dem Marktplatz. Von meinem Fenster aus sehe ich im Burggraben ein Kanu, in dem eine Frau liegt. Glaube ich wenigstens.«

»Ist das direkt vor Ihrer Tür?«

»Ja.«

»Haben Sie einmal nachgesehen, was mit der Person ist?«

»Nein. Das ist doch Ihre Aufgabe.«

»Schön«, sagte der Polizist beim Notruf. »Wir schicken einen Streifenwagen vorbei. Nennen Sie mir bitte Ihren Namen und Ihre Anschrift.«

Eine halbe Stunde später stand auf dem Kopfsteinpflaster des Mittelburgwalls neben zwei Streifenwagen ein Ford-Kombi. Mit diesem Fahrzeug waren drei Beamte der Kriminalpolizei gekommen. Hauptkommissar Christoph Johannes stand am Ufer der Gracht und blickte auf die leblose Frau im grün-weißen Kanu, das im Burggraben vertäut war. Das Boot war so befestigt, dass es zur

Hälfte durch die hölzerne Brücke verdeckt wurde, die an dieser Stelle die Straße mit dem Marktplatz am anderen Ufer verband. Der Leiter der Husumer Kriminalpolizeistelle beobachtete seine beiden Kollegen, Oberkommissar Große Jäger und Kommissar Harm Mommsen, die sich vorsichtig dem Fundort der Toten genähert hatten, dabei aber darauf achteten, mögliche Tatortspuren nicht zu verwischen.

»Es sieht aus, als wäre die Frau erdrosselt worden«, sagte Große Jäger und kam ächzend wieder aus der Hocke empor. Er trug ein kariertes Baumwollhemd und eine fleckige Lederweste, die nur unzureichend den Schmerbauch verdeckte, der über der Gürtelschnalle der schmuddeligen Jeans hing. Der dunkle Schimmer des Stoppelbarts und die ungewaschenen Haare mit den ersten grauen Strähnen vervollständigten das Bild eines nicht vollkommen gepflegten Mannes.

»Was hast du sehen können?«, wandte sich Christoph an Harm Mommsen, den jungen Kollegen, der auf der Brücke stand und von oben ins Boot sah. Der Kommissar mit der sportlichen Figur wirkte im Unterschied zum Oberkommissar wie aus dem Ei gepellt. Das blonde Haar lag in leichten Wellen am Kopf an, das Gesicht wies einen gesunden braunen Teint auf.

»Die Füße stecken im Bootskasten am Bug, während die Frau auf dem Boden sitzt. Sie lehnt mit dem Rücken gegen die Sitzbank, und der Oberkörper ist nach vorne gesunken. Von Weitem sieht es aus, als wäre der Kopf auf die Brust gefallen und sie würde schlafen.«

»Anzeichen von Gewalteinwirkungen?«, fragte Christoph.

»Keine zu erkennen«, sagte Große Jäger. »Zumindest nicht von hier aus. Wir müssen die Spurensicherung abwarten.«

Als hätte er mit seinen Worten magische Kräfte ausgelöst, rollte ein Mercedes-Kombi heran, dem ein hochgewachsener Mittvierziger mit grauen Schläfen entstieg.

»Moin, Dr. Hinrichsen«, wurde er von Christoph begrüßt. Der Arzt war als Allgemeinmediziner in der Kreisstadt tätig und hatte in der weit von Kiel entfernten Region der Polizei schon oft bei ungeklärten Todesfällen wertvolle Dienste geleistet, da die Rechtsmedizin in der Landeshauptstadt konzentriert war. »Wir müssen noch ein wenig warten, bis die Spurensicherung eingetroffen ist. Ich möchte das Areal an der Uferböschung untersucht wissen, bevor wir es betreten. Es sieht aus, als würde Fremdverschulden vorliegen. In diesem Fall muss der Täter seine Spuren am Ufer hinterlassen haben.«

»Wissen Sie, wie viele Patienten in meiner Praxis auf mich warten?«, fragte Dr. Hinrichsen unwirsch.

»Da wird schon keiner ernsthaft zu Schaden kommen«, mischte sich Große Jäger ein. »Zum einen haben Sie ja stets die neueste Büchermappe abonniert, sodass keine Langeweile aufkommt. Und wer ernsthaft krank wird, geht sowieso zu einem *richtigen* Doktor.«

Für diese Bemerkung erntete Große Jäger einen bösen Blick des Arztes. Christoph schaltete sich ein. »Wilderich, du könntest die Zeit nutzen, um mit Harm die Umgebung abzuklappern und die Anwohner zu befragen, ob jemand etwas mitbekommen hat.«

»Warum ich?«, erwiderte Große Jäger, stapfte aber doch die Böschung hoch und fragte einen der Streifenpolizisten: »Wer hat den Fund gemeldet?«

Der Beamte zeigte auf ein grau geputztes Wohnhaus mit dekorativen Verzierungen an der Fassade. Liebevoll waren Rosenstöcke an die Hauswand gepflanzt. Gesäumt von zwei hohen Fenstern mit Rundbögen dominierte eine doppelflügelige Haustür die Vorderfront. Kunstvolle Ornamente an der grünen Holztür und das ebenso verzierte Oberlicht machten den Eingang zu einer Augenweide. Aus einem Fenster im Obergeschoss sah jemand, halb durch eine Raffgardine verdeckt, auf das Geschehen hinunter.

»Hauffe heißt die Frau, die uns den Vorgang gemeldet hat.«

Christoph war Große Jäger gefolgt. »Dann werden wir mit der Dame sprechen«, sagte er.

»Wieso willst du plötzlich selbst mitkommen?«

Christoph lachte. »Weil ich gehört habe, dass es sich um ein weibliches Wesen handelt.«

»Du vergisst, dass sich der Doc überhaupt nicht an seine ärztliche Schweigepflicht hält, wenn er dich an Anna verpetzt.«

Große Jäger spielte damit auf Anna Bergmann an, Christophs Freundin, die als Arzthelferin bei Dr. Hinrichsen beschäftigt war.

Frau Hauffe musste schon auf sie gewartet haben. Kaum hatten sie den Klingelknopf betätigt, wurde die Tür geöffnet.

»Frau Hauffe? Wir kommen von der Husumer Kripo.« Christoph stellte sich und Große Jäger vor.

Die Frau strich sich mit einer Handbewegung die Haare aus der Stirn. »Kommen Sie rein«, forderte sie die beiden Beamten auf und führte sie ins Wohnzimmer im Obergeschoss.

Große Jäger trat ans Fenster. »Von hier aus haben Sie die Person im Kanu entdeckt?«

Frau Hauffe nickte. »Ja. Das kam mir komisch vor, weil sie sich nicht bewegte. Die ganze Zeit nicht.«

»Was heißt: die ganze Zeit?«

»Nun – ja. So gegen halb sieben habe ich sie das erste Mal wahrgenommen. Und eine Stunde später saß sie immer noch da.«

»Und dann haben Sie die Polizei angerufen? Auf die Idee, einmal nachzusehen, sind Sie nicht gekommen?«

»Ja – nein. Also«, stammelte Frau Hauffe. »Zuerst wollte ich ja, aber weil die Frau sich nicht bewegte, dachte ich, es ist vielleicht besser, die Polizei zu verständigen.«

Unsicher blickte sie von Große Jäger zu Christoph und wieder zurück.

»Eigentlich …«

»Was wollten Sie sagen?«

»Eigentlich war es eine Idee meines Mannes.«

»Wo ist der jetzt?«

»In der Schule. Er ist Lehrer am Eidergymnasium. Hier in Friedrichstadt.«

»Und auch Ihr Mann hat nicht nach der Frau gesehen, bevor er ging?«

»Nein«, kam es zögerlich über ihre Lippen. Unsicher sah sie Große Jäger an. »Ich glaube, nicht.«

»Wissen Sie, wer die Frau ist?«

Jetzt schüttelte sie energisch den Kopf. »Das kann man von hier aus nicht sehen.«

»Wir möchten Sie bitten, uns zum Kanu zu begleiten. Vielleicht erkennen Sie die Frau«, sagte Christoph.

»Muss das sein?« Angstvoll sah sie Christoph an.

Der nickte bestimmt. »Damit wäre uns sehr geholfen.«

Mit zögernden Schritten folgte Renate Hauffe den beiden Beamten über die Straße. Sie gingen auf die Holzbrücke, um keine Spuren am Ufer zu zerstören.

Inzwischen war die Spurensicherung der Bezirkskriminalinspektion aus Flensburg eingetroffen.

Ein kleiner, fast glatzköpfiger Mann in weißem Schutzanzug stand am Fundort der Leiche und erteilte Anweisungen.

»Moin, Klaus«, begrüßte Christoph Hauptkommissar Jürgensen, den Leiter der Kriminaltechnik.

Als Antwort erhielt er ein Räuspern, das in ein Husten überging. Jürgensen sah zur Brücke hoch und verdeckte mit der Hand die Augen, weil er gegen die Sonne blinzeln musste.

»Habe ich mir doch gedacht, dass ihr Schlickrutscher wieder eure Hände im Spiel habt. Ich warte immer noch auf den Tag, an dem wir zur Spurensicherung an euren Strand gerufen werden, weil die nordfriesischen Suffköppe ein Schiff mit Rum gekapert haben.« Dann bemerkte Jürgensen Große Jäger, der hinter Christoph auf die Brücke trat. »Ach du Elend. Der Schrecken aller ehrlichen Polizeibeamten ist auch dabei.«

»Sieh zu, dass du die Grashalme mit den Fußspuren eingegipst bekommst, damit wir *richtigen* Kriminalisten endlich mit unserer Arbeit beginnen können.«

»Sherlock Holmes konnte seine Spuren allein lesen. Der hat keine höchstqualifizierten Techniker aus Flensburg zu Hilfe rufen müssen«, erwiderte Jürgensen.

»Ich bin Westfale und kein Indianer, der Spuren liest.«

»«Habe ich mir doch gleich gedacht, dass der Name Große Jäger Etikettenschwindel ist«, sagte Jürgensen lachend und winkte Dr. Hinrichsen ab, der sich einmischte: »Meine Herren, Sie sollten zusehen, dass wir vorankommen. Schließlich hat nicht jeder so viel Zeit wie ihr Beamten.«

Nach einer Weile tauchte Harm Mommsen in Begleitung eines Beamten der Schutzpolizei wieder auf.

»Wir haben uns in der Nachbarschaft umgehört. Niemand will etwas gesehen haben. Dafür scheint es sich jetzt wie ein Lauffeuer herumgesprochen zu haben.« Mommsen zeigte mit dem Kopf in

Richtung der Schaulustigen, die den Fundort neugierig umlagerten.

»Was ist nun?«, fragte Renate Hauffe, die die Hände vor der Brust zusammenschlug, als würde sie frieren.

Christoph führte sie auf die Brücke. Fast widerwillig beugte sich die Lehrersfrau über das Geländer und warf einen Blick in das Boot. Blitzartig zuckte sie zurück.

»Kennen Sie die Frau?«, fragte Christoph.

Zögerlich nickte Renate Hauffe.

»Ich fürchte, ja. Ich glaube, das ist Frau Wiechers.«

»Wer ist das? Wohnt die hier in der Nachbarschaft? Gibt es Familie? Angehörige?«

Renate Hauffe schüttelte den Kopf. »Viel weiß ich nicht über sie. Sie ist eine Kollegin meines Mannes. Auch Lehrerin. Unterrichtet am Eidergymnasium.«

Für einen kurzen Moment hatte es den Anschein, als würden der Frau die Knie weich werden. Große Jäger packte sie am Ellenbogen und gab ihr Halt.

»Kommen Sie«, sagte der Oberkommissar. »Ich begleite Sie zu Ihrer Wohnung. Soll ich einen Arzt benachrichtigen?«

Sie schüttelte den Kopf. »Danke, es geht schon wieder. Wissen Sie, das ist so überraschend, wenn es jemanden trifft, den man kennt. Wenn auch nur entfernt.« Erneut schüttelte sie den Kopf. »Man glaubt nie, dass so etwas vor der eigenen Haustür passieren könnte. Und dann hier … bei uns in Friedrichstadt.« Renate Hauffe hörte gar nicht wieder auf, den Kopf zu schütteln. »Das kann doch nicht wahr sein«, murmelte sie, als sich die Haustür hinter ihr schloss.

Große Jäger kehrte zu seinen Kollegen zurück. »Merkwürdig, wie sich die Frau aufgeführt hat«, stellte er fest.

»Dir fehlt die Sensibilität unbescholtener Bürger, die nicht täglich mit solchen Vorkommnissen konfrontiert werden«, antwortete Christoph.

»Du tust so, als hätten wir jeden Tag 'ne Leiche zum Frühstück.«

»Eine Reihe von Fällen haben wir schon erfolgreich gelöst.« Christoph knuffte dem Oberkommissar freundschaftlich in die Seite.

»Die Bevölkerung in diesem Landstrich wird erst seit deiner Ankunft durch Mord und Totschlag dezimiert.« Große Jäger spielte darauf an, dass Christoph gegen seinen Willen von einem Verwaltungsposten beim Landeskriminalamt nach Husum versetzt worden war. Inzwischen hatte er sich aber nicht nur gut in die neuen Aufgaben eingearbeitet, sondern fühlte sich in Nordfriesland so wohl, dass er sich eine Rückkehr nach Kiel nicht mehr vorstellen konnte, obwohl dort seine Ehefrau und sein Sohn wohnten.

Als Christoph auf Große Jägers Stichelei nicht einging, fuhr der Oberkommissar fort: »Wie schön, dass du bei *uns* bist, wenn man davon ausgeht, dass du Mord und Totschlag anziehst. Wärst du in Kiel geblieben, hättest du unsere Landeshauptstadt von der Einwohnerzahl auf das Niveau einer kriminellen Kleinstadt dezimiert. So halten wir diesen Landstrich in einer überschaubaren Größenordnung.«

»Wie gut, dass wir dich haben, lieber Wilderich. Ohne deinen westfälischen Einfluss würde Nordfriesland sicher einiges fehlen.«

»Bei dir weiß man immer nicht, wie das gemeint ist«, brummte Große Jäger.

Sie wurden durch Klaus Jürgensen unterbrochen. Der Leiter der Spurensicherung trat an sie heran, gefolgt von Dr. Hinrichsen.

»Wir haben keine Papiere gefunden. Über die Identität des Opfers können wir noch nichts sagen.« Jürgensen unterbrach seine Ausführungen, um zu niesen.

»Die Frau heißt Wiechers«, sagte Große Jäger.

Der Kriminaltechniker sah auf. »Woher wisst ihr das?«

»Ich habe dir schon vorhin erklärt, wer die *richtigen* Polizisten sind.«

Jürgensen räusperte sich vernehmlich, bevor er fortfuhr. »Die Frau ist Ende dreißig, vielleicht Anfang vierzig. Sie wurde wahrscheinlich erdrosselt.«

»Habt ihr das Tatwerkzeug gefunden?«

»Nein. Nicht im Boot oder im Umfeld. Ob die Erdrosselung auch die Todesursache war, muss die Rechtsmedizin feststellen. Am Bootsanleger gab es eine Reihe schwacher Fußspuren, die wir aufgenommen haben. Die Abdrücke sind zum Teil überlagert, daher lässt sich ein möglicher Hinweis auf einen Täter nur schwer zuordnen. Der muss aber hier ausgestiegen sein.«

»Ist der Fundort auch der Tatort?«

»Das kann ich nicht beantworten. Es sieht aber so aus. Wir haben kein Paddel gefunden. Wie sollte das Boot sonst hierhergekommen sein? Wir werden das Boot und die Schnüre, mit denen es befestigt ist, mit ins Labor nehmen und dort eingehend untersuchen. Zum Zustand der Leiche kann aber Dr. Hinrichsen mehr sagen.«

»Die Frau wurde mit einem Draht erdrosselt. Die Strangfurchen sind deutlich erkennbar. Zudem gibt es Blutergüsse im Bereich des Kehlkopfes. Doch erst die Autopsie wird endgültige Klarheit schaffen.«

»Wieso sind Sie sich relativ sicher, Doc?«, fragte Christoph.

»Die Arterien führen bekanntlich sauerstoffhaltiges Blut, während die Venen das sauerstoffarme Blut zum Herzen zurücktransportieren. Deshalb liegen die Arterien geschützter, das heißt innen.« Der Arzt fasste sich an den Hals, an dem die Schlagader deutlich zu erkennen war. »Das hier sind die Venen. Wenn Sie jemanden erdrosseln, dann wird noch Blut in den Kopf gepumpt, es kann aber nicht mehr abfließen. Das Opfer wird zunächst bewusstlos, etwa nach dreißig Sekunden. Den Rest bekommt es nicht mehr mit. Die Frau hat also nur kurz gelitten.«

Der Arzt räusperte sich, bevor er weitersprach. »Der Kopf läuft dunkel an, weil das Blut nicht mehr ablaufen kann. Außerdem treten punktförmige Blutungen um die Augen auf. Die Zunge wird riesengroß und wirkt wie aufgebläht. Die Lippen quellen. Sie sehen aus wie aufgespritzt.«

»Es soll ja Leute geben, die diese Perversion perfektioniert haben«, warf Große Jäger ein. »Wenn ich an manche Möchtegern-Sternchen denke, die sich so lange würgen lassen, bis sie als Sexsymbol pralle Lippen bekommen, graust es mir.«

»Nun werden Sie nicht unsachlich«, mahnte der Arzt den Oberkommissar. Dann wandte er sich an Christoph.

»Der Täter hat den Draht wieder abgenommen, nachdem das Opfer tot war. Er hat die Frau ins Boot verfrachtet und den Draht erst später entfernt. Vielleicht am Fundort, also hier. Davon zeugen die schon erwähnten Merkmale wie das violette Gesicht und die dicke Zunge. Die Frau ist aber relativ kurz nach der Ermordung ins Boot verfrachtet worden.« Dr. Hinrichsen sah Klaus Jürgensen an. »Insofern muss ich Ihnen widersprechen, dass der Fundort auch der Tatort ist.«

»Woran ist das ersichtlich?«, fragte Christoph.

»Das verrät ihre sitzende Haltung. Das Blut, soweit es nicht durch die Drahtschlinge am Abfließen aus dem Kopf gehindert wird, sackt durch die Schwerkraft nach unten. Davon zeugen die violetten Flecken im Gesäßbereich. Aber auch das konnte ich nur oberflächlich analysieren, weil die Örtlichkeiten wenig mehr zulassen. Außerdem kommt es bekanntlich mit Eintritt des Todes zu einer Erschlaffung der Muskulatur, und es treten ein finales Einfeuchten sowie eine Darmentleerung ein. Und das erfolgt nun einmal an der Stelle, an der sich in diesem Fall das Blut sammelt. Noch was … Sie muss sich gewehrt haben. Es gibt Schnittwunden an den Fingerkuppen. Das heißt, sie hat versucht, sich mit den Fingern vom Draht zu befreien. Ein aussichtsloses Unterfangen.«

»Danke, Dr. Hinrichsen.« Christoph wandte sich an Jürgensen. »Kümmert ihr euch um den Rest? Die Überstellung zur Rechtsmedizin in Kiel?«

»Immer wir«, näselte der kleine Hauptkommissar und schob grummelnd ein »Ist okay« hinterher.

»Als Nächstes werden wir der Schule einen Besuch abstatten«, sagte Christoph und musste grinsen, weil sich Große Jäger wie selbstverständlich hinter das Lenkrad des Dienstwagens geklemmt hatte.

»Ich weiß, wo die Schule ist«, meldete sich Mommsen vom Rücksitz und dirigierte den Oberkommissar an den Rand der kleinen Stadt mit nur knapp zweieinhalbtausend Einwohnern.

Das Eidergymnasium lag hinter dem weitflächigen Areal, das durch die Grund- und Hauptschule, den Sportplatz und das Schwimmbad ausgefüllt war. Es grenzte direkt an Friedrichstadts Hausfluss, die Treene. Die Schule war ein nüchterner Zweckbau aus Sichtbeton im Stil der einfallslosen Architektur der sechziger Jahre. Wie vielen öffentlichen Gebäuden und Einrichtungen im Lande hätte auch dem Eidergymnasium eine Renovierung gut zu Gesicht gestanden.

Seit den Ereignissen von Erfurt und Emsdetten war das Empfinden für Sicherheit auch in den Schulen in den sogenannten ruhigeren Regionen gewachsen und daher die Zugangstür verschlossen. Sie klingelten. Es dauerte eine Weile, bis hinter der Drahtglasscheibe ein Mann in einem grauen Kittel auftauchte, die Tür öffnete und ihnen anstelle einer Begrüßung mit vollem Mund entgegnete: »Was wollen Sie? Heute ist keine Elternsprechstunde.«

»Wir möchten den Schulleiter oder Herrn Hauffe sprechen«, sagte Christoph.

»Geht nicht. Wir haben Unterricht. Das Beste ist, Sie rufen an.«

»Es ist dringend. Wir warten gern vor der Tür, wenn Sie einen der beiden Herren benachrichtigen. Es wäre aber wichtig, dass es jetzt geschieht.«

Der Mann im Kittel musterte die drei Beamten abschätzend. »Ich hab mich doch klar ausgedrückt. Im Moment haben wir Stunde. Rufen Sie das Sekretariat an, wenn Sie was verkaufen wollen.«

»Ich möchte Sie aber dringend ersuchen, Herrn …« Christoph konnte seinen Satz nicht zu Ende führen, da ihn Große Jäger sanft zur Seite schob.

»Hör mal zu, du selbst ernannter Burgwächter. Wenn *mein* Boss sagt, dass er *euren* Boss sprechen will, meint er es ernst. Also, was ist? Willst du dein Tor weiter mit dummen Schnacks verteidigen? Oder holst du nun den Direx?«

»Was erlauben Sie sich?«, empörte sich der Mann. »Ich bin hier der Hausmeister. Es besteht Anweisung, niemand ins Haus zu lassen. Wenn Sie nicht umgehend das Grundstück verlassen, werde ich die Polizei verständigen.«

»Die ist manchmal schneller, als du glaubst«, erwiderte Große Jäger, zog seinen Dienstausweis hervor und hielt ihn dem Mann durch den Türspalt so dicht vor die Nase, dass der mit Sicherheit nichts lesen konnte. Das Auftreten des Oberkommissars hatte ihn aber beeindruckt.

»Was wollen Sie denn?«, fragte der Hausmeister in freundlicherem Ton.

»Gerade das wollen wir Ihrem Chef erzählen.« Große Jäger war wieder zum Sie übergegangen. Umständlich holte er aus der Gesäßtasche ein zerfleddertes Notizbuch hervor.

Christoph musste lachen. Solange sie zusammenarbeiteten, hatte der Oberkommissar noch nie etwas in diese Kladde geschrieben. Es war aber immer wieder erstaunlich, wie die Menschen reagierten, wenn Große Jäger andeutete, dass er sich etwas »Amtliches« notieren wollte.

»Wie heißen Sie überhaupt?«, bellte der Oberkommissar den Hausmeister an.

»Trochowitz.«

»Hat der Trochowitz auch einen Vornamen abbekommen?«

Der Hausmeister nickte eifrig. »Harry.«

»Mein Gott«, entfuhr es Große Jäger. »Schon wieder so 'n Harry.« Er holte laut und vernehmlich Luft. »Also, können wir nun mit dem Schulleiter sprechen?«

Der Hausmeister deutete eine Art Verbeugung an. »Kommen Sie mit durch.«

Er führte die Beamten in ein enges Büro, nachdem er kurz an die Tür geklopft hatte.

Hinter dem Schreibtisch saß ein Mann mit vollem Haar, das die Ohren bedeckte und in Wellen bis über den Hemdkragen reichte. Ein gepflegter Vollbart, die halbe Lesebrille auf der Nasenspitze und zwei dunkle Augen, die unter buschigen Brauen hervorlugten, prägten das Bild des Schulleiters. Er sah auf, als die Beamten hinter dem Hausmeister in das Zimmer drängten.

»Die sagen, sie sind von der Polizei«, erklärte Trochowitz. »Ich weiß aber nicht, was die wollen.«

»Danke, Harry«, sagte der Schulleiter und wandte sich an die drei Polizisten. »Was kann ich für Sie tun?«

Christoph stellte sich und seine beiden Begleiter vor.

»Van Oy«, nannte der Schulleiter seinen Namen und sah den Hausmeister an. »Ich glaube, wir brauchen Sie nicht mehr, Harry.«

Als Trochowitz immer noch keine Anstalten machte, den Raum zu verlassen, legte van Oy mehr Schärfe in seine Stimme. »Sie können gehen, Harry.«

Mit einem mürrischen Blick auf die Beamten verließ der Hausmeister das Büro und schloss geräuschvoll die Tür hinter sich.

»Leider kann ich Ihnen keinen Platz anbieten«, entschuldigte sich der Schulleiter und zeigte auf den einzigen Besucherstuhl. Bevor Christoph sich setzen konnte, hatte sich Große Jäger mit einem Ächzen auf dem Holzsitzmöbel breitgemacht.

»Frau Wiechers ist Lehrerin an Ihrer Schule?«

»Jaaa«, antwortete van Oy gedehnt.

»Können Sie Ihre Kollegin beschreiben?«, bat Christoph.

»Ina Wiechers ist etwas über eins siebzig. Schlank, sportliche Figur, schulterlanges nussbraunes Haar. Sie ist siebenunddreißig, nein – warten Sie. Ich glaube, achtunddreißig Jahre alt und unterrichtet bei uns seit vier Jahren Mathematik und Französisch, hilft aber auch in anderen Fächern aus. Was ist mit ihr?«

»Hat Frau Wiechers Angehörige? Familie?«

»Sie ist nicht verheiratet und hat auch keine Kinder. Soweit mir bekannt ist, lebt sie allein. Warum fragen Sie das?«

»Wo wohnt Frau Wiechers?«

»Ich glaube, in Lunden. Genau weiß ich das nicht. Ich habe nicht alle persönlichen Daten des Kollegiums im Kopf. Unsere Sekretärin ist seit zwei Wochen krank. Und einen Ersatz stellt man uns nicht, weil die Personaldecke zu dünn ist. Wenn Sie möchten, könnte ich nachsehen.«

»Bitte.«

Van Oy war irritiert, weil Große Jäger sich einen Bleistift aus einer runden Box genommen hatte, die auf dem Schreibtisch des Schulleiters stand und abwechselnd mit den beiden Enden auf das Holz klopfte.

»Können Sie das nicht lassen?«, bat van Oy, stand auf und ging in den Nebenraum.

»Der ist aber nervös«, stellte der Oberkommissar leise fest. »Sind das heutzutage alle Lehrer? Was sollen wir denn sagen? Die haben doch nur einen Halbtagsjob.«

»Du und deine gesegneten Vorurteile«, entgegnete Christoph und sah den Schulleiter an, der mit einem schmalen Hefter in der Hand zurückkam.

»Hier habe ich die Anschrift. Sie wohnt nicht in Lunden, das war ein Irrtum, sondern am Norderring in Garding.«

»Können wir jetzt mit Herrn Hauffe sprechen?«, bat Christoph.

Der Schulleiter sah auf die Uhr. »Hat das noch zehn Minuten

Zeit? Dann haben wir Pause. Ich kann den Kollegen nicht so einfach aus der Klasse holen. Er ist in der zehnten. Das ist eines unser Problemfelder.«

»Wo dürfen wir warten?«

»Macht es Ihnen etwas aus, auf dem Flur zu warten?« Van Oy ließ die Hand über den Papierbergen auf seinem Schreibtisch kreisen. »Das käme mir sehr gelegen. Ich ersticke in Arbeit. Und wie gesagt … Unsere Sekretärin ist ausgefallen.«

Große Jäger erhob sich. Mommsen öffnete die Tür, und im Gänsemarsch verließen die drei Polizisten den Raum. Bevor Christoph die Tür hinter sich geschlossen hatte, drehte er sich noch einmal um.

»Übrigens, Herr van Oy. Sie haben gar nicht gefragt, weshalb wir Erkundigungen über Frau Wiechers einziehen.«

Irritiert sah der Schulleiter Christoph an. Dann fuhr er sich mit gespreizten Fingern durch die Haare.

»Ja – richtig. Was wollen Sie von ihr?«

»Nichts.«

»Das verstehe ich nicht«, stammelte van Oy.

»Wir können nichts mehr von ihr wollen. Frau Wiechers ist tot.«

»Das ist nicht wahr …«, entfuhr es dem Schulleiter, bevor er in seinem Stuhl zusammensackte wie eine Aufblaspuppe, aus der man die Luft hat entweichen lassen.

Kaum erschallte die Schulglocke, als die Türen der Klassenräume aufgerissen wurden und die Schüler durch die engen Türen auf die Flure drängten. Der Geräuschpegel stieg an, und ganze Klassenverbände strömten an den drei Polizisten vorbei.

Im Gedränge trat ein bullig wirkender Schüler Große Jäger auf die Füße. Der junge Mann sah den Oberkommissar an, schüttelte den Kopf und traf ihn mit dem zweiten Fuß erneut.

Große Jäger packte den Schüler am Arm und hielt ihn fest.

»Kann ja mal vorkommen, Kindchen, aber dann entschuldigt man sich. Oder steht das höfliche Miteinander nicht auf eurem Lehrplan?«

Der Jugendliche war von kräftiger Statur, aber der Versuch, sich einen Bart wachsen zu lassen, sah noch sehr verunglückt aus. Die langen schwarzen Haare und die dunklen Augenbrauen verliehen ihm einen düsteren Eindruck. Er versuchte, sich mit einem Ruck zu befreien. Aber Große Jäger hatte ihn fest im Griff und verstärkte den Druck erneut.

»Was soll das, Opa? Stell deine Quanten nicht in den Weg«, begehrte der Schüler auf. Sofort bildete sich ein Rudel. Die anderen Kinder blieben stehen. Von hinten drängten weitere nach. Ein Schüler mit rostfarbigem Haar und einem von Akne gezeichneten Gesicht zerrte von der anderen Seite an Große Jägers Widersacher.

»Komm, Nico, lass doch. Wir wollen eine durchziehen.«

Große Jäger gab den Arm des Jugendlichen frei. »Das nächste Mal bist du freundlicher.«

Nico pustete dem Oberkommissar ins Gesicht. »Spiel dich nicht auf, Opa. Das geht auf den Kreislauf«, sagte er unter dem Gejohle seiner Kameraden und zog mit dem übrigen Tross davon.

»Troll dich, Ziegenbart«, rief Große Jäger hinterher und erntete dafür einen Stinkefinger von Nico.

Als sich der Ansturm gelegt hatte, kamen die Lehrer über den Flur. Einige nickten den Besuchern freundlich zu, andere beließen es bei einem grußlosen Passieren.

Ein mittelgroßer Mann mit ausgebeulter Jeans und einem gestreiften Sweatshirt kam auf sie zu. Der Mann hatte krause Haare und einen dunklen Teint.

»Hauffe«, sagte er und streckte zuerst Christoph, dann den beiden anderen die Hand entgegen. »Herr van Oy hat mich informiert, dass Sie mich sprechen wollten.«

»Wie hat er das gemacht?«, fragte Große Jäger. »Solange wir vor der Tür warten, hat er sein Zimmer nicht verlassen.«

Hauffe zauberte ein Handy aus der linken Hand. »Hiermit.«

»Und da ruft er Sie mitten im Unterricht an?«

Ein Lächeln huschte über das Antlitz des Lehrers. »Im Unterschied zu den Schülern habe ich mein Gerät auf Vibrationsalarm eingestellt. Sie haben keine Vorstellungen, wie oft ein Handy den Unterricht stört.«

»Und das lassen Sie klaglos zu?«

»Ich glaube, Sie haben keine Kinder«, sagte Hauffe zu Große Jäger gewandt. »Das sind noch die harmlosesten Dinge, die wir Lehrer ertragen müssen.« Dann wurde er ernst. »Ich habe vom Direx eine SMS bekommen, mit der er mich vorgewarnt hat. Angeblich soll Ina Wiechers etwas zugestoßen sein. Ich mag es nicht glauben.«

»Leider entspricht es den Tatsachen. Ihre Frau hat die Tote entdeckt«, sagte Christoph.

Erstaunen trat in Hauffes Augen. »Sie meinen doch nicht etwa …? Die Frau, die Renate von unserem Fenster aus im Kanu gesehen hat?«

»Genau die. Ina Wiechers wurde direkt vor Ihrer Haustür gefunden. Sie haben Ihrer Frau geraten, die Polizei zu verständigen? Das hat uns zumindest Ihre Gattin berichtet.«

»Ja, das stimmt.«

»Auf die Idee, selbst nach dem Rechten zu sehen, sind Sie nicht gekommen?«

»Die Zeit war knapp. Unsere Tochter, die auch diese Schule besucht, hat wie fast jeden Morgen getrödelt. Und als Lehrer kann man es sich nicht leisten, zu spät zum Unterricht zu kommen.«

»Es wäre kein Umweg gewesen. Sie hätten nur drei Schritte bis zum Ufer machen müssen.«

»Ich erklärte Ihnen bereits, warum ich es eilig hatte.«

»Wann haben Sie Frau Wiechers das letzte Mal gesehen?«, mischte sich Große Jäger ein.

Hauffe überlegte. »Gestern. Nach der Schule.«

»Hat sie erzählt, was sie für den Nachmittag und den Abend geplant hatte?«

»Nein, darüber haben wir nicht gesprochen. Wir sind … waren Kollegen. Über private Dinge haben wir uns nicht ausgetauscht.«

Christoph übernahm die nächste Frage. »Hatte Frau Wiechers Familie? Freunde? Lebte sie mit jemandem zusammen?«

»Soweit mir bekannt ist, hat sie allein gewohnt. Über ihre Freizeitgestaltung kann ich nichts sagen.«

Sie wurden durch das Läuten der Glocke unterbrochen.

»Sie müssen mich entschuldigen«, sagte Hauffe. »Ich muss wieder zum Unterricht.« Er hob die Hände als Geste der Entschuldigung und schwamm im Strom der Schüler ohne eine weitere Erklärung mit.

»Das war nicht viel, was wir bisher in Erfahrung bringen konnten«, meinte Große Jäger und sah Mommsen an, der ein Schlüsselbund schwenkte.

»Das ist aus der Jackentasche der Toten«, erklärte der junge Kommissar. »Ich habe es mir von Klaus Jürgensen aushändigen lassen. Wir könnten die Wohnung von Ina Wiechers inspizieren.«

Christoph schloss sich dem Vorschlag an, und sie fuhren über die Grüne Küstenstraße nach Garding.

In der kleinen Stadt im Herzen der Halbinsel Eiderstedt, deren berühmtester Sohn Theodor Mommsen immerhin den Literaturnobelpreis gewonnen hatte, schien die Zeit stehen geblieben zu sein. Der Norderring war eine ruhige Wohnstraße am Ortsrand. Einfamilienhäuser mit gepflegten Vorgärten beherrschten das Straßenbild. Ina Wiechers hatte in einer Einliegerwohnung gelebt. Niemand interessierte sich für die drei Beamten. Der Haus schien verwaist, zumindest rührte sich nichts in den Räumen der Mitbewohner, als die Polizisten die Wohnung unterm Dach betraten.

Zwei Zimmer mit Schrägen, eine Küche und ein Bad bildeten das Reich der Lehrerin. Die Wohnung war sauber und aufgeräumt, ohne steril zu wirken. Statt eines Sofas standen im Wohnraum drei Sessel, die zum Hineinkuscheln einluden. Ein kleiner Beistelltisch, Sideboards und ein Essplatz mit zwei Stühlen vervollständigten die Einrichtung. Auf dem Tisch lag ein schnurloses Telefon.

Mommsen notierte sich die dort gespeicherten Rufnummern der letzten ein- und ausgegangenen Telefonate.

Im zweiten Raum gab es ein bequemes Schlafsofa und einen Arbeitsplatz. Neben dem Kleiderschrank, der keine Überraschungen barg, fanden sich in mehreren Bücherregalen sowohl Fachliteratur wie auch Lesestoff, der der Unterhaltung diente.

Das Bad zeigte, dass hier eine Frau gewohnt hatte, und auch die Küche wies keine Besonderheiten auf. Der Kühlschrank war mit Vorräten bestückt.

»Es sieht nicht so aus, als hätte Ina Wiechers mit ihrem Ableben gerechnet«, sagte Große Jäger beim Anblick der Lebensmittel.

»Es gibt offenbar nichts, was uns weiterhelfen könnte«, erwiderte Christoph enttäuscht und stöberte in den wenigen Papieren, die auf dem Schreibtisch lagen. Es waren Rechnungen, Korrespondenz mit einer Krankenversicherung und Werbung, die Ina Wiechers so interessant gefunden hatte, dass sie sie nicht sofort in den Papierkorb befördert hatte. Christoph blätterte in einem Stapel Papier. Offensichtlich hatte die Lehrerin eine Arbeit schreiben lassen und sie teilweise korrigiert. Es handelte sich um das Fach Mathematik. Mit roter Tinte hatte Ina Wiechers nicht nur die einzelnen Aufgaben korrigiert, sondern auch Kommentare unter die zensierten Arbeiten geschrieben.

»Die Frau schien bissig gewesen zu sein. Jedenfalls war sie nicht zimperlich mit ihren Anmerkungen«, sagte Christoph. Neugierig geworden, las er die Ergebnisse der Klassenarbeit.

»Das habe ich von Ihnen nicht anders erwartet. Sie werden es nie begreifen«, stand mit roter Tinte unter einer Arbeit, die mit »Sechs« benotet war. Christoph warf einen Blick auf den Namen.

»Hier«, wandte er sich an Große Jäger, »das erklärt vielleicht den Frust deines neuen Freundes aus der Schule, wenn er es ist. Nicolaus von der Hardt heißt der Schüler, dem die Tote einen kräftigen Denkzettel verpassen wollte.«

Große Jäger stellte sich neben Christoph und besah sich die Arbeit. »Von der Hardt. Hm. Vielleicht gibt es noch mehr Schüler mit dem Vornamen Nicolaus.« Der Oberkommissar überflog die einzelnen Aufgaben und tippte auf das Papier. »Der, der das abgeliefert hat, scheint wirklich ein bisschen doof zu sein. Mir wird ganz übel, wenn ich daran denke, dass solche Figuren unsere Zukunft sein sollen.« Er sah Christoph an. »Hast du dir mal überlegt, wer unsere Rente verdienen soll?« Dann winkte er ab. »Du müsstest dir als Erster von uns Gedanken dazu machen.«

Christoph lachte. »Wie gut, dass wir einen vorurteilsfreien Kollegen in unserer Mitte haben. Dabei fällt mir ein, dass wir uns noch etwas zur Verabschiedung vom Chef einfallen lassen müssen.«

»Das habe ich erfolgreich verdrängt. Ich glaube, wir werden Grothe vermissen, wenn er in Pension ist. Sosehr ich ihm den Ruhestand gönne, kann ich mir kaum vorstellen, wie es sein wird, wenn seine Zigarrendüfte nicht mehr durch das ganze Haus wabern. Spannend bleibt die Frage, wer seine Nachfolge antritt. Aber eines bleibt gewiss: Den alten Grothe wird niemand ersetzen können.«

»Ich fürchte, Wilderich, dass du recht hast. Zumal böse Gerüchte kursieren.«

27

Große Jäger ließ sich in einen der bequemen Sessel fallen. »Sag, dass *das* nicht wahr ist.«

Christoph nickte beiläufig. »Es ist zumindest nicht auszuschließen.«

In der Stille war deutlich das kratzende Geräusch zu hören, als sich Große Jäger über das unrasierte Kinn fuhr.

»Gibt es eigentlich für Polizeibeamte mildernde Umstände, wenn sie einen Mord begehen?«

»Du meinst, wenn der ungünstige Fall eintritt, dass …«

»Genau.«

»Ich glaube nicht, dass du dich auf eine besondere Notlage berufen kannst. Zumindest nicht akut.«

Große Jäger starrte geistesabwesend auf das Sideboard, auf dem eine Reihe Schnickschnack stand. »Scheiß-Starke …«, fluchte er leise vor sich hin.

»Hat jemand einen Computer gesehen?«, mischte sich Mommsen ein, der dem Dialog seiner Kollegen stumm gefolgt war. »Ich kann mir nicht vorstellen, dass eine Lehrerin heutzutage ohne Notebook auskommt, zumal es im Schlafzimmer, gleich neben dem Schreibtisch, einen Router gibt.«

»Einen was?«, fragte der Oberkommissar.

»Ein Gerät, das die Datensignale aus der Telefonleitung demoduliert und über ein Kabel oder per Funkbrücke an das Notebook überträgt.«

»Was es nicht alles gibt.« Große Jäger stand wieder auf und knuffte Christoph freundschaftlich in die Seite. »Hast du auch einen Router?« Bevor Christoph etwas entgegnen konnte, gab der Oberkommissar selbst die Antwort. »War eine unanständige Frage. Klar hast du so 'n Ding. Schließlich hast du ja eine Freundin.«

»Du hast recht, Harm«, sagte Christoph zu Mommsen und ignorierte Große Jägers Anwurf. »Wo ist der Computer?«

»Tja, meine Herren, da haben wir schon die nächste Teilaufgabe in diesem Fall. Wo ist der Computer?«, stellte Große Jäger fest.

Kurz darauf verschlossen sie die Wohnung wieder und fuhren zurück nach Husum.

Die kleinste Polizeidirektion des Landes war in dem renovierten Gebäude in der Poggenburgstraße untergebracht. Gegenüber lag der Husumer Bahnhof mit lebhaftem regionalem Zugverkehr und sporadischen Anbindungen an das deutsche Fernverkehrsnetz.

Von außen machte das Dienstgebäude einen fast freundlichen Eindruck. Dazu trugen auch die Pflanzen bei, die von den Beamten in die zahlreichen Fenster gestellt worden waren.

Aus alter Gewohnheit teilten sich Christoph, Große Jäger und Mommsen ein Büro, obwohl es genug Platz gegeben hätte, jedem einen separaten Arbeitsraum zuzuteilen.

Große Jäger hatte sich in seinen Schreibtischstuhl gesetzt, eine Schublade herausgezogen und seine ungeputzten Schuhe darauf geparkt. Der erste Griff galt seiner zerknautschten Zigarettenpackung. Suchend ließ er die Hand über den ungeordneten Papierberg auf der Arbeitsfläche gleiten, bis er das Einmalfeuerzeug unter einem schmalen Aktendeckel fand. Er zündete sich eine Zigarette an, atmete hörbar ein und entließ ebenso geräuschvoll den blauen Dunst aus seinen Lungen in den Raum. Dann griff er zum Kaffeebecher, der sichtbar mit den angetrockneten Resten vorhergehender Nutzung beschmutzt war, und klopfte mit dem leeren Trinkgefäß laut und vernehmlich auf die Schreibtischplatte.

»Wir sind eben gerade angekommen«, sagte Mommsen, dessen Schreibtisch mit dem des Oberkommissars einen Block bildete. »Ich setze die Kaffeemaschine gleich in Betrieb, damit du deiner Sucht frönen kannst.«

Große Jäger zeigte zwei Reihen gelber Zähne. »Das lernt ihr jungen Spunde nimmer mehr. Es ist eine Frage der Lebenserfahrung, wie man die Prioritäten setzt.«

»Und dazu gehört als Erstes, den Kaffee für dich zu kochen?«

»Sicher«, sagte der Oberkommissar lachend und drehte sich zu Christoph um, dessen Schreibtisch hinter seinem Rücken stand. »Wie denkst du über den Fall? Wir können davon ausgehen, dass Fremdverschulden vorliegt. Ich kann mir jedenfalls nicht vorstellen, dass sich zufällig ein Draht um den Hals eines Menschen wickelt, sich zuschnürt und dann von selbst wieder verschwindet.«

»Wir haben es hier weder mit Selbstmord noch mit einem Unfall zu tun. Mit Sicherheit ist die Frau ermordet worden. Und da beginnt unser erstes Problem. Bei Mord entzieht sich der Fall unserer Zuständigkeit.«

Große Jäger stöhnte auf. »Für ungeklärte Todesfälle und schwere Kapitalverbrechen ist die Bezirkskriminalinspektion zuständig. Ich weiß. Da freut sich die Doberfrau aber.«

Er spielte damit auf die Leiterin des K1 der Flensburger BKI, der Bezirkskriminalinspektion, an. Die Erste Hauptkommissarin Frauke Dobermann war nicht nur eine erfahrene Kriminalistin, sondern erteilte in ihrer Bissigkeit ihrem Namen alle Ehre.

Christoph wählte die Nummer der Mordkommission. Es meldete sich eine junge Frauenstimme. Er bat darum, mit Frau Dobermann verbunden zu werden.

»Die hat einen Einsatz in Sörup«, erklärte die Kollegin aus der Fördestadt. »Sie ist auch nicht über Handy erreichbar. Leider sind auch alle anderen Mitarbeiter des K1 außer Haus.«

Christoph berichtete vom neuen Mordfall in Friedrichstadt und bat darum, möglichst kurzfristig über die weitere Vorgehensweise informiert zu werden.

»Die machen es sich wieder leicht«, brummte Große Jäger. »Wir alle wissen, dass der erste Angriff nach der Entdeckung einer Straftat besonders wichtig ist. Es wäre vielleicht ratsam, einen aufklärerischen Artikel über die Medien zu verbreiten: ›Liebe Mörder, seid fair und nutzt die Engpässe bei der Polizei nicht aus.‹« Er sah Christoph an. »Also, wenn ich hier Chef wäre, dann …«

Christoph unterbrach ihn. »Natürlich werden wir die Zeit nicht ungenutzt verstreichen lassen und mit den Ermittlungen beginnen, bis die Flensburger übernehmen.«

Der Oberkommissar klatschte in die Hände. »Prima. Endlich einmal wieder etwas Handfestes.« Er streckte seinen Kaffeebecher Mommsen entgegen, der mit einer Kanne duftenden Kaffees an seinen Schreibtisch herangetreten war. »Wurde ja auch Zeit«, brummte Große Jäger und schlürfte das heiße Getränk, um den ersten Schluck sofort wieder in den Becher zurückzuspucken. »Teufel noch mal. Muss das Zeug so heiß sein? Nicht einmal Kaffeekochen haben sie dir auf dem Kommissarlehrgang beigebracht.«

Mommsen ignorierte den Kommentar seines Kollegen, trank bedächtig einen Schluck Tee und widmete sich seinem Bildschirm.

»Wir haben bisher wenige Anhaltspunkte. Zunächst sollten wir versuchen, herauszufinden, wer die Tote war. Welchen Umgang hatte sie? Gibt es Verwandte? Wie war sie in der Schule angesehen?« Christoph, der Mommsens Vorliebe für Tee teilte, rührte mit dem Löffel in seiner Tasse herum.

»Nach dem Erlebnis heute Morgen würde mich auch interessieren, welche Verhältnisse an dieser Schule herrschen. Man hört oft, dass Lehrer Probleme mit Schülern haben, die vor Gewalt nicht zurückschrecken.«

»Das wäre ein weiterer Anhaltspunkt. Wir sollten uns vom Schulleiter eine Aufstellung über die Lehrer und die Schüler der Klassen geben lassen, in denen Ina Wiechers unterrichtet hat.«

Christoph griff zum Telefon und rief das Eidergymnasium an. Der Schulleiter war direkt am Apparat.

»Ist das erforderlich?«, murrte van Oy, als Christoph ihm seine Bitte vorgetragen hatte. »Wie ich Ihnen vorhin bereits erklärte, ist unser Sekretariat nicht besetzt, und die ganze Arbeit bleibt an mir hängen. Zusätzlich zu dem, was ohnehin zu erledigen ist. Vergessen Sie dabei nicht, dass ich nebenbei auch noch eine Schule zu leiten habe. Abgesehen davon hat der Vorfall eine gewaltige Unruhe ausgelöst. Ich bin vollauf damit beschäftigt, das Kollegium und die Schülerschaft zu besänftigen.«

Christoph war froh, dass er angerufen und dieses Gespräch nicht dem Oberkommissar überlassen hatte. Große Jäger hätte dem Schulleiter seine eigene Vorstellung von den Pflichten eines beamteten Staatsbürgers gegenüber der Polizei vermittelt.

»Ich bitte Sie, uns diese Aufstellung noch heute auszuhändigen. Wir werden sie noch vor Schulende bei Ihnen abholen.«

»Das ist unmöglich zu schaffen.«

»Ich denke, Sie haben einen Computer. Und ich darf davon ausgehen, dass Sie dieses Instrument auch beherrschen, ohne Ihre Sekretärin fragen zu müssen.« Christoph sah auf die Uhr. »In zwei Stunden werden wir bei Ihnen sein. Dann habe ich noch eine zweite Frage. Wissen Sie, wie viele Nicos unter Ihren Schülern sind?«

Der Schulleiter seufzte tief. »Glauben Sie, ich habe die Namen aller Schüler im Kopf?«

»Beschränken wir die Frage auf die Oberstufe.«

»Da gibt es zwei. Aber unverbindlich.«

»Ich meine einen jungen Mann mit langen schwarzen Haaren und auffallend dunklen Augen.«

»Ach, der. Das ist einer von den beiden.«

»Und wie lautet der vollständige Name?«

»Warum wollen Sie das wissen?«

»Die Polizei interessiert sich dafür. Das sollte als Begründung reichen.«

»Nicolaus von der Hardt. Kommt aus St. Peter. Sehr gute Familie.«

»Ist der Junge schon einmal auffällig geworden?«

Es entstand eine Pause. »Als Pädagoge habe ich eine besondere Verantwortung gegenüber den Kindern. Ich weiß nicht, ob ich Ihnen ohne Weiteres Auskünfte erteilen muss. Aber ich kann Sie beruhigen. Außer der üblichen pubertären Aufsässigkeit liegen keine Auffälligkeiten vor.«

»In welche Klasse geht Nico?«

»In die zehnte.«

»Bei Frau Wiechers?«

»Nein. Klassenlehrer ist Herr Hauffe. Frau Wiechers hat in der Klasse lediglich Mathematik und Französisch unterrichtet.«

»Ist es nicht ungewöhnlich, dass ein Schüler der zehnten Klasse von seinem Lehrer gesiezt wird?«

Erneut herrschte für einen Moment Stille in der Leitung.

»Woher wissen Sie das?«, fragte van Oy dann verblüfft.

»Beantworten Sie einfach meine Frage.«

»Nicolaus ist volljährig und hat sich das ›Sie‹ ausbedungen. Es gab in der Vergangenheit wohl ein paar kleinere Meinungsverschiedenheiten zwischen ihm und Frau Wiechers.«

»Welcher Art?«

»Er fühlte sich ungerecht benotet. Wobei man hinzufügen muss, dass die Kollegin für ihre strengen Maßstäbe gefürchtet war.«

»Wie kommt es, dass Nico schon volljährig ist und erst die zehnte Klasse besucht?«

»Da gab es in der Vergangenheit ein paar unglückliche Konstellationen. Deshalb hat er zwei Mal eine Klasse wiederholen müssen.

Das heißt aber nicht, dass er ein schlechter Schüler ist«, bekräftigte van Oy.

»Eine letzte Frage. Was würde geschehen, wenn er erneut das Klassenziel verfehlt?«

»Darüber hat die Lehrerkonferenz zu befinden.«

»Der auch Frau Wiechers angehörte?«

»Selbstverständlich.«

»Wie steht Nico im zweiten Fach, in Französisch?«

»Das kann ich Ihnen nicht sagen. Ich kenne nicht alle Zwischennoten der Kollegen.«

»Noch einmal zu meiner Frage. Hätte Frau Wiechers dafür plädiert, dass Nico die Schule verlassen muss?«

»Die Frage ist rein hypothetisch – jetzt, wo Ina Wiechers tot ist. Zurück zu den angeforderten Listen. Ich werde mein Bestes versuchen«, antwortete van Oy mürrisch und legte auf.

Große Jäger nahm einen Schluck Kaffee, zog noch einmal an der Zigarette und wandte sich dann an Christoph. »Das war sicher dieser komische Direx, dem du da etwas entlocken wolltest.«

Christoph nickte.

»Mich wundert immer wieder, wie du mit deiner vornehmen Kieler Art überhaupt etwas aus den Leuten herausbekommst. Mit solchen Typen muss man deutsch reden.«

Christoph winkte ab. »Der Mann ist in einer misslichen Lage. Sicher ist es heutzutage nicht einfach, ein Gymnasium zu leiten. Und wenn auch noch unverhofft solche Ereignisse wie der Mord an einer Lehrerin dazwischenkommen, dann wundert es mich nicht, wenn van Oy Nerven zeigt.«

»Miss Moneypenny hat angerufen. Du sollst zum Chef kommen«, sagte Große Jäger.

Kurz darauf stand Christoph im Vorzimmer des Leiters der Husumer Polizeidirektion. Frau Fehling, vom Oberkommissar als Moneypenny bezeichnet, war eine gepflegte Erscheinung und mit über sechzig Jahren die älteste Mitarbeiterin der Dienststelle. Sie sah von ihrem Bildschirm auf, schenkte Christoph ein Lächeln und zeigte auf die Verbindungstür. »Der Chef erwartet Sie.«

Nach einem Pro-forma-Anklopfen betrat Christoph das Büro von Polizeidirektor Grothe. Der thronte wie gewohnt hinter seinem Schreibtisch. Zwischen den wulstigen Lippen steckte die brennende Zigarre, deren Duft man auf dem ganzen Flur wahrnehmen konnte. Grothe und Große Jäger waren die einzigen Beamten im Haus, die das für öffentliche Gebäude geltende Rauchverbot folgenlos ignorierten. Wer hätte dem schwergewichtigen Leiter der Direktion das Verbot seiner Zigarre nahelegen können, die ebenso zu ihm gehörte wie die Hosenträger, die sich über den massigen Leib spannten? Im Raum waberten blaue Rauchschwaden in der Luft, und wenn der Chef, wie jeder den Vorgesetzten nannte, in wenigen Tagen in den verdienten Ruhestand verabschiedet sein würde, mussten zunächst die Handwerker anrücken, um das in Jahren aufgetragene Nikotin von den gelben Wänden zu kratzen.

Mit einem Nicken des massigen Schädels, der Christoph an einen Dithmarscher Bullen erinnerte, zeigte Grothe auf den Besucherstuhl.

»Mich hat Kriminaldirektor Dr. Starke angerufen«, sagte der Polizeidirektor. »Er hat sich darüber beklagt, dass Sie und Ihre Leute sich in die Kompetenzen seiner Mordkommission eingemischt haben.«

»Wir sind zu einem Tatort nach Friedrichstadt gerufen worden und haben den ersten Angriff ausgeführt. Flensburg war informiert. Schließlich war die Spurensicherung anwesend, die ja auch zu Dr. Starkes Bezirkskriminalinspektion gehört. Von der Mordkommission haben wir niemanden erreicht. Die Kollegen waren alle im Einsatz.«

»Das habe ich mir gedacht«, brummte Grothe und zog an seiner Zigarre, dass die Spitze aufglühte. »Sie haben alles richtig gemacht, mein Junge. So, wie Sie es gelernt haben. Falls der Flensburger noch etwas auf dem Herzen hat, soll er mich ansprechen.«

Der Polizeidirektor wandte sich wortlos den Papieren zu, die auf seinem Schreibtisch lagen. Das war das bekannte Zeichen, dass die Unterredung beendet war. Kurz darauf blickte er erstaunt auf, als Christoph sitzen blieb.

»Ist noch was?«

»Uns würde interessieren, ob es schon Neuigkeiten zu Ihrer Nachfolge gibt. Im Hause kursieren Gerüchte, die nicht jeden begeistern.«

Grothe musterte Christoph mit den Schweinsäuglein, die unter seinen buschigen Augenbrauen hervorlugten. »Haben Sie es nicht gelernt, dass bei der Polizei nur Fakten zählen und wir auf Gerüchte nichts geben?«

Christoph nickte. »Ja, Chef. Jedenfalls wird es für uns alle eine große Umstellung, wenn Sie nicht mehr im Amt sind. Jeder Husumer weiß, was wir Ihnen zu verdanken haben.«

Der Polizeidirektor schwieg einen Moment. Dann schwenkte er seine Hand, die die Zigarre hielt. »Papperlapapp.« Mehr sagte er nicht, sondern blätterte in einem Aktenordner. Christoph stand auf und kehrte zu seinem Arbeitsplatz zurück.

»Na? Hat sich der Scheiß-Starke beschwert?«, fragte Große Jäger.

Christoph nickte und wurde durch Mommsen abgelenkt, der sich räusperte. »Ich habe die Zeit genutzt und in unseren Dateien recherchiert. Bis auf einen Namen gibt es keine Einträge.«

»Lass mich raten …«, mischte sich Große Jäger ein.

Mommsen lächelte. »Du hast recht. Nicolaus von der Hardt ist mehrfach in Erscheinung getreten. Ruhestörung, Besitz geringer Mengen Betäubungsmittel, Beleidigung, Schlägerei unter Jugendlichen.«

»Das scheint ein munteres Kerlchen zu sein. Wo wohnt der?«

»In St. Peter-Ording. Bei seiner Mutter.«

»Denen würde ich gern einen Besuch abstatten. Ich hätte viel Spaß daran, die Unterhaltung von heute früh fortzusetzen.« Große Jäger stand auf und sah Christoph an. »Ich bin dann mal weg.«

»Moment. Ich glaube, es ist besser, wenn ich dich begleite. Zuvor fahren wir beim Eidergymnasium vorbei und holen die Unterlagen ab. Ich würde gern noch einmal mit dem Schulleiter sprechen.«

Während der Fahrt rief Christoph die Spurensicherung an.

»Wir können noch nichts sagen. Eindeutig scheint zu sein, dass die Frau mit einer Drahtschlinge erdrosselt wurde. Dr. Hinrichsen meint, der Tod sei durch Ersticken eingetreten. Allerdings haben wir am Fundort der Leiche kein Tatwerkzeug gefunden. Ebenso mysteriös ist, dass kein Paddel vorhanden war. Wie ist das Kanu zu der Stelle gekommen?«, überlegte Klaus Jürgensen.

»Sollte man den Grund des Burggrabens absuchen? Vielleicht hat der Täter den Draht ins Wasser geworfen.«

»Das halte ich für unwahrscheinlich. Wir haben am Rücken der Frau Farbsplitter gefunden, die von der porösen Lackierung der Sitzbank herrühren. Sie verteilen sich auf einer größeren Fläche. Es hat den Anschein, als wäre der Körper bewegt und sowohl horizontal wie auch vertikal über die Kante der Bank gescheuert.«

»Das könnte darauf hinweisen, dass sich das Opfer im Kanu bewegt hat. Mit etwas Fantasie könnte man vermuten, dass die Leiche im Boot transportiert wurde.«

»Richtig. Das bestätigen auch Abschürfungen an der Ferse. Die Schuhe haben sich auf dem Kanuboden bewegt. Die Spuren sind zwar nur minimal, aber wir konnten sie feststellen. Den Rest muss die Rechtsmedizin in Kiel untersuchen.«

»Eine letzte Frage, Klaus. Habt ihr persönliche Dinge von Ina Wiechers sicherstellen können? Portemonnaie? Handy?«

»Nein. Nur den Schlüsselbund. Aber den habt ihr euch genommen.«

Große Jäger hatte das Gespräch über Lautsprecher verfolgt. »Wie ein Raubmord sieht es nicht aus. In solchen Fällen unterzieht sich der Täter nicht der Mühe, sein Opfer an einen anderen Ort zu verbringen.«

»Da stimme ich dir zu. Da alle persönlichen Gegenstände des Opfers fehlen, muss der Tatort ein anderer als der Fundort sein. Das hat auch Dr. Hinrichsen vermutet. Wenn der Täter die Leiche beiseitegeschafft hat, hat er die Utensilien seines Opfers an anderer Stelle entsorgt.«

»Schon«, sagte Große Jäger. »Aber wo ist das Paddel geblieben? Friedrichstadt ist von Wasser umgeben und von Grachten durchzogen. Im Norden die Treene, im Süden die Eider. Westersielzug, Alter und Neuer Hafen. Rundherum ist Wasser. Da bietet es sich an, ein Mordopfer mit einem Boot zu transportieren. Ein Kanu ist leise, man hört es kaum. Außerdem kann ich mir vorstellen, dass in Friedrichstadt nachts Ruhe herrscht. Da ist man vor Entdeckung fast sicher, zumal die Straßen durch romantische Laternen und nicht durch helles Neonlicht ausgeleuchtet werden.«

Christoph unterbrach das Gespräch, um sich auf den Gegenverkehr zu konzentrieren, bevor sie von der Bundesstraße Richtung Friedrichstadt abbogen.

»Wir sollten trotzdem die Bevölkerung fragen, ob jemandem ein Kanu aufgefallen ist. Und weiterhin können wir vermuten, dass der Täter sein Opfer nicht weit durch die Gegend geschleppt hat. Das bedeutet …«

»… dass der Tatort auch irgendwo am Wasser liegen muss«, fiel ihm Große Jäger ins Wort. Dann seufzte der Oberkommissar. »Mann, bin ich froh, dass Ina Wiechers an der Eider und nicht in Hamburg ermordet wurde. Überlege dir einmal, wie viele potenzielle Tatorte es dort gegeben hätte. Ich habe noch eine Idee.«

Christoph schmunzelte. »Lass mich raten. Wir sollten uns zuerst das Areal des Eidergymnasiums ansehen. Schließlich grenzt es ans Wasser.«

Große Jäger hielt Christoph die flache Hand hin, die der abklatschte. »Du musst hartnäckig bleiben, Christoph. Immer schön üben. Dann wird aus dir bestimmt auch irgendwann einmal ein Kriminalist. Die ersten hoffnungsvollen Ansätze sind vorhanden.«

Christoph war von der Hauptstraße abgebogen und steuerte den Wagen über das rumpelige Kopfsteinpflaster des Städtchens. Inzwischen war der Ort aus dem Dornröschenschlaf des frühen Tages erwacht, und Touristen bevölkerten die Straßen und Gassen.

»So idyllisch das auch sein mag, mich würden die vielen Besucher stören«, sagte Große Jäger. »Du bist bei gutem Wetter ja nicht mehr allein.«

»Das ist der Preis dafür, dass die Menschen im norddeutschen Gegenstück zu Rothenburg ob der Tauber wohnen«, antwortete Christoph mit einem schelmischen Lächeln und steuerte den Kombi im Schritttempo über den Markt und die steinerne Bogenbrücke. Die Gracht lag wieder friedlich im Sonnenlicht. Nichts erinnerte daran, dass hier vor wenigen Stunden eine Leiche gefunden worden war. Sie verließen am Holmer Tor das Zentrum, fuhren am Gelände der Grund- und Hauptschule vorbei und hielten kurz darauf vor dem Schulhof des Eidergymnasiums.

Eine Gruppe von drei Schülern, sie mochten die fünfte Klasse besuchen, belagerte einen Papierkorb und stritt sich lautstark, während einer der Jungen mehrfach gegen den Abfallbehälter trat. Sie blickten kurz auf, als sich die beiden Beamten näherten. Dann trat der Junge ein weiteres Mal zu. Die Schüler unterbrachen ihr Palaver, als Große Jäger bei ihnen stehen blieb. Er griff den, der gegen den Behälter getreten hatte, am Schulranzen, zog ihn sanft zur Seite und sagte: »Lass mich auch einmal.« Dann trat der Oberkommissar gegen den Korb, ohne ihn dabei zu beschädigen.

»Eh, was soll das?«, fragte einer der Knaben erstaunt.

Große Jäger grinste. »Ihr macht das doch auch.« Er sah den jugendlichen Übeltäter an. »Das macht mir noch mehr Spaß als dir. Hast du 'ne Ahnung, warum?«

Der Junge schüttelte ratlos den Kopf.

»Wer bezahlt das Ding, wenn es kaputt ist?«

»Die Schule«, riet ein zweiter Schüler.

»Wie? Euer Schulleiter blecht das von seinem Taschengeld?«

Jetzt zeigte der Dritte ein kindliches Lachen und hielt sich dabei den Bauch. »Sind Sie doof? Doch nicht vom Taschengeld.«

»Nun, irgendjemand bezahlt das doch. Seht ihr. Das nennt man Steuern. Und die müssen eure Väter löhnen. Und wenn wir gemeinsam ordentlich viel kaputt machen, ist das nicht weiter schlimm. Dann müssen eure Väter eben mehr Steuern blechen. Ist doch geil, oder?«

»Das ist bescheuert«, stellte der Junge fest, der zuerst den Papierkorb malträtiert hatte.

»Gut«, sagte Große Jäger und reichte den dreien nacheinander die Hand. »Dann lassen wir alle es künftig sein. Okay?«

Die drei nickten zustimmend und trollten sich von dannen.

»Du hast eine merkwürdige Art von Pädagogik«, sagte Christoph, der dem Geschehen bis dahin schweigend gefolgt war. »Aber – sie ist effizient.«

Die Eingangstür war im Unterschied zu ihrem ersten Besuch nicht verschlossen. Sie klopften an die Tür des Schulleiters und traten ein, als von innen ein unwirsches »Herein« erklang.

Van Oy sah auf. »Hallo. Ich habe die Unterlagen ausgedruckt.« Er zeigte auf ein paar Papierblätter, die auf der Ecke seines Schreibtisches lagen.

»Danke. Obwohl Sie bei unserem Telefonat vorhin beteuerten, dass Nicolaus von der Hardt ein unauffälliger Schüler sei, interes-

38

siert uns dennoch, ob es Differenzen zwischen ihm und Ina Wiechers gab. Schließlich steht für den jungen Mann viel auf dem Spiel. Wenn er das Klassenziel erneut verfehlt, bedeutet es das Karriereende, bevor diese überhaupt begonnen hat.«

Van Oy fuhr sich mit den gespreizten Fingern durch die Haare. »Die Kollegin hat das möglicherweise aus einem zu engen Blickwinkel gesehen. Sie war sehr engagiert, aber Leistungsdruck allein macht noch nicht die gesamte Erziehung aus. Dazu gehört die Bewertung des gesamten Umfeldes.«

»Und das ist bei Nico in Ordnung?«

»Absolut. Eine sozial gefestigte Umgebung. Solide Familie. Sagt Ihnen der Name etwas?«

Die beiden Beamten verneinten.

»Vielleicht kennen Sie die Geschäfte mit der Überschrift ›v-d-h‹ für ›von der Hardt‹? Die Mutter ist eine erfolgreiche Unternehmerin und betreibt eine Reihe von Edelboutiquen in Hamburg, Westerland, Düsseldorf, Münster und an anderen exklusiven Standorten.«

»Ich kaufe mir selten Damenoberbekleidung«, brummte Große Jäger. »Und Damenschlüpfer noch seltener.«

»Auch der Herr findet dort ein erlesenes Sortiment«, antwortete der Schulleiter.

Der Oberkommissar fuhr sich mit beiden Händen über den Schmerbauch. »Seide spannt immer so. Deshalb kaufe ich woanders.«

Christoph hatte einen Blick auf die Liste geworfen. »Wie kommt es, dass Sie Schüler aus St. Peter haben? Für die ist es doch verkehrsmäßig ungünstig, nach Friedrichstadt zu kommen. Da gibt es keine direkte Verbindung, sondern immer den Umweg über Husum. Da wären das Nordseegymnasium in St. Peter-Ording oder die Schulen in der Kreisstadt doch näher gelegen? Selbst Husum ist mit dem direkten Bahnanschluss besser erreichbar. Haben Sie ein besonders reizvolles schulisches Angebot?«

Van Oy musterte Christoph einen Moment. »Wie meinen Sie das?«, fragte er, und der Stimme war anzumerken, dass er unsicher war.

»So, wie ich es gesagt habe.«

»Es war der Wunsch der Eltern, ihre Kinder zu uns zu schicken.«

»Kann man bei Ihnen das Abitur bestehen, wenn es auf anderen Schulen aussichtslos ist?«, mischte sich Große Jäger ein.

Der Schulleiter warf dem Oberkommissar einen bösen Blick zu. »Quatsch. Sie glauben doch nicht, dass wir hier etwas zu verschenken haben. Das würde die Schulaufsicht nie zulassen. Außerdem wäre es der Reputation der Schule abträglich. Vielleicht liegt es daran, dass unsere Schule dank der Unterstützung einer engagierten Elternschaft trotz des chronischen Geldmangels des Landes besser ausgestattet ist als viele andere.«

»Welche Maßstäbe an die schulischen Leistungen legen denn die anderen Mitglieder des Kollegiums an? War Ina Wiechers eine Ausnahme mit den von ihr gestellten Anforderungen?«, fragte Christoph.

Van Oy zögerte, bevor er antwortete. »Es mag sein, dass die Kollegin Wiechers bei ihren Beurteilungen immer kritischer war als andere Lehrer.«

Christoph wies mit dem Finger auf die Klassenliste.

»Hier ist noch ein zweiter Junge aus St. Peter. Jan Harms. Wer ist das?«

»Auch aus guter Familie. Sehr begütert.«

»Sind die beiden Jungs miteinander befreundet?«

»Ich glaube schon.«

»Ist Jan ein etwas rundlicher Rothaariger mit zahlreichen Sommersprossen?«

»Ja. Wieso fragen Sie?«

»Weil wir die beiden zusammen gesehen haben, als wir heute Morgen auf dem Flur gewartet haben.«

»War was mit den beiden?«, wollte der Schulleiter wissen.

»Nee«, antwortete Große Jäger schnell. »Und wenn etwas wäre, dann können wir das selber regeln. *Unsere* Pädagogik hat zwar eine andere Ausrichtung als Ihre, aber manchmal ist sie auch wirkungsvoll.«

»Herr van Oy – wie heißen Sie mit Vornamen?«

Die Gesichtszüge des Schulleiters entspannten sich erkennbar, als Christoph das Thema wechselte. Der Mann konnte nicht wissen, dass diese Regung für die beiden Beamten ein interessanter

40

Aspekt war, weil er damit seine Unsicherheit verriet, die er bei der Beantwortung zum vorhergehenden Fragenkomplex an den Tag gelegt hatte.

»Maarten van Oy.«

»Und Sie wohnen auch in Friedrichstadt?«

»Sicher. In der Prinzenstraße. Mein Name ist holländisch. Meine Vorfahren gehörten mit zu den Gründern dieser Stadt. Sie kamen 1621 aus den Niederlanden, weil man sie dort wegen ihres Glaubens verfolgt hat.«

»Dann sind Sie Calvinist?«, fragte Große Jäger.

Van Oy lächelte milde. »Die Calvinisten vertraten einen strengen Glauben, geprägt von Enthaltsamkeit. Dagegen haben unsere Vorväter protestiert. Daher auch der Name ›Remonstranten‹. Wir sind übrigens die einzige Gemeinde dieser Glaubensrichtung in Deutschland und betonen die Willens- und Glaubensfreiheit der Menschen im Grundsatz von Freiheit und Toleranz.«

»Sind Sie verheiratet?«, fragte Christoph.

»Ja.«

»Haben Sie Kinder? Was macht Ihre Frau beruflich?«

»Meine Frau ist auch Lehrerin. Sie unterrichtet an der Klaus-Groth-Schule in Heide.«

»Ach, und weil Sie ständig mit Kindern zu tun haben, verzichten Sie darauf, sich eigene anzuschaffen«, sagte Große Jäger.

»Das ist eine törichte Anmerkung«, zischte van Oy.

»Mein Kollege hat das nicht so gemeint«, beschwichtigte Christoph den Schulleiter. »Hat es schon einmal Drohungen gegen Ina Wiechers oder die Schule gegeben?«

»Wie kommen Sie auf eine solche Schnapsidee? Wir sind hier in Friedrichstadt und nicht in irgendeinem Großstadtdschungel.«

»Nun mal sachte«, mischte sich Große Jäger ein. »Der Überfall auf die Schule in Emsdetten erfolgte auch in einer ruhigen Kleinstadt.«

»Bei uns ist es etwas anderes. Wir haben nur zweieinhalbtausend Einwohner, aber fünf Kirchen, die sich die Glaubensgemeinschaften in friedlicher Koexistenz teilen. Neben den Remonstranten gibt es die Lutheraner, Mennoniten, Quäker, eine Handvoll Katholiken und die dänischen Lutheraner.«

»Nach diesem kleinen Exkurs zum Thema Weltoffenheit der Stadt darf ich noch einmal an unsere Frage erinnern.«

Der Schulleiter musterte Christoph. »Nein, es hat noch nie Drohungen gegen unsere Schule oder gegen Mitglieder des Kollegiums gegeben.«

Sie wurden durch eine Frau unterbrochen, die einen Teenager vor sich herschob und ohne Anklopfen in das kleine Büro stürmte.

»So geht das nicht weiter«, schimpfte die Frau, deren Alter nicht abzuschätzen war. Sie trug einen karierten Wollrock, der bis über die Knie reichte, eine bis oben zugeknöpfte Bluse und eine Kette mit Holzperlen. Mit ihrem zu einem Dutt geknoteten Haar ähnelte sie einer Lehrerin aus einem Mädchenpensionat der frühen fünfziger Jahre. Sie hatte ihre Hand auf der Schulter eines Mädchens liegen, das sich sichtlich unbehaglich fühlte.

»Frau Wieslmayr«, versuchte van Oy die Frau mit dem süddeutschen Dialekt zu beruhigen. »Ich habe gerade Besuch. Können wir das im Anschluss besprechen?«

»Um was geht es?«, wandte sich Große Jäger an Frau Wieslmayr.

»Eine Kollegin«, stellte van Oy vor. »Sie unterrichtet Deutsch und Latein.«

Da der Schulleiter es unterließ, die beiden Beamten vorzustellen, übernahm es der Oberkommissar.

»Mein Kollege Johannes. Ich heiße Große Jäger. Wir sind von der Husumer Kripo.«

»Dann sollten Sie sich das ruhig anhören«, schimpfte Frau Wieslmayr und zeigte auf das junge Mädchen mit dem asiatischen Aussehen, das dem Geschehen schweigend gefolgt war.

»Wir sollten die Angelegenheit unter uns klären.« Van Oy war offensichtlich daran gelegen, die Beamten loszuwerden.

»Nee, ich bin von Beruf neugierig«, gab sich der Oberkommissar störrisch. »Um was geht es?« Dabei sah er das junge Mädchen an.

»Eigentlich um nichts«, antwortete die Schülerin schüchtern. »Es ist eher belanglos.«

»Das sehe ich anders«, ereiferte sich Frau Wieslmayr. »Es muss endlich einmal durchgegriffen werden an dieser Schule. Das sage ich Herrn van Oy schon lange. Es geht nicht, dass Rebecca ständig gemobbt wird. Wenn jemand wegen seiner Hautfarbe verfolgt wird, dann kann ich es nicht dulden.«

»Aber, Frau Kollegin«, versuchte der Schulleiter die aufgebrachte Frau zu besänftigen.

»Nein. Einmal ist das Maß voll. Ich erwarte von Ihnen, dass Sie etwas unternehmen.«

»Wie ist dein Name?«, fragte Große Jäger das Mädchen.

»Es wäre schön, wenn Sie junge Menschen nicht duzen würden«, schimpfte die Lehrerin. »Rebecca zu Rantzau ist immerhin siebzehn.«

»Ist schon in Ordnung«, sagte das Mädchen mit sanfter Stimme. »Sie haben es eben gehört, wie ich heiße.«

»Und was ist geschehen?«

»›Schlitzaugenschlampe‹ hat er das Mädchen genannt und behauptet, alle asiatischen Frauen wären genetisch bedingt Huren.«

»Wer hat das gesagt?«, fragte Christoph, doch die Lehrerin winkte ab.

»Kann denn niemand Nico von der Hardt bremsen?«, startete Große Jäger einen Versuchsballon.

Christoph gewahrte das erschreckte Aufblitzen in den Augen der beiden Lehrer. Bevor die reagieren konnten, antwortete Rebecca: »Der ist einfach nur blöde.«

»Das ist also die von Ihnen gepriesene Toleranz an dieser Schule«, sagte Christoph.

Van Oy breitete die Hände in einer hilflos wirkenden Geste aus.

»Sollen wir dich nach Hause bringen?«, fragte Große Jäger, aber das Mädchen winkte ab.

»Vielen Dank. Ich werde abgeholt.«

»Wo musst du hin?«

»Rebeccas Vater hat vor Jahren den Gutshof Hoyerswort erworben, unweit von Oldenswort«, erklärte Frau Wieslmayr ungefragt.

»Ist dein Vater Landwirt?«

»Nein.« Das Mädchen lächelte Große Jäger zaghaft an. »Mein Vater ist Rechtsanwalt.«

»Sicher haben Sie schon von ihm gehört. Professor Freiherr

43

zu Rantzau, einer der bekanntesten Wirtschaftsanwälte Deutschlands.«

»Aha«, war alles, was der Oberkommissar antwortete. Christoph sah ihm die Unwissenheit deutlich an.

»Wir werden uns der Sache annehmen«, versprach Große Jäger. »Ist Rebeccas Name auch in den Aufstellungen enthalten, die Sie uns übergeben haben?« Er sah van Oy an.

»Nein, Rebecca ist in der elften Klasse. Mit der haben wir überhaupt keine Probleme«, schob der Schulleiter eilfertig hinterher.

»Sie werden noch öfter von uns hören«, verabschiedete sich der Oberkommissar, während Christoph es bei einem »Tschüss« beließ.

»Dieser Nicolaus scheint mir ein schönes Früchtchen zu sein. Ich bin auf seine *gute* Familie gespannt«, sagte Große Jäger, als sie ins Freie traten. »Und? Was machen wir jetzt?«

»Wir werden uns auf dem Schulgelände umsehen. Schließlich muss das Boot irgendwo abgelegt haben.«

»Mit der Leiche an Bord.«

»Richtig. Und wenn wir die Stelle finden, entdecken wir vielleicht auch den Tatort.«

Sie umrundeten das Schulgebäude. Etwas abseits lag die Turnhalle. Vom ehemals weiß getünchten Betonbau platzte der Putz ab. Andere Stellen waren mit Schmierereien übersät. Ein breiter Trampelpfad führte zum Ufer der Treene hinunter, die still im Sonnenlicht glitzerte. Ein hölzerner Bootssteg ragte ins Wasser hinein. Zwei Kanus waren daran vertäut. Beim Näherkommen erkannten die beiden Beamten, dass die Boote mit simplen Vorhängeschlössern vor einer unberechtigten Benutzung gesichert waren. An einem Pfosten fanden sie eine leere Öse. Der Rost, den die feuchte Seeluft im Laufe der Zeit gebildet hatte, war durch einen blank gescheuerten Ring in der Mitte der Öse unterbrochen.

Große Jäger beugte sich hinab. »Sieh mal. Das sieht aus, als wäre hier auch eine Kette durchgeführt gewesen. So eine wie dort.« Er wies auf die anderen Kanus. »Durch die Bewegung des Wassers hat die Kette in der Öse gescheuert. So sind die blanken Stellen entstanden.«

Um seinen Verdacht zu prüfen, untersuchte er die beiden anderen Befestigungsösen. »Die sehen genauso aus.« Mit einem Stöhnen kam er wieder in die Höhe und bog sein Kreuz durch. »Warum beschäftigt die Polizei eigentlich so alte Knochen wie uns? Den Jüngeren fällt es nicht so schwer, auf allen vieren nach Beweismitteln zu suchen. Ich behaupte, das Boot, mit dem die Tote durch die Kanäle geschippert wurde, hat hier gelegen.«

»Dann sollten wir schnellstmöglich den Hausmeister und die Lehrer befragen und denen das Kanu zeigen, in der Hoffnung, dass sie es wiedererkennen«, sagte Christoph. »Ob wir hier auch die Kette und das Schloss finden?«

»Irgendjemand muss den Schlüssel dafür gehabt haben. Vielleicht ist das unser Mörder.«

»Schön, dann stellen wir doch unsere Fragen«, sagte Christoph und wollte auf dem Trampelpfad zurückkehren. »Auf jeden Fall werde ich noch einmal die Spurensicherung anfordern. Mit ein wenig Glück hat der Täter etwas hinterlassen, das Klaus Jürgensen auswerten kann.«

Im Gänsemarsch folgte der Oberkommissar Christoph. Plötzlich hielt er an. »Warte mal. Hier.« Er zeigte auf einen Draht, der auf kleine Pfosten genagelt war und als Abgrenzung den Trampelpfad begleitete. »Mich wundert es, dass noch keiner diese Stolperfallen moniert hat.« Erneut hockte sich Große Jäger nieder. Er hatte sich Einmalhandschuhe angezogen, die er aus einer seiner vielen Taschen hervorgekramt hatte, und ließ vorsichtig ein frei schwebendes Stück Draht durch seine Finger gleiten. »Das sieht aus, als hätte jemand den Draht an dieser Stelle gekappt.«

»Diese Begrenzung ist ziemlich marode. Das Ding ist immer wieder einmal unterbrochen.« Christoph zeigte auf eine andere Stelle, etwa zwei Meter weiter, an der ebenfalls der Draht fehlte.

»Schon«, antwortete Große Jäger. »Aber hier wurde der Draht erst vor Kurzem gekappt. Die Schnittstelle ist frisch. Man sieht es an den blanken Kanten. Außerdem glaube ich, Kratzer auf der Oberfläche zu erkennen. So, als hätte jemand eine Zange angesetzt, wäre damit ein wenig auf dem Draht entlanggerutscht und hätte dann zugedrückt und das Ding durchtrennt.«

»Wenn du recht hast, Wilderich, dann haben wir nicht nur den

Tatort gefunden, sondern auch den Beweis dafür, dass es ein heimtückischer und geplanter Mord war.«

»Wie kommst du darauf?«, fragte Große Jäger.

Christoph kratzte sich vorsichtig die Schläfe. Er hatte den Kopf leicht geneigt.

»Für Totschlag gilt die Voraussetzung, dass das Tötungsdelikt nicht geplant war. Es muss sich aus der Situation heraus ergeben haben. Wenn jemand sich aber eine Drahtzange beschafft, um das Tatwerkzeug herzustellen, und dem Opfer dann auflauert, um es zu töten, liegen Vorsatz und Heimtücke vor. Das ist unzweifelhaft Mord.«

»Donnerlüttchen. Irgendwer hatte es gezielt auf Ina Wiechers abgesehen.« Große Jäger lächelte und klopfte Christoph auf die Schulter. »Dann ist es ja ganz einfach. Wir müssen nur noch den Täter finden.«

»Der Täter hatte den Schlüssel fürs Boot und Werkzeug. Das muss …«

»… er irgendwo herhaben«, fiel der Oberkommissar Christoph ins Wort. »Wir sollten uns umsehen, ob wir vielleicht an der Schule fündig werden.«

Sie gingen zum Schulgebäude zurück. Kurz bevor sie es erreichten, schlug die Schulglocke an. Es schien, als hätten die Schüler auf dieses Signal gewartet. Keine zwei Minuten waren vergangen, als die ersten mit lautem Gejohle aus der Tür stürmten. Dabei wurde gestoßen und geschubst, an Ranzen und Kleidung gezerrt und lautstark miteinander über alle wichtigen und unwichtigen Dinge dieser Welt kommuniziert.

Christoph schüttelte den Kopf. »Waren wir auch so?«

»Nee«, griente Große Jäger. »Schlimmer.«

Sie warteten, bis sich die Flut aus der Schule hervorquellender Kinder gemäßigt hatte und die älteren Jahrgangsstufen erschienen. Bei denen ging es wesentlich ruhiger und gelassener zu.

Christoph war erstaunt, dass nicht wenige von ihnen mit schon glimmender Zigarette das Schulgebäude verließen. In einem Pulk tauchte Nicolaus von der Hardt auf. Neben ihm trottete der sommersprossige Rothaarige. Der Junge gewahrte die beiden Polizisten, stieß Nico an und sagte etwas. Jetzt sah auch der zu den Beamten herüber. Der Jugendliche hob die Hand und zeigte unter dem Gelächter seiner Begleiter einen Stinkefinger.

Große Jäger wäre auf Nico losgestürmt, hätte ihn Christoph nicht vorsorglich hinten an der Lederweste festgehalten.

»Bleib ruhig, Wilderich. Du stehst doch über den Dingen.«

»Dem bohre ich seinen Finger in die eigene Nase«, zischte der Oberkommissar zornig. Christoph wusste, dass Große Jäger sich ungern zum Gespött machen ließ.

»Du wartest hier«, beschied Christoph ihn. »Mich interessiert, wie die beiden nach St. Peter-Ording kommen.«

Große Jäger wollte losstürmen. »Ich frage sie einfach.«

»Nein! Du bleibst hier. Ich möchte keine Eskalation. Du bist ein vernunftbegabter Beamter.«

Der Oberkommissar stampfte mit dem Fuß auf den Boden. »Dann wäre ich der Erste dieser Spezies, auf den diese Aussage zutreffen würde.« Zumindest zeigte er den Anflug eines Lächelns.

»Zünde dir eine Zigarette an.«

Erstaunen trat in Große Jägers Gesicht. »Was? Das sagst ausgerechnet *du*?«

»Der Zweck heiligt die Mittel. Wenn ich dich damit ruhigstellen kann – warum nicht?«

Die Gruppe Jugendlicher um Nicolaus von der Hardt beachtete Christoph nicht, der mit angemessenem Abstand folgte. Am Rande des Schulgeländes blieben sie stehen und sprachen mit einem jungen Mann, der dort gewartet hatte. Aus der Distanz machte der Mann einen fremdländischen Eindruck. Es sah nicht aus, als würde die Gruppe um Nico Freundlichkeiten mit dem anderen austauschen. Einer aus dem Pulk machte zwei Schritte auf den Neuen zu und zeigte eine Drohgebärde. Gottlob eskalierte die Situation aber nicht weiter. Lautstark schob die Truppe weiter, bis sie vor einem Suzuki Jimny der Sonderedition »Rock am Ring« stehen blieb, dessen Verdeck offen war. Das Palaver wurde noch einige Minuten fortgesetzt. Danach warf Nicolaus von der Hardt achtlos seine Schulsachen auf den Rücksitz. Der sommersprossige Rothaarige folgte seinem Beispiel. Die beiden Jugendlichen bestiegen das Fahrzeug und kurvten kurz darauf vom Parkplatz, während die anderen Schüler der Gruppe, nunmehr wesentlich ruhiger, weiterzogen.

Christoph griff zum Handy und rief Mommsen an. Er gab ihm das Kennzeichen des Wagens durch und bat um eine Halteranfrage und um Prüfung, ob Nico eine gültige Fahrerlaubnis besaß.

Als Christoph zum Schulgebäude zurückkehrte, sah er, dass Große Jäger mit dem fremdländisch wirkenden Jugendlichen sprach.

»Ich möchte von Ihnen wissen, wie Sie heißen«, sagte der Oberkommissar.

»Was geht dich das an?«, fragte der junge Mann aggressiv.

»Ich bin neugierig. Mich interessieren viele Dinge. Abgesehen davon ist es hier üblich, dass man Erwachsene nicht duzt. Ist das klar?«

Der Jugendliche winkte ab. »Verpiss dich, Alter.«

Er hatte Pech, dass der Oberkommissar heute schon genug von jungen Leuten gereizt worden war. Ehe er sich versah, hatte ihn Große Jäger am Kragen gepackt und hochgehoben, sodass der Junge mühsam auf den Zehenspitzen balancieren musste, um nicht das Gleichgewicht zu verlieren. Den Zeigefinger der linken Hand hatte der Oberkommissar ausgestreckt. Damit bohrte er zwischen zwei Rippen. Der junge Mann war so perplex, dass er jeden Versuch einer Gegenwehr unterließ.

»Wie spricht man Erwachsene an? Das ist heute unsere erste Lektion.«

»Du kannst mich …«, kam es über die Lippen, aber als Große Jäger noch ein wenig mehr am Kragen zog, kapitulierte der junge Mann. »Lassen Sie mich los. Was soll das Ganze, eh?«

»Na, bitte, es geht doch. Und nun die zweite Lektion. Wie heißt du?«

»Fouad al-Shara.«

»Woher kommst du?«

»Aus diesem Kaff.«

»Dein Heimatland?«

»Meine Alten kommen aus dem Libanon.«

»Und, was willst du hier an der Schule?«

»Das ist meine Sache.«

Große Jäger verstärkte erneut den Druck.

»Was haben wir gelernt? Fragen werden brav beantwortet. Also?«

»Ich warte auf meine Freundin.«

»Und das gefiel den anderen nicht, die dich vorhin angemacht haben?«

Der Oberkommissar hatte al-Shara losgelassen.

»Die Spastis. Die glauben, weil ihre Eltern 'nen dickes Portemonnaie haben, können sie große Sprüche klopfen. Wenn ich einen von denen allein erwische, poliere ich dem die Fresse.«

Große Jäger klopfte sich die Hände, als würde er unsichtbaren Schmutz abschütteln.

»Da wäre ich vorsichtig, mein Junge. Dein Hormonstau macht dich heißblütiger, als es für deine Gesundheit zuträglich ist. Wenn ich dir einen Rat geben darf, dann halte dich ein wenig zurück. Sonst endest du unfreiwillig als Eunuch. Und als Andersgläubiger kannst dabei nicht einmal im Kirchenchor mitsingen. Das wäre doch Vergeudung.«

»Leck mich«, schimpfte al-Shara, drehte sich um und ging fort.

»Wenn ich gewusst hätte, wie aufregend das Umfeld einer Schule sein kann, dann hätte ich mir vielleicht auch Kinder angeschafft.« Große Jäger sah Christoph an. »Ist das bei deinem Sohn genauso?«

»Gott sei Dank hat der vor den Sommerferien das Abitur gemacht. Die Schule ist ein abgeschlossenes Kapitel.«

»Und? Was macht er jetzt?«

»Seine Mutter möchte, dass er studiert. Im Augenblick sucht er einen Studienplatz. Das ist bei seiner Abiturnote aber nicht einfach.«

»Was heißt, seine Mutter möchte das? Was sagt der Vater dazu?«

Christoph winkte ab. »Du kennst ja die Entwicklung meines Privatlebens. Irgendwie gehöre ich nicht mehr richtig dazu.«

»Hast du an Scheidung gedacht?«

Christoph schüttelte den Kopf. »Darüber haben wir nie gesprochen. Es ist eine merkwürdige Situation. Jeder geht seiner Wege, aber endgültig trennen – davor scheuen wir uns beide.«

Sie hatten den Eingang der Schule erreicht. Mittlerweile war der Strom der Schüler verebbt. Im Schatten des Windfangs stand Harry Trochowitz.

»Wie gut, dass wir Sie treffen. Wir benötigen Ihre Unterstützung.«

»Meine?« Der Hausmeister blickte ungläubig und wies mit dem Zeigefinger auf sich.

»Am Bootssteg sind drei Kanus befestigt«, sagte Christoph.

»Das stimmt«, nickte Trochowitz.

»Jetzt fehlt eines.«

»Das kann nicht sein.« Bevor Christoph antworten konnte, war der Hausmeister in Richtung Ufer losgestürmt. Die beiden Beamten folgten ihm.

»Tatsächlich. Das blaue mit dem schmalen weißen Streifen fehlt.«

Christoph warf Große Jäger einen Blick zu. Die gleiche Farbe hatte das Boot, in dem Ina Wiechers gefunden wurde.

»Gibt es sonst noch Besonderheiten an dem Kanu?«

»Sicher«, sagte Trochowitz. »Am Bug war die Kennziffer vierundsechzig aufgemalt.«

Der Oberkommissar nickte Christoph zu. Dann legte Große Jäger dem Hausmeister vertraulich seine Hand auf die Schulter. Unmerklich zuckte Trochowitz zusammen.

»Sag mal, Harry, mein Freund. Als Hausmeister hat man doch 'nen Scheiß-Job. Man wird für alles verantwortlich gemacht und hat oft das Gefühl, die Leute halten einen für 'nen Trottel. Dabei läuft ohne euch doch gar nichts.«

Trochowitz nickte eilfertig. »Das hast du wohl recht.«

»Man ist für alles zuständig. Auch kleinere Reparaturen muss der Hausmeister ausführen, für die jeder andere wie selbstverständlich den Handwerker ruft.«

»Ich kann das aber«, protestierte der Mann im grauen Kittel.

»Dann hast du doch sicher eine gut eingerichtete Werkstatt?«

»Natürlich.«

»Können wir die mal sehen?«

Trochowitz machte einen seitlichen Ausfallschritt und schüttelte damit die Hand des Oberkommissars ab. »Warum denn?«

»Mich interessiert das, weil ich selbst Heimwerker bin.« Große Jäger lächelte dem Mann freundlich zu.

»Von mir aus«, brummte der Hausmeister und ging voran. Im

Schulgebäude zweigte vom Hauptflur des Erdgeschosses ein kleiner Gang ab. »Dahinten geht's zu meiner Wohnung«, zeigte er auf eine Tür. »Und hier ist meine kleine Werkstatt.«

Umständlich zog Trochowitz ein dickes Schlüsselbund aus der Hosentasche, das dort durch eine Kette gesichert war. Er fingerte einen Schlüssel heraus und öffnete die stabile Metalltür, in deren Lack ganze Schülergenerationen fröhliche und böse Botschaften eingeritzt hatten.

In dem Raum mit den ungeputzten Betonwänden roch es muffig. Nach mehreren Startversuchen flackerte die Neonröhre an der Decke auf und spendete ein kaltes Licht.

In einem roh gezimmerten Regal lagerte eine Reihe elektrischer Geräte. Schachteln und Kartons vervollständigten das Sammelsurium. In einer Ecke waren achtlos Rollen mit elektrischem Kabel gestapelt. Daneben türmten sich verpackte Leuchtmittel. Eine Werkbank war mit einigen Werkzeugen, zwei angesägten Metallrohren und einem ölverschmierten Putzlappen bedeckt. An der Wand hingen mehrere Lochplatten für die Werkzeuge. Trochowitz hatte die Silhouetten der Geräte mit einem Filzstift nachgezeichnet, sodass er nach Gebrauch auf schnelle Weise den Platz für den gerade benutzten Gegenstand wiederfand.

»Was fehlt denn da?«, fragte Große Jäger.

»Ein Kreuzschlitz, ein kleiner Hammer und 'ne kleine Metallsäge.«

»Und wo ist das Werkzeug?«

Der Hausmeister zeigte auf die Werkbank. »Die Säge ist da. Der Hammer und der Schraubenzieher sind im Chemieraum. Dort hat jemand ein Kabel von der Wand gezogen. Ich war gerade dabei, es wieder zu befestigen.«

»Und dies hier?«

Der Oberkommissar zeigte auf eine andere leere Stelle.

»Das ist eine Kabelzange.«

»Ist die auch im Chemieraum?«

»Nee, wozu denn?«

»Weil sie fehlt. Wo kann sie sein?«

Der Hausmeister zuckte ratlos mit den Schultern. »Keine Ahnung. Ich hab sie nicht.«

»Wer hat Zugang zu diesem Raum?«, mischte sich Christoph ein.

»Ich.«

»Sonst noch jemand?«

»Nein. Den Schlüssel habe ich immer bei mir. Meine Frau könnte sich den greifen. Aber die hat nix am Hut mit Handwerkszeug.«

»Gibt es noch weitere Schlüssel?«

»Eigentlich nicht.« Trochowitz überlegte einen Moment. »Doch. Natürlich. Im Sekretariat gibt es einen Schlüsselkasten. Dort müsste noch einer hängen.«

»Und wer kann sich den unbemerkt ausleihen?«

»Keiner. Darauf passt doch die Sekretärin auf.«

»Hm«, sagte Große Jäger. »Aber die ist krank. Also ist das Büro nicht besetzt.«

»Oh verdammt.« Der Hausmeister sah abwechselnd zu Christoph und Große Jäger. »Daran habe ich nicht gedacht.«

»Das möchte ich mir ansehen«, sagte Christoph, und sie gingen ins Sekretariat. Der Raum war jetzt abgeschlossen.

»Wer hat das gemacht?«

»Ich vermute, das war der Direx, als er gegangen ist.«

Große Jäger sah auf die Uhr. »So 'n Job möchte ich auch haben. Mittags Feierabend machen.«

»Wem gehören die Kanus, die wir draußen am Steg gefunden haben?«, fragte Christoph, ohne auf die Zwischenbemerkung des Oberkommissars einzugehen.

»Soweit ich weiß – dem Schulverein. Aber die Dinger werden kaum noch genutzt.«

»Und wer verwaltet die Schlüssel?«

»Die Sportlehrer – glaube ich.«

»Wer sind die?«

»Frau Hilkenbäumer-Schnurrebrandt und Herr Hauffe.«

»Der am Mittelburgwall wohnt und von seiner Wohnung auf die Gracht sehen kann?«

»Genau der.«

Sie stellten fest, dass der Schlüssel für das Kanu fehlte.

Große Jäger klopfte Trochowitz auf die Schulter.

»Danke, Harry. Du hast uns sehr geholfen.«

»Ja, aber wieso?«

Als sie gingen, stand der Hausmeister immer noch mit ratlosen Gesichtsausdruck da und sah den beiden Beamten nach.

Sie fuhren über die Grüne Küstenstraße zur Spitze der Halbinsel Eiderstedt, eine der schönsten Landschaften, die das Land zwischen den Meeren zu bieten hat. Schafe und Schwarzbunte auf saftigen Marschwiesen, dazwischen verschlafene Ortschaften mit uralten Kirchen. Nicht zu vergessen die Haubarge, Bauernhäuser, die als die größten und imposantesten der Welt gelten.

»Wo kann man die Natur ursprünglicher genießen?«, fragte Christoph, der entspannt auf dem Beifahrersitz hockte und den Blick über das unendlich weite Land schweifen ließ.

»Kennst du eigentlich Reimer?«, antwortete Große Jäger mit einer Gegenfrage, nachdem er sich kurz zuvor über einen gemächlich über die Straße rollenden Touristen aufgeregt hatte.

»Nein. Wer soll das sein?«

»Ich kenne ihn auch nicht, aber der muss ein tolles Haus haben«, sagte der Oberkommissar lachend und zeigte auf einen Wegweiser, der nach links zu einer kleinen Ansiedlung am Eiderdeich wies. »Reimers Bude – 1 km« stand auf dem Schild. »Hier gibt es noch weitere tolle Ortsnamen. Witzwort. Welt. Katharinenheerd. Kotzenbüll.«

»… sagte mein Kollege mit dem Allerweltsnamen Große Jäger.«

»Hör bloß auf zu lästern. Du heißt schließlich auch nur noch Johannes. Der Heilige ist dir schon lange abhandengekommen.« Der Oberkommissar fuchtelte mit ausgestrecktem Arm vor Christophs Nase herum.

»Irgendwo da drüben wohnt Rebecca, das asiatische Mädchen. Was hat die hierher verschlagen?«

Christoph nickte träge. Er konnte das anschließende Gähnen nicht unterdrücken.

»Hast du heute Nacht wieder eine Erste-Hilfe-Lektion von Anna erhalten? Oder warum bist so müde?«, lästerte Große Jäger, während Christoph zum Handy griff und den Erkennungsdienst in Flensburg anrief. Er bat Klaus Jürgensen, mit der Spurensicherung den Bootssteg am Eidergymnasium unter die Lupe zu nehmen und auch den Grund am nahen Ufer absuchen zu lassen. Außerdem berichtete er noch vom abgeschnittenen Drahtende, das den beiden Polizisten aufgefallen war.

Kurz drauf meldete sich Mommsen von der Dienststelle.

»Der Suzuki ist auf Isabelle von der Hardt, Nicos Mutter, zugelassen. Der Junge hat seit zwei Monaten eine gültige Fahrerlaubnis.«

»Für solche Ermittlungen ist das *Kind* unentbehrlich«, nuschelte Große Jäger dazwischen.

»Was hat Wilderich von sich gegeben?«, fragte Mommsen nach, aber Christoph ging nicht drauf ein. Der Oberkommissar musste zu allem seinen Kommentar abgeben.

»Wie gut, dass wir nicht die Mordkommission sind«, brabbelte Große Jäger weiter. »So können wir uns als Diebstahldezernat betätigen. Wir suchen das Notebook von Ina Wiechers und ihr Handy. Ein Paddel, das Schloss, mit dem das Boot befestigt war, eine Drahtschere und einen Mörder. Aber das ist schon alles.«

Inzwischen hatten sie St. Peter-Ording erreicht, das Nordseebad mit dem weitläufigen Strand – einem Eldorado für Strandsegler –, der großen Sandbank mit den charakteristischen Pfahlbauten und der berühmten Seebrücke, die kein Ende zu nehmen schien.

Das GPS-System führte sie am Marktplatz vorbei in ein ruhiges Wohngebiet, das durch gemütliche Straßen und verschwiegene Sackgassen geprägt war. Am Immenseeweg wohnte Nicolaus von der Hardt. Das Strohdachhaus mit der angebauten Garage und den kleinteiligen Sprossenfenstern machte einen behaglichen Eindruck, auch wenn es aufgrund seiner Größe kaum als Unterkunft einer Durchschnittsfamilie zu bezeichnen wäre. Eine große Kiefer dominierte den Vorgarten, der durch einen weißen Lattenzaun begrenzt war. Für den Fuhrpark war ein großes doppelflügeliges Tor eingebaut, das jetzt offen stand. Davor parkte der rote Suzuki, mit dem der Sohn des Hauses vorhin die Schule verlassen hatte. Große Jäger stellte den Ford-Kombi dahinter ab.

Sie erregten die Aufmerksamkeit eines breitschultrigen sonnengebräunten Mannes, der an einem dunkelblauen Dreier-BMW-Cabrio herumpolierte.

»Moin. Gehören Sie zur Familie von der Hardt?« Christoph trat
auf den Mann zu.

In den gefärbten blonden Haaren steckte eine modische Sonnenbrille. Der gepflegte Dreitagebart warf ein paar Schatten auf
das Gesicht mit den markanten Zügen. Ein eckiges Kinn, eine ge-
radezu klassische Nase und hohe Wangenknochen verliehen dem
Mann ein energisches Aussehen. Er straffte sich und bog das Kreuz
durch. Dadurch sprangen die Brustmuskeln hervor und spannten
das bis zur Magengrube aufgeknöpfte Leinenhemd, sodass es aussah, als würden die Knöpfe abspringen. Unter den kurzen Ärmeln
kamen ebenfalls muskelbepackte Arme zum Vorschein. Der Mann
kniff die Augen unter den in Form geschnittenen Brauen zusammen und musterte zuerst Christoph, dann Große Jäger. Er antwortete aber nicht.

»Sind Sie hier angestellt? Ist Frau von der Hardt zu Hause?«,
fragte Christoph.

Der Mann schwieg immer noch.

»Vielleicht ist er der Hausmeister und heißt Harry«, lästerte Große Jäger. »Heute scheinen uns alle Deppen dieser Region zu begegnen.«

Der Mann warf dem Oberkommissar einen bösen Blick zu, blieb
aber immer noch stumm.

»Wenn uns der Türsteher nicht antworten will«, sagte der Oberkommissar, »werden wir eben klingeln müssen.«

Der Blonde stellte sich Große Jäger in den Weg.

»Haut ab«, knurrte er. »Hausierer sind hier unerwünscht.«

Bevor sein Kollege antworten konnte, schob sich Christoph
zwischen die beiden. »Wir sind von der Polizei und möchten mit
Nicolaus und seiner Mutter sprechen.«

Der Mann war einen guten Kopf größer als Christoph. Er sah
von oben herab. »Haben Sie so 'n Dingsbums – so 'n Wisch?«

»Wir brauchen keine Papiere, wenn wir uns mit jemandem unterhalten möchten.«

»Und wenn die Leute nicht mit Ihnen reden wollen?«

Der Mann rollte das R wie Carolin Reiber. Sein Dialekt verriet
die bayerische Herkunft.

»Das würden wir von ihnen schon selbst hören wollen.«

Der Mann wandte sich wieder dem BMW zu und polierte weiter die Motorhaube.

»Haben Sie nicht gehört, was mein Boss gesagt hat?«, fragte Große Jäger und bückte sich.

»Zisch ab«, war die Antwort.

Der Oberkommissar streckte seine Hand über die Motorhaube, öffnete die Faust und ließ langsam den schmutzigen Sand vom Wegesrand hinabrieseln.

Entsetzt starrte der Muskelmann zuerst auf das Auto, dann auf Große Jäger.

»Bist du bescheuert?«, rief er und machte einen Schritt auf Große Jäger zu. Der wich gelassen nach hinten aus.

»Wollen Sie uns wegen eines tätlichen Angriffs auf einen Polizeibeamten aufs Revier begleiten?«

Der Blonde fletschte die Zähne. Für einen Moment sah es aus, als wollte er nachsetzen. Dann besann er sich aber und zeigte zum Haus.

»Frau von der Hardt ist da.«

Die beiden Beamten gingen zur Haustür, als der Mann hinterherkam.

»Warten Sie. Die beiden sitzen auf der Terrasse. Ich gehe voran.«

Er umrundete das Haus auf einem mit Bruchgranit gepflasterten Weg. Der großzügig angelegte Garten wurde am Ende durch eine dichte Hecke mit Krüppelkiefern begrenzt. Auch an den Seiten war er zugewachsen. Im Hintergrund stand ein Strandkorb. Man sah dem Areal an, dass es durch eine professionelle Gärtnerhand gehegt wurde.

Auf der ebenfalls mit Bruchgranit gepflasterten Terrasse standen weiße Gartenmöbel. Es war eine wuchtige Garnitur, die allein von ihren Ausmaßen in keinen Reihenhausgarten gepasst hätte.

In einem Gartenstuhl mit hoher Rückenlehne lümmelte sich Nicolaus von der Hardt. Er zog an einer Zigarette und sprach mit einer schlanken Frau, die so ebenmäßig sonnengebräunt war, dass es eher wie durch einen Maskenbildner als durch die Natur herbeigeführt schien. Da sie nur mit einem knappen Bikiniunterteil bekleidet war, konnte man die lückenlose Vollkommenheit der Haut deutlich erkennen.

Es war eine gepflegte und auf den ersten Blick ausgesprochen attraktive Frau. Ein langer Hals, kein Fettansatz an Bauch, Hüften und Oberschenkel, schlanke Fesseln und Brüste, die auch ohne Bikinioberteil von ihrer Trägerin zur Schau gestellt werden konnten.

Sie trug in ihren langen blonden Haaren eine hochgeschobene Sonnenbrille und sah auf, als die drei Männer auf die Terrasse traten. Erst beim Näherkommen sah man die Falten, die sich am Hals, um den Bauchnabel und an den Augenwinkeln zu bilden begannen.

»Was gibt es, Simon?«, fragte sie mit einer angenehmen Stimme, die weder zu hoch noch zu tief war.

»Die beiden sind von der Polizei und wollen mit euch sprechen«, erklärte der Blonde.

Die Frau musterte die beiden Polizisten. Sie machte keine Anstalten, ihre Blöße zu verbergen.

»Frau von der Hardt?«, fragte Christoph.

Sie nickte in Richtung der freien Stühle. »Bitte.«

Nicolaus stand auf. »Ich bin wohl überflüssig.«

»Es wäre schön, wenn Sie bleiben würden«, sagte Christoph und nahm Platz.

Große Jäger setzte sich neben ihn. Mit einem missbilligenden Blick registrierte Christoph, wie der Oberkommissar nach seiner zerknautschten Zigarettenpackung angelte und sich, ohne um Erlaubnis zu fragen, einen Glimmstängel anzündete.

Widerwillig ließ sich der Sohn in seinen Gartenstuhl zurückfallen.

Bevor Christoph den Grund ihres Besuches erläutern konnte, zeigte Große Jäger auf Nicolaus.

»Wir hatten heute bereits eine erste Begegnung. Ich vermute, die Art und Weise, wie Ihr Sohn sich gegenüber Fremden aufführt, hat er nicht in diesem Elternhaus gelernt.« Der Oberkommissar ließ ungeniert seinen Blick über den Frauenkörper gleiten. Frau von der Hardt blieb es ebenso wenig verborgen wie den anderen Anwesenden.

»Soll ich dir eine Bluse holen, Isabelle?«, fragte der Blonde.

Sie schüttelte graziös den Kopf. »Danke, Simon. Ich möchte die

Sonne genießen. Um was ging es – ich meine, bei der *Auseinandersetzung?*«

Große Jäger berichtete vom Zusammenstoß in der Schule. Er unterließ es auch nicht, von der Beschwerde zu erzählen, die von Rebeccas Lehrerin vorgetragen worden war.

Nicolaus folgte dem Ganzen ungerührt. Er schenkte Große Jäger nur ein freches Grinsen. Für alle Anwesenden überraschend machte der Blonde einen Satz auf den Jungen zu und hob die Hand. Nicolaus duckte sich reflexartig weg und hob schützend die Arme vor das Gesicht. Es sah aus, als wäre ihm diese Geste nicht fremd.

»Simon!«, rief Isabelle von der Hardt mit scharfem Ton. Es klang, als würde sie einen Hund zurückpfeifen.

Der Blonde hielt in der Bewegung inne, sah die Frau an und ließ langsam seine Hand sinken.

»Habe ich dir nicht immer wieder gesagt, du sollst keinen Stress machen?«, schrie er den Jungen an, der förmlich in seinen Gartensessel hineingekrochen war. »Was soll der Scheiß? Immer fällst du Idiot aus der Rolle.«

Die Mutter rief noch einmal: »Simon!« Dann ließ der Mann ab und trat zwei Schritte zurück.

»Darf ich fragen, welche Rolle Sie in diesem Haus spielen?«, fragte Christoph.

Bevor sich Frau von der Hardt einschalten konnte, antwortete der Mann: »Ich bin Isabelles Lebenspartner.«

Er erntete dafür einen vernichtenden Blick. Ohne dass sich ihre Stimme verändert hatte, erklärte Frau von der Hardt: »Herr Feichtshofer wohnt bei uns.«

»Ich möchte gern Ihren Ausweis sehen«, bat Christoph.

»Muss ich den zeigen?«, antwortete der Gemaßregelte und sah zornig auf Nicolaus herab, der seinen Widersacher mit einem hämischen Grinsen abstrafte.

Ohne dass es einer Erklärung bedurfte, erkannte Christoph, dass die beiden Männer keine Freunde waren.

»Simon – bitte«, zischte Frau von der Hardt innerhalb kürzester Zeit das dritte Mal den Namen des Blonden, der daraufhin wie ein Dackel mit hängenden Ohren ins Haus trottete.

»Sie müssen Herrn Feichtshofer entschuldigen«, sagte die Mutter. »Er meint es nicht so. Er ist manchmal ein wenig impulsiv.«

»Der denkt nur mit seinem Ständer«, mischte sich Nicolaus ein, nachdem er sich zuvor durch einen Blick über die Stuhllehne vergewissert hatte, dass Feichtshofer außer Hörweite war.

Kurz darauf kam der Blonde zurück und überreichte Christoph seinen Ausweis. Der Mann war sechsunddreißig Jahre alt. Als letzter Wohnsitz war Benediktbeuern in Oberbayern eingetragen.

»Sie üben einen Beruf aus?«

»Simon ist Fitnesstrainer«, antwortete Isabelle von der Hardt an Feichtshofers Stelle.

»Wie lange wohnen Sie hier schon?«

»Sechs Monate«, sagte der Mann.

»Und in welchem Studio sind Sie tätig?«

Simon nagte an seiner Unterlippe. Offensichtlich suchte er nach einer passenden Antwort.

»Herr Feichtshofer ist derzeit mein persönlicher Sportlehrer«, übernahm die Mutter für ihn. »Zuvor war er in Bad Tölz tätig.«

Christoph gab den Ausweis zurück. »Sie sollten Ihren neuen Wohnsitz nachtragen lassen.«

Der Mann wollte nicken, aber Isabelle von der Hardt kam ihm erneut zuvor. »Simon ist hier nur Gast. Aber ich denke, Sie wollten etwas anderes von uns.«

Christoph berichtete von der Ermordung Ina Wiechers'. Dabei beobachtete er die drei Bewohner des Hauses. Die Frau ließ nicht den Hauch einer Gemütsregung erkennen, während Nicolaus bemüht war, einen gelangweilten Eindruck zu vermitteln. Im Unterschied dazu zeigte sich auf dem Antlitz Simon Feichtshofers ein betroffener Ausdruck. Der Mann machte überhaupt keine Anstalten, seine Besorgnis zu verbergen.

»Kannten Sie Frau Wiechers?«, setzte Christoph deshalb nach und sah den Fitnesstrainer an.

Der nickte schwach und wollte antworten, aber Isabelle von der Hardt kam ihm zuvor. »Nico hat seinen Führerschein erst seit Kurzem. Vorher hat Simon ihn häufig zur Schule gefahren. Ich nehme an, dabei hat er auch einige Lehrer kennengelernt. Stimmt das, Simon?«

»Jaaa«, stammelte der Mann. Ihm war anzusehen, wie dankbar er war, dass ihm Frau von der Hardt die Antwort abgenommen hatte.

»Und Sie? Sind Sie Ina Wiechers auch begegnet?«

»Flüchtig. Ich hatte keinen positiven Eindruck von ihr.«

»Können Sie das näher erläutern?«

»Sie hatte eine merkwürdige Vorstellung davon, wie die Erziehung junger Menschen aussehen sollte. Eine überholte Denkweise von Strenge. Sie hat beispielsweise den Handygebrauch geahndet und die Geräte konfisziert. Die Apparate mussten von den Eltern ausgelöst werden.«

»Das galt aber sicher nur für Mobiltelefone, die während des Unterrichts benutzt wurden.«

»Mag sein«, sagte die Frau. »Als Lehrerin passte Frau Wiechers nicht an diese Schule. Sie hat unnachgiebig zensiert und die These vertreten, eine Schule sei kein Debattierklub und Erziehung habe nichts mit Demokratie zu tun. Die Schüler hätten sich streng an die Regeln zu halten. Ja, was glaubte diese Frau denn, in welcher Zeit wir leben?«

»Vielleicht ist diese Einstellung in manchen Fällen angebracht.«

Ein durchdringender Blick traf Christoph. »Ich vermute, Sie haben *auch* keine Kinder. Wie diese Wiechers. Solchen Menschen fehlt die persönliche Erfahrung.«

Christoph sah Große Jäger an, um dessen Mundwinkel sich ein spöttischer Zug gebildet hatte. Er las förmlich die Gedanken hinter der Stirn des Oberkommissars und war froh, dass Große Jäger sich diesmal mit seinem Kommentar zurückhielt. Auch Christoph hatte seine Zweifel, ob Isabelle von der Hardt das Idealbild einer Mutter verkörperte.

»Sie war eine Pädagogin ohne jedes Einfühlungsvermögen, nur auf Konfrontation und Zerstörung ausgerichtet.«

»Null Toleranz«, warf Simon Feichtshofer ein. Die Frau strafte ihn mit einem kurzen »Tsss« für diese Einmischung ab.

»Wenn es nach Ina Wiechers gegangen wäre, hätte sie die Zukunft meines Sohnes zerstört, bevor sie überhaupt begonnen hat. Nico ist ein Kind aus einem gesellschaftlich anerkannten Haus. Er *muss* Abitur machen, sonst sind ihm alle Möglichkeiten für das weitere Leben verbaut. Und gerade das suchte diese Person zu verhindern. Ich frage mich, ob das nicht purer Sozialneid einer kleinen Beamtin war.«

»Vorsicht!« Jetzt war Große Jäger nicht mehr zu bremsen. »Vergessen Sie nicht, dass wir auch Beamte sind.«

Sie lächelte den Oberkommissar an, als hätte er ihr gerade eine Liebeserklärung unterbreitet. »Sehen Sie. Das meine ich. Es fehlt vielen Menschen das Gefühl dafür, dass man es mit Leistung und Ideen zu mehr bringen kann als der Durchschnitt. Sie glauben nicht, wie viele mir meinen Erfolg missgönnen. Wachsen meine Geschäfte aus dem Erdboden? Oder stecken da Arbeit und Risikobereitschaft hinter?«

»Ich vermute, dass es einen Herrn von der Hardt gibt oder gab. Vielleicht hat der auch sein Scherflein dazu beigetragen«, sagte Christoph.

»Es gab einen Herrn von der Hardt. Das war mein Vater.« Sie gurrte wie eine Taube. »Mit Nicos Erzeuger war ich nicht verheiratet. Er war dreißig Jahre älter als ich und stammte aus bestem Hause. Bei Nicos Geburt war er bereits fünfundsechzig und hatte leider nicht mehr viele Möglichkeiten, seine Erfahrungen an seinen Sohn weiterzugeben.«

»Das heißt, Nicos Vater ist tot.«

»Ja. Schon lange. Und wenn Sie jetzt nach dem Namen fragen sollten, werde ich es Ihnen nicht sagen.«

»Wenn Sie stets die gute Herkunft betonen, interessiert mich aber doch, von wem Nico die kleinen charakterlichen Mängel hat, die bei uns aktenkundig geworden sind«, lästerte Große Jäger.

»Das sind unbedeutende Nichtigkeiten, die der Entdeckungsfreude junger Menschen zuzuschreiben sind«, erklärte Isabelle von der Hardt. Dann richtete sie sich auf. »Das war's, meine Herren. Ich muss mich nun wieder wichtigen Dingen zuwenden. Ich denke, ich habe Ihnen lange genug Rede und Antwort gestanden. Simon wird Sie hinausbegleiten.«

»Einen Augenblick«, sagte Christoph und wandte sich an Nicolaus, der irritiert aufsah. »Wo waren Sie gestern Abend?«

»Warum stellen Sie dem Kind eine solche Frage?«, mischte sich Isabelle von der Hardt ein. Sie war von der Liege aufgestanden und machte in ihrem knappen Bikiniunterteil auch im Stehen eine gute Figur.

»Ihr Sohn ist volljährig und wird die Frage selbst beantworten. Es ist der Zeitpunkt, von dem wir annahmen, dass Ina Wiechers ermordet wurde.«

»Ich … ich …« Bevor Nico den Satz zu Ende führen konnte, mischte sich Simon Feichtshofer ein.

»Er war hier. Wir waren zuerst am Strand, dann haben wir im Hause herumgegammelt.«

»Und Sie, Frau von der Hardt?«

Sie lachte. »Ich war auf Stippvisite in meinem Geschäft auf Sylt. Anschließend habe ich mit Freunden bei Jörg Müller gegessen. Sagt Ihnen der Name etwas?«

Christoph unterließ es, auf diese Spitze einzugehen. Natürlich kannte er den Namen des Mannes, der zu den Spitzenköchen der Republik gehörte.

Sie verabschiedeten sich und wurden vom Fitnesstrainer zur Pforte begleitet.

»Die Frau strotzt nur so vor Selbstbewusstsein«, sagte Christoph, als sie im Auto saßen.

»Wundert dich das bei der Figur? Die hat ja keine Versuche unternommen, ihre Blöße zu verbergen. Aber das hat die ja auch nicht nötig. Wenn ich richtig rechne, ist sie jetzt dreiundfünfzig. Potz Blitz. Dann ist die ja siebzehn Jahre älter als ihr Lover.«

Christoph klopfte Große Jäger auf das Knie. »Nun beruhige dich wieder. Möchtest du so leben? Als Schoßhund dieser Frau – mag sie noch so attraktiv sein.«

Der Oberkommissar spitzte die Lippen. »Hm. Ich glaube, die Frage stellt sich nicht bei ihrer Aversion gegen Beamte. Dieses gedopte Anabolikaungeheuer kommt nur deshalb bei der alten Schachtel an, weil es fähig ist, sein gesamtes Blut aus dem Hirn abzuziehen und an einer anderen Körperstelle zu konzentrieren.«

»Jedenfalls wäre es denkbar, dass irgendwer aus dieser Familie seine Abneigung gegen Ina Wiechers nicht hinreichend zügeln konnte. Den beiden Männern könnte man so etwas zutrauen.«

»Dabei sind das nur Randfiguren, wenn man die Mutter erlebt hat. So, was machen wir nun?«

»Jetzt besuchen wir den Mitschüler, der in der nächsten Querstraße wohnt«, sagte Christoph.

Große Jäger griff zum Zündschlüssel und wollte den Motor starten.

»Das gibt's doch nicht«, murmelte er und stieg aus. Er ging zur seitlichen Beetbegrenzung, bückte sich, besah sich etwas und schüttelte dabei seinen Kopf.

Als er in den Dienstkombi zurückgekehrt war, sagte er: »Jetzt staune ich aber. Dort drüben an der Grundstückeinfriedung gibt es einen Spanndraht. Der sieht genauso aus wie der bei der Schule. Und um das Wundern perfekt zu machen: Auch hier gibt es eine frische Schnittstelle.«

»Du irrst dich nicht?«

»Habe ich das jemals?«, antwortete Große Jäger mit gespielter Empörung.

Christoph griff zum Handy und wählte Klaus Jürgensen an.

»Wir sind schon unterwegs«, schimpfte der kleine Hauptkommissar anstelle einer Begrüßung. »Warum seid ihr Schlickrutscher so ungeduldig?«

»Wir wissen uns bestens betreut durch euch.« Christoph wurde durch ein Niesen seines Gesprächspartners unterbrochen. »Und da mir bekannt ist, dass du die Westküste über alles zu schätzen weißt, habe ich noch ein touristisch besonders interessantes Ziel für euch.«

»Das will ich nicht gehört haben. Außer Strandpiraten, Ganoven und einer Handvoll schräger Detektive gibt es doch nichts bei euch. Mir tun die Seehunde leid, die mangels Alternative mit euch auskommen müssen. Und? Habt ihr wieder eine Leiche in irgendeinem Matschloch entdeckt?«

»Nein. Aber wir haben in St. Peter-Ording einen zweiten Drahtzaun gefunden, bei dem offenbar vor Kurzem ein Stück abgeschnitten wurde.«

»Seid ihr jetzt total übergeschnappt?«, schimpfte der Leiter der Kriminaltechnik in gespieltem Entsetzen. »Fahren die Wattstecher jetzt durch den Landkreis und suchen Drahtzäune. Habt ihr nichts Besseres zu tun?«

Dann ließ er sich die Adresse geben und versprach, nach der

Spurensicherung am Eidergymnasium auch an den zweiten Ort zu fahren.

Die Straße »Zum Südstrand« befand sich unweit des Anwesens von Isabelle von der Hardt.

Sie hielten vor einem der typischen Rotklinkerhäuser mit einem riesigen Walmdach, das durch den Überstand noch größer wirkte. Es war mit dunklen schindelartigen Ziegeln belegt. Eine Gaube in Form eines Pfauenauges lockerte die große Dachfläche auf. Ein rustikaler Steinwall grenzte das Grundstück ab.

Es dauerte eine Weile, bis sich auf den tiefen melodischen Gong im Hause etwas regte. Die Tür wurde geöffnet, und der rothaarige Schüler, der heute Morgen Nico von der Hardt zu besänftigen versucht hatte, stand ihnen gegenüber. Der Junge erschrak, als er die beiden Beamten sah. Er sah sie mit weit geöffneten Augen an.

»Jetzt hast du wohl Muffe, dass wir uns bei deinen Eltern beschweren wollen«, sagte Große Jäger. »Wie heißt du eigentlich?«

»Jan Harms«, sagte der Junge und schluckte.

»Du bist siebzehn? Darf ich noch du sagen?«

»Ja.«

»Wozu *ja*?«

»Zu beidem.«

»Okay. Wir sind von der Kripo und möchten gern mit dir und deinen Eltern über die Schule sprechen.«

Jan Harms stand die Sorge immer noch ins Gesicht geschrieben. Jetzt lachte Große Jäger.

»Es geht um Frau Wiechers. Sind deine Eltern da?«

»Mein Vater. Wir leben allein hier.« Jan öffnete die Tür ganz. »Kommen Sie mit durch. Er ist hinten im Garten.«

Sie durchquerten den großzügigen Wohnbereich. Christoph war erstaunt über die Einrichtung. Den Eigentümern mangelte es offenbar nicht am Geld, dafür aber an Fantasie. Trotz einer gewissen Behaglichkeit wirkte alles, als wäre es von einem Katalogdesigner für Seniorenwohnungen zusammengestellt worden. Dunkles Eichenholz dominierte im Wohnraum, eine schwere Sitzgruppe mit verschnörkelten Armlehnen, Lampen mit ziselierten Messingfü-

64

ßen und großen Schirmen und die gerafften Gardinen – all das wirkte, als würde Jan bei seinen Großeltern leben.

St. Peter-Ording schien ein besonderes Pflaster zu sein. Hier lebten nicht nur begüterte Menschen, sie scheuten sich auch nicht, ihren Wohlstand zur Schau zu stellen.

Ein Mann mit dünnen roten Haaren und einem von Sommersprossen übersäten runden Gesicht sah von seiner Zeitung auf, die auf einem schweren Holztisch lag. Christoph musste nicht raten. Der Mann war der Vater. Jan war eine jüngere Kopie des Seniors.

Ein schrill-buntes Hawaiihemd hing locker über den Shorts und verdeckte auf diese Weise die Rundung des Bauches.

»Die sind von der Polizei«, sagte Jan.

»Polizei?« Der Vater stand auf und gab den beiden Beamten die Hand. Dabei verneigte er sich leicht und murmelte jedes Mal: »Harms.« Dann legte er die Zeitung zusammen.

»Setzen Sie sich, meine Herren.« Erst als die Beamten Platz genommen hatte, ließ er sich wieder auf der Gartenbank nieder. »Darf ich Ihnen etwas anbieten?« Er wartete nicht die Antwort ab, sondern wies seinen Sohn an: »Jan, hol noch mal zwei Weizen für die Herren.« Dabei zeigte er auf das halb volle Bierglas vor seiner Nase. »Es gibt bei solchem Wetter nichts Erfrischenderes.«

Christoph berichtete vom Mord an der Lehrerin.

»Schlimm. Das gibt's doch gar nicht«, murmelte Harms. »Das glaubt man nicht. Doch nicht hier bei uns.«

»Leider doch, Herr Harms.«

»Und wie kann ich Ihnen helfen?« Ein Aufleuchten war im runden Gesicht zu erkennen. »Ah, Sie kommen zu mir, weil ich Vorsitzender des Schulelternrates bin. Natürlich kenn ich die meisten Lehrer. Aber nur von den Sitzungen. Ist 'ne flotte Biene, diese Wiechers.«

»Papi«, tadelte Jan, der mit Getränken und Gläsern aus dem Haus zurückgekehrt war. »Frau Wiechers ist tot.«

Schlagartig wechselte Harms den Gesichtsausdruck. »Vielleicht soll man nicht so über Tote reden. Aber ich hab ja nix Schlechtes gesagt. Und das soll man Verstorbenen nicht nachsagen. Aber 'nen Kompliment – das hört sie vielleicht ganz gern da oben.« Er wies mit dem Zeigefinger gen Himmel. Unterdessen hatte der Junior die Gläser gefüllt. Er selbst trank Cola.

»Wir möchten uns ein Bild vom Umfeld der Schule machen.«

Harms hob sein Glas und prostete den beiden Polizisten zu. Dann wischte er sich mit dem stämmigen Unterarm den Schaum vom Mund.

»Tja, was soll ich Ihnen sagen. Wahrscheinlich haben Sie schon von den Gerüchten gehört.«

»Es kursieren immer viele. Welches meinen Sie?«, fragte Christoph vorsichtig.

»Dass das Eidergymnasium geschlossen werden soll. Es gibt immer weniger Schüler. Und starke Konkurrenz. Die beiden Gymnasien in Husum. Und hier in St. Peter-Ording haben wir auch zwei. Da führen die Friedrichstädter ein Nischendasein.«

»Auch damit kann man leben.«

»Aber nicht, wenn man einen schlechten Ruf hat.«

»Das verstehe ich nicht«, mischte sich Große Jäger ein. »Weshalb schicken Sie Ihren Sohn aufs Eidergymnasium, wenn es zwei gute Schulen am Ort gibt?«

Harms lachte herzhaft. »Das ist doch ganz einfach. In Friedrichstadt schleppen sie solche Kadetten bis zum Abitur durch, die es woanders nicht schaffen würden. Mein Jan ist auch kein neuer Einstein. Trotzdem wär es schön, wenn er so 'n Reifezettel in der Hand hätte. Und warum soll er es nicht auf dem Eidergymnasium versuchen? In manch anderen Bundesländern schleifen die jede Flachpfeife durch. Und wenn hier bei uns die Maßstäbe strenger sind, muss man eben nach Lücken suchen.«

»Und in Friedrichstadt haben Sie eine gefunden?«, fragte Christoph.

»Tscha, das bestreit ich nicht.« Harms hob erneut sein Glas und prostete den Beamten zu. »Sehn Sie, ich habe kein Abitur. Warum auch? Opa hat irgendwann seine Landschlachterei durch Tüchtigkeit ausgebaut und Filialen aufgemacht. Als er das an mein' Vadder abgegeben hat, war'n es über zwanzig Lebensmittelmärkte, von Niebüll bis runter nach Pinnbarg. Mein alter Herr hat das mit Fleiß und Geschick vermehrt und mir 'ne richtige Supermarktkette vermacht.«

Christoph fiel es plötzlich ein. »Sie meinen die Harms-Verbrauchermärkte?«

Der Mann lachte wie ein Lausbub. »Genau die. Und dann kamen die ganz Großen und haben gesagt: ›Willst du das verkloppen? Oder wir bau'n neben jeden von deine Märkte ein' Discounter.‹«

»Und dann haben Sie verkauft?«

Harms zog mit dem linken Zeigefinger das untere Augenlid herunter. »Siehste. So plietsch war ich auch ohne Abitur. Und nun reicht es, um stressfrei im schönen St. Peter den Tag zu genießen.«

»Und Jans Mutter?«

Wieder lachte Harms und hielt sich mit beiden Händen den Bauch. »Die hatte auch kein Abitur. Der fehlte aber unsere Dithmarscher Bauernschläue. Die ist vor Jahren ab durch die Mitte. Mit irgend so ein' Gigolo. Und seitdem genießen der alte Wilken F. Harms und Sohn Jan die Ruhe. Nicht wahr, Junior?«

Der bestätigte mit einem knappen Nicken die Worte seines Vaters.

»Übrigens bin ich nicht der einzige Vater, der die Nische Eidergymnasium für sein Kind entdeckt hat.« Harms zeigte mit dem Daumen über die Schulter. »Eine Straße weiter wohnt so eine Schickse. Die hat ihr Geld mit Klamotten gemacht. Eine alleinerziehende Mutter. Deren Sohn geht auch nach Friedrichstadt. Ein fürchterlicher Bengel.« Harms sah seinen Sohn an. »Ich hab Jan oft gesagt, er soll diesen Umgang meiden. Aber ich red da glatt gegen den Wind. Das sind Neureichs, die haben nicht richtig für ihr Geld ran müssen.« Er zeigte seine beiden Hände wie beim Morgenappell in der Armee. »Unsere Familie hat hart dafür arbeiten müssen. Alles ehrlich verdient.«

»Haben Sie oder Jan Auseinandersetzungen mit Frau Wiechers gehabt? Schließlich galt die als streng. Wir haben gehört, dass ihre Benotungen gefürchtet waren.«

Harms winkte ab. »Ach was. Natürlich muss man sich zusammenreißen. Ganz geschenkt bekommt man nichts. Aber der Schulleiter ist ein verständiger Typ. Der fürchtet doch auch um sein Gymnasium. Wie steht man da, wenn man in der ganzen Umgebung als Boss einer Trümmeranstalt verschrien ist? Der ist doch gezwungen, möglichst viele von seine wenigen Schüler, die er noch hat, durchzubringen. Sonst machen die ihm den Laden ganz dicht.«

Der Mann legte eine Pause ein. Er griff zu einer Pfeife, die neben der Zeitung lag, setzte sie in Brand und schmauchte genussvoll.

»Ein Vorteil hat diese Bretterbude in Friedrichstadt.«

»Und? Der wäre?«

»Es gibt wohl kaum ein zweites Gymnasium, das so gut ausgestattet ist. Abgesehen vielleicht von denen hier bei uns in St. Peter-Ording, die aber ein gewissen exklusiven Charakter haben. Jedenfalls gibt es viele dankbare Eltern, die über den Schulverein etwas springen lassen, damit van Oy Dinge anschaffen kann, über die seine Kollegen in Husum staunen.« Er zwinkerte vertraulich. »Was meinen Sie, warum Fiete im Elternrat den Vorsitz führt?«

»Wer ist Fiete?«, fragte Christoph.

»Dumme Frage. Wilken F. Harms. Das bin ich. Das ›F‹ steht für Fiete.«

»Heißt das, Sie bestechen den Schulleiter?«, fragte Große Jäger.

Harms zog an seiner Pfeife, dann musterte er den Oberkommissar aus zusammengekniffenen Augen.

»Das ist doch keine Bestechung, guter Mann, wenn sich Eltern für das Gemeinwohl engagieren und auf privater Basis die Schule fördern. Wollen Sie es uns zum Vorwurf machen, dass wir aus St. Peter und Eiderstedt uns solche Wohltaten leisten können und andere Bezirke nicht?«

»Und Frau Wiechers war gegen diese Art von Förderung?«, schoss Christoph eine Vermutung ab.

Diesmal ließ sich Wilken F. Harms lange Zeit mit der Antwort.

»Sie war die Einzige im Kollegium, die das sehr skeptisch gesehen hat. Nicht umsonst wird hinter vorgehaltener Hand gemunkelt, dass sie kritische Berichte an die Schulaufsicht geschickt haben soll. Dem van Oy passte das gar nicht in sein' Kram.«

Harms trank den letzten Schluck Hefeweizen. »Woll'n Sie noch eins?«, fragte er die beiden Beamten. Große Jäger hatte sein Glas zur Hälfte geleert, während Christoph nur genippt hatte.

»Nein, danke«, beschied Christoph ihn. »Wir danken Ihnen. Sie haben uns sehr geholfen.«

»Wirklich?«, fragte Harms ungläubig und verabschiedete die beiden Polizisten.

Große Jäger war nicht auf die Bundesstraße in Richtung Husum abgebogen, sondern steuerte St. Peter-Bad an. Der gesamte Ort zog sich als schmaler Streifen an der Süd-Ost-Küste Eiderstedts entlang. Die einzelnen Ortsteile reihten sich aneinander.

»Das sind ja wirklich Perlen«, sagte Christoph unvermittelt, als Große Jäger den Parkplatz an der Dünenperle ansteuerte.

»Hä?«, fragte der Oberkommissar, weil er den Zusammenhang nicht verstand.

Christoph erklärte ihm seinen Gedanken.

»Perlen waren immer schon teuer«, fluchte Große Jäger und schimpfte weiter. »Ich finde, St. Peter-Bad hat viel vom Charme vergangener Jahre eingebüßt. Sieh dir die bunte Ansammlung von Fischbuden und Klamottenläden an. Dazwischen ein paar Plattenbauten. Mitten im Zentrum. Was die hier an Parkgebühren verlangen, fällt schon unter schweren Raub. Und anschließend wirst du für jeden Schritt auch noch mit Kurtaxe bestraft.«

»Langsam, lieber Wilderich. Ein paar Schritte weiter auf der Straße Richtung St. Peter-Bröhl und St. Peter-Dorf stehen, zwischen den Kiefern verborgen, lauschige Häuser, gemütliche kleine Hotels und idyllische Wohnanlagen. Das alles wird von den Besitzern liebevoll gehegt und gepflegt.«

»Nur da, wo die Gemeinde das Sagen hat, wirkt alles wie von gestern. Der Fußweg ist zerbröselt und nicht gefegt, und alles sieht aus wie Bruch.«

»Du übertreibst schamlos. St. Peter ist ein traumhafter Platz. Wer hier lebt, hat es geschafft und fühlt sich richtig wohl. Das siehst du doch an von der Hardt und Fiete Harms. Der Strand, die Kiefernplantagen … Wo findest du Ähnliches?«

»Trotzdem«, beharrte Große Jäger mit seinem westfälischen Sturkopf.

»Bevor du jetzt auch noch über die Preise in den Restaurants meckerst, lade ich dich ein«, sagte Christoph und steuerte ein Lokal an, das mit großen Kreidetafeln auf die Vorzüge seiner Küche aufmerksam machte.

»Na, es klappt doch«, lästerte der Oberkommissar und stapfte Christoph hinterher.

Sie waren noch nicht bis Tating gekommen, als Christoph vom Beifahrersitz tiefe gleichmäßige Töne vernahm. Es hatte einige Überredungskunst gekostet, Große Jäger vom Fahren abzuhalten. Der Kapitänsteller war ganz ordentlich gewesen.

»Wenn ich schon eingeladen werde, trinke ich zum Fisch auch ein Bier«, hatte der Oberkommissar beschlossen. »Und wenn schon, dann können es auch zwei sein«, hatte er später festgestellt. Jetzt saß er zusammengesunken neben Christoph und ließ die wunderbare Marschlandschaft an sich vorbeirauschen.

Erschrocken fuhr der Oberkommissar in die Höhe und blinzelte. »Was? Sind wir schon in Husum?«

»Nein«, sagte Christoph lachend. »In Garding. Wir stehen vor der Wohnung von Ina Wiechers.«

Sie stiegen aus und wurden von einem älteren Mann, der mit einem Rasenmäher den Vorgarten des Hauses pflegte, argwöhnisch beäugt.

»Zu wem wollen Sie?«, fragte er und trat ihnen in den Weg, nachdem er das Gerät abgeschaltet hatte. Man konnte ihm anmerken, dass er für jede Unterbrechung dankbar war. »Frau Wiechers ist noch nicht da. Die ist noch in der Schule.«

»Wir sind von der Polizei«, sagte Christoph. »Sie wohnen mit Frau Wiechers in diesem Haus?«

Der Mann musterte sie mit misstrauisch. »Polizei? Die hat doch Uniform. Außerdem kenn ich die von hier.«

Christoph zog seinen Ausweis hervor. Mit zusammengekniffenen Augen bemühte sich der Mann, das Dokument zu lesen. Schließlich nahm er es Christoph aus der Hand und hielt es um Armeslänge von seinen Augen entfernt.

»Was woll'n Sie denn?«

»Mein Kollege Große Jäger«, stellte Christoph den Oberkommissar vor. »Wir kommen von der Polizei Husum. Frau Wiechers hatte einen Unfall.«

»'nen Unfall? O Gott. Hoffentlich is ihr nichts Schlimmes passiert.«

»Ich fürchte, schon. Frau Wiechers ist den Folgen erlegen.«

Der Mann machte einen bestürzten Eindruck. »Sie woll'n doch nich sag'n, dass sie tot ist? Die ist doch noch jung.«

»Leider doch, Herr … äh?«

»Störtebeker. Wie der Pirat. Deshalb kann ich mir als Rentner auch nix dazuverdien' als Strandwärter in St. Peter. Die glauben sonst, ich wär bekloppt, wenn 'n Störtebeker die Kurtaxe kassiert.« Er lachte meckernd. Dann zeigte er auf das Haus. »Is unser. Nachdem die Kinder weg sind, hab'n wir oben vermietet.«

In diesem Moment erschien eine stämmige Frau in der Tür. »Heinrich, mach zu. Sonst wirst du wieder nich fertig.«

»Mutti, komm mal«, rief Herr Störtebeker, aber die Frau war schon wieder ins Hausinnere verschwunden.

»Wann haben Sie Ihre Mieterin das letzte Mal gesehen?«

Der Mann kratzte sich den Hinterkopf. »Warten Sie mal. Das war heute Morgen, als sie zur Schule fuhr.«

»Kann es sein, dass Sie sich irren? Da war Frau Wiechers schon tot.«

»Nee, wirklich.« Störtebeker hielt inne. »Oder war das gestern früh? Na, jedenfalls is sie zur Schule. Sie hatte ihre Tasche dabei und das Dingens, diesen Computer.«

»Sie meinen, ein Notebook?«

»Keine Ahnung, wie die heißen. Also, damit is sie los.«

»Ist Ihnen in der letzten Zeit etwas aufgefallen? Besuch bei Frau Wiechers oder Ähnliches?«

»Tschä. War ja 'ne schicke Frau. 'nen büschen was zu jung für so 'n oll'n Knacker wie mich. Ich glaub, 'n festen Freund hatte die nich. Sie konnt sich die Kerle ja aussuchen. Da ist 'nen paarmal so 'n junger hübscher Bengel da gewesen.«

»Können Sie den beschreiben?«

Störtebeker legte die Stirn in Falten. »Wie soll ich das machen? Muss 'n reichen Pinkel sein. Kam jedenfalls mit 'nem blauen BMW-Sportwagen. So 'n offener Flitzer. Wie sah der aus? Groß. Blond. Hatte so 'ne Boxerfigur. Richtiger Kraftprotz.«

Die beiden Beamten wechselten einen raschen Blick. Konnte das Simon Feichtshofer gewesen sein?

»Würden Sie den Mann wiedererkennen?«

»Glaub schon. Das Einzige, was mich echt gestört hat, war, dass der Bursche sich nie rasiert hat. Der lief immer mit so 'n Stoppelbart rum.«

71

Auch das traf auf Isabelle von der Hardts Lover zu.

»Und dann kam da manchmal einer mit krausen Haar'n. Sieht fast wie 'n Mischling aus. Auch 'ne lütt büschen dunklere Haut. Sie hat mal gesagt, das wär 'nen Kollege. Aber so, wie der aussah, kann der doch nich bei uns anne Schule unterrichten.«

Christoph überlegte, ob es sich hier um Wulf Hauffe handeln könnte.

»War der Mann auch über Nacht da?«

»Nee, den hat sie vorm Abend wieder rausgeschmissen. Abends war'n selten welche da. Auch der andere, der Kraftmeier, kam immer am Nachmittag. Da war aber noch einer. Der is zwei oder drei Mal aufgetaucht. Der stand wie 'nen lüsterner Jüngling an der Tür und hat gebimmelt. Den wollt sie aber wohl nich. Einmal da stand er am Zaun, und sie hat gesagt, er soll abhauen und sich nich lächerlich machen.«

»Können Sie den Mann auch beschreiben?«

»Klar.« Störtebeker rückte näher und senkte die Stimme wie ein Verschwörer. »Lisbeth und ich ham hinter der Gardine gestanden und uns ein' gehöcht. Der Kerl is wie 'nen begossener Pudel abgezogen. Der war schon älter. Ich schätz ihn auf Fünfzig. Der hatte so 'ne Art Künstlerhaar. Etwas länger. Das hing ihm über die Ohren. Und so dunkle Augen mit ganz dichten Augenbrauen. Fast wie der Theo Weigel. Noch was: 'nen Vollbart hat er gehabt.«

»Wäre es möglich, Herr Störtebeker, dass Sie uns auf unserer Dienststelle in Husum besuchen, damit wir Ihnen ein paar Bilder zeigen?«

Der Mann schien richtiggehend begeistert. »Klar doch. Ich wollte sowieso mal wieder nach Hus.« Er ließ das »um« einfach weg.

Christoph überreichte ihm eine Visitenkarte. »Wir melden uns bei Ihnen.«

In diesem Moment erschien die Frau erneut in der Haustür. »Mensch, Heinrich. Du bist ja immer noch nicht fertig. Jetzt komm erst mal rein. Der Kaffee ist fertig. Sonst meckerst du wieder, dass er kalt is.«

Störtebeker drehte sich zur Frau um und winkte ihr zu. »Mutti, komm mal. De Deern vun oven is dood bleeven.«

Als sie wieder im Auto saßen und Richtung Husum fuhren, sagte Große Jäger: »Scheint so, als hätte Ina Wiechers nichts anbrennen lassen. Wenn ich das richtig verstanden habe, hatte sie ein Verhältnis mit dem Lover von Isabelle von der Hardt. Der Bursche ist ja ein echtes Multitalent. Jetzt verstehe ich auch, aus welchem Grund der sich fit hält. Und dann war der Hauffe bei ihr zu Besuch. Das könnte aber auch harmlos gewesen sein. Der abgewiesene Besucher war Maarten van Oy, der Schulleiter. Und ich dachte immer, Lehrer sind moralische Vorbilder für unsere Kinder.«

Christoph lachte. »Sieh dich an. Früher war es doch auch der gute alte Schutzmann, dem der Nachwuchs blind vertrauen konnte.«

Große Jäger klopfte sich gegen die Brust. »Ich bin immer noch eine Respektsperson. Bei mir fühlen sich Junge und Alte bestens aufgehoben. Vielleicht nicht solche Leute wie die, denen wir heute in St. Peter-Ording begegnet sind. Möchtest du mit denen tauschen?«

»Darüber müssen wir uns keine Gedanken machen. Die wollen auch nicht mit uns tauschen.«

Als sie die Abzweigung nach Friedrichstadt erreichten und Christoph den Blinker setzte, fragte der Oberkommissar erstaunt: »Wo willst du hin?«

»Ich möchte Hauffe besuchen, den Lehrer. Wie wir eben gehört haben, war der ja gelegentlich Gast bei Ina Wiechers.«

Christoph umrundete das Stadtzentrum und steuerte die Polizeizentralstation an. »Vielleicht wissen die Kollegen Interessantes zu berichten. In einem so überschaubaren Gemeinwesen wie hier bleibt den Nachbarn selten etwas verborgen.«

Das Polizeigebäude mit der zerbröckelten Gelbklinkerfassade lag direkt am Ostersielzug, dem Kanal, der die Altstadt östlich begrenzte. Die Dienststelle mochte früher ein altes Ladengeschäft gewesen sein. Sie war nur durch das unscheinbare grün-weiße Schild mit der Aufschrift »Polizei« unter dem Landeswappen erkennbar.

»Kennst du die Bedeutung unseres Landeswappens?«, fragte Christoph.

Große Jäger schüttelte den Kopf.

»Es ist ein zweiteiliges Schild. Die beiden bezungten, nach innen schreitenden Löwen im linken Teil sind seit dem Mittelalter das Wappen des Herzogtums Schleswig. Das Nesselblatt im rechten Teil steht für Holstein.«

»Ich verneige mich vor Ehrfurcht. Was du alles weißt.«

Christoph schmunzelte. »Als ich zur Schule ging, nannte man das Fach Heimatkunde.«

Die altertümliche Holztür war verschlossen und ließ sich auch durch das heftige Rütteln Große Jägers nicht öffnen. Senkrechtlamellen verhinderten den Blick in die Diensträume. Vor einer Topfpflanze, die einsam eines der Schaufenster schmückte, fanden die beiden Beamten ein Hinweisschild.

»Das finde ich lustig. So werden wir entlastet«, murrte der Oberkommissar. »Hier steht: ›Die Polizeistation ist zurzeit nicht besetzt. Rufen Sie in Notfällen die Feuerwehr an.‹«

»Das ist eine sehr eigenwillige Auslegung des Textes«, erwiderte Christoph. »Dort steht, dass du im Notfall einhundertzehn *oder* einhundertzwölf wählen sollst.«

Rund um den Markt mit dem Häuserensemble im Stil der holländischen Renaissance herrschte reges Treiben. Zahlreiche Besucher schlenderten über den Platz mit den gestutzten Weiden, bewunderten den historischen Marktbrunnen oder genossen einfach nur das schöne Herbstwetter in dieser hübschen Stadt. Am anderen Ufer der Gracht, nur wenige Meter von der Stelle entfernt, an der sie heute Morgen Ina Wiechers' Leiche gefunden hatten, lärmten die Gäste in den Cafégärten, die durch weiße Jägerzäune abgegrenzt und mit überdimensionalen Sonnenschirmen geschützt waren.

Vor Hauffes Wohnhaus fanden sie keinen Parkplatz, sodass sie ihren Dienstwagen ein Stück weiter abstellen mussten.

»Ich hasse es, wenn mir die Umstände das Gefühl verleihen, man hätte mich zur Infanterie zurückversetzt«, maulte Große Jäger.

Sie klingelten an der Haustür, und anstatt eines Türsummers öffnete ihnen kurz darauf Frau Hauffe. Sie erkannte die Beamten wieder.

»Mein Mann ist auch da. Wollen Sie zu ihm?«

»Wir würden gern mit Ihnen beiden sprechen«, sagte Christoph.

Sie wurden in das Wohnzimmer geführt, von dem aus man auf die Gracht sehen konnte. Wulf Hauffe saß am Esstisch. Vor ihm standen eine Tasse Kaffee und ein leerer Teller. Krümel zeigten, dass das Ehepaar gerade zusammengesessen hatte.

Das Angebot der Hausfrau, eine Tasse Kaffee mitzutrinken, nahmen die Beamten gern an.

Christoph fragte Hauffe nach dem Schlüssel für das Kanu.

»Den habe ich am Schlüsselbund. An meinem zweiten, an dem ich die Schlüssel der Schule zusammengefasst habe.«

»Können Sie uns das zeigen?«

Hauffe stand auf und kam kurz darauf mit einem Schlüsselbund zurück, das er aus einem anderen Raum geholt hatte. Er hielt einen einzelnen Schlüssel in die Höhe. »Dieser müsste es sein. Warum fragen Sie?«

»Weil mit dem Kanu, das mit einem Schloss gesichert war, zu dem dieser Schlüssel passt, die Leiche auf dem Wasser bis vor Ihre Haustür gebracht wurde.«

Renate Hauffe fuhr mit der Hand zum Mund. »O Gott.«

»Sie wollen doch nicht behaupten, dass ich etwas damit zu tun habe?«, fragte Hauffe erregt.

»Wir müssen alle denkbaren Spuren verfolgen, nicht zuletzt auch deshalb, um Unschuldige zu entlasten.«

»Das verstehe ich.«

»Haben Sie jemandem Ihr Schlüsselbund geliehen?«

»Nein. Mit Sicherheit nicht. Aber es gibt noch einen zweiten Schlüssel. Der hängt im Büro der Sekretärin.«

Dann bestätigte er, was sie schon von anderen gehört hatten. Ina Wiechers galt als strenge Lehrerin.

»Deshalb war sie alles andere als beliebt.«

»Das galt nicht nur für das Verhältnis zu den Schülern? Wir wissen, dass der Fortbestand des Eidergymnasiums nicht gesichert ist. Es gibt auch Mitglieder des Lehrerkollegiums, die mit der kritischen Meinung von Frau Wiechers nicht einverstanden waren.«

Hauffe überlegte lange, bevor er antwortete. »Mag sein. Besonders van Oy hatte damit Probleme. Schließlich hätte er keinen anderen Schulleiterposten in der Nähe bekommen. Entweder hätte er wieder zurück ins Glied gemusst und sich vor eine Klasse stellen müssen, oder er hätte eine neue Leitungsfunktion in einer anderen Gegend annehmen müssen. Dabei ist seine Frau in Heide tätig.«

»Wissen Sie etwas über Ina Wiechers' Privatleben? Hatte sie wechselnde Männerbekanntschaften?«

Hauffe schüttelte den Kopf. »Wir haben als Kollegen gut zusammengearbeitet. Aber über Inas Privatleben kann ich nichts sagen. Sie war eine attraktive Frau. Da gab es sicher Männer, die sich für sie interessiert haben.«

»Waren Sie einer?«

»Ich?« Der Lehrer sah erstaunt auf. »Wie kommen Sie darauf?«

»Zeugen haben gesehen, dass Sie Frau Wiechers öfter in Garding besucht haben.«

»Das würde ich auch gern wissen«, mischte sich Renate Hauffe ein und verunsicherte ihren Mann offenbar mit dieser Frage.

»Ich mag es nicht glauben, dass ich beschnüffelt werde. Von wem? Was interessiert es Sie überhaupt?«

»Wir müssen wissen, welche Beziehungen die Tote hatte, gleich ob privater Natur oder beruflicher Art.«

Hauffe warf erregt die Hände in die Luft, um sie dann vor das Gesicht zu halten.

»Das ist nicht zu fassen. Da wird man in der eigenen Familie bespitzelt und verraten.« Er holte hörbar Luft. »Maaiike!«, schrie er plötzlich, sodass die Beamten erschrocken zusammenfuhren. Weil seine Tochter nicht schnell genug erschien, wiederholte er die Aufforderung.

Es dauerte eine Weile, bis die Sechzehnjährige erschien.

»Warum dauert das so lange?«, brüllte er das Mädchen an. »Hast du das Gerücht in Umlauf gebracht, dass ich etwas mit der Wiechers hätte? Was fällt dir ein!«

Maike sah irritiert ihren Vater an, dann ihre Mutter. Sie wurde abwechselnd rot und blass.

»Langsam, Herr Hauffe. Niemand hat gesagt, dass diese Aussage von Ihrer Tochter kommt«, mischte sich Christoph ein.

»Natürlich würden Sie das nicht zugeben. Sie wollen sie schützen. Vor wem denn? Vor dem eigenen Vater? Mensch, was habe ich bloß getan, dass ich mit einem solchen Gör bestraft werde.«

»Du regst dich immer auf. Ich verstehe nicht, weshalb du – gerade du als Lehrer – solche Probleme mit Maike hast«, sagte Renate Hauffe mit leiser Stimme.

»Nimm du sie auch noch in Schutz. Durch dein gegen mich intrigierendes Verhalten unterstützt du sie auch noch. Die ist doch von diesem Typen, diesem Nico, infiziert.«

Das Mädchen hatte sich gefangen. »Der ist okay. Nicht so arschig wie du und die anderen Spießer. Ich habt doch alle keine Ahnung, was wirklich läuft.«

»Aber so ein Nichtsnutz wie du versteht, worauf es im Leben ankommt. Keinen Finger rühren und darauf warten, dass einem die gebratenen Tauben in den Mund fliegen.«

Maike streckte sich. »Pah! Das sagst du. Du hast ja keine Ahnung, wie die anderen über mich herziehen, weil mein Alter so 'n Scheiß-Lehrer ist. Da haben andere bessere Eltern. Nico und Jan zum Beispiel. Die Alten machen was her.«

»Und Rebecca zu Rantzau«, ergänzte Christoph.

Maike musterte ihn. »Die blöde arrogante Ziege. Die glaubt, dass sie was Besseres ist. Nico und Jan sind echte Kumpels. Aber diese Schlitzaugentussi. Klimpert ein bisschen auf dem Klavier herum, wie dieser Chinese.«

»Meinst du Lang Lang?«

»Mir doch scheißegal, wie der heißt. Die Rebecca stammt doch aus den Slums von Seoul. Wenn ihr Alter sie mit seiner Kohle da nicht rausgekratzt hätte, würde die sich heute noch von europäischen Bumstouristen vögeln lassen.«

Hauffe war aufgesprungen. »Wie sprichst du über Rebecca! Habe ich dir nicht beigebracht, dass alle Menschen auf der Welt gleich sind, auch wenn es viele schwerer haben als wir hier im reichen Europa? Du sollst keine Vorurteile gegenüber Menschen mit anderem Aussehen hegen.«

»Das musst du gerade sagen«, schrie Maike ihren Vater an. »Guck dich doch an. Das sagst du nur, weil du auch so ein Mischling bist. Wenn deine Mutter nicht mit einem Neger gevögelt hätte, wäre so ein Unglück wie du nicht passiert.«

Ehe jemand reagieren konnte, war Hauffe in Richtung seiner Tochter gestürmt und hatte ausgeholt. Er schlug sie mit der flachen Hand gegen den Kopf, dass das Mädchen stürzte und benommen liegen blieb.

Große Jäger packte den Lehrer an den Oberarmen. »Jetzt reicht es aber«, herrschte er Hauffe an. »Sie mögen ja erregt sein, aber das geht zu weit.«

Renate Hauffe kniete vor Maike und nahm den Kopf des Mädchens zwischen ihre Hände. »Alles in Ordnung, meine Kleine?« Der Teenager weinte und bekam vor Schluchzen keinen Ton heraus. Plötzlich würgte sie. Dann erbrach sie sich.

Christoph hatte sich ebenfalls zu ihr herabgebeugt. »Soll ich einen Arzt rufen?«, fragte er, während Große Jäger schon das Handy hervorgeholt hatte.

»Lassen Sie das«, brüllte ihn der Lehrer an. »Die braucht keinen Arzt.«

Während Maike immer noch nach Luft rang, funkelte Renate Hauffe ihren Mann böse an. »Bist du jetzt völlig übergeschnappt? Herrje noch mal. Dein verdammter Jähzorn. Weißt du überhaupt, was du da machst? Du mit deiner verdammten Selbstgerechtigkeit bekommst ja nichts mehr vom Leben mit. Du siehst ja nicht einmal, was sich in deiner nächsten Umgebung abspielt, sonst hättest du es schon längst bemerkt: Das Kind ist schwanger.«

Der Lehrer erstarrte mitten in der Bewegung. Er wurde kreidebleich. Dann fasste er sich ans Herz. »Das ist nicht wahr«, murmelte er nahezu tonlos. Er ließ sich in den Sessel fallen. »Das ist nicht wahr. Sie ist doch erst sechzehn.«

»Da siehst du, was *deine* Art von Erziehung ausrichtet!«, schimpfte die Mutter.

Hauffe hielt sich die Hände vors Gesicht. »Wer war das? Wer hat das meiner Tochter angetan?« Er schluchzte wie ein kleines Kind. »Da zerstört dieses Kind sein ganzes Leben. Und unseres auch. Ich bin erledigt. Jeder Gang durch diese kleine Stadt bedeutet künftig ein Spießrutenlaufen. Und in der Schule erst. Der letzte Rest von Autorität ist hin. Ich werde nur noch ein Ziel für Hohn und Spott sein.«

»Nun zerfließen Sie nicht in Selbstmitleid. Davon geht die Welt nicht unter«, herrschte ihn Große Jäger an. »Sie sollten sich lieber um Ihre Tochter kümmern. Vielleicht wäre es gut gewesen, wenn Sie das vorher gemacht hätten.«

»Sie! Was wissen Sie davon«, schrie Hauffe zurück. »Sie haben ja keine Ahnung.« Er sprang in die Höhe und stapfte wütend durch den Raum. Plötzlich blieb er vor Frau und Tochter stehen, die immer noch am Fußboden hockten. »Wer war das? Ich will das wissen! Sagt mir sofort, wer das war. Ich mache den Kerl fertig.«

»Wenn Sie sich nicht beruhigen, müssen wir Sie mitnehmen«, sagte Christoph in ruhigem Tonfall.

Hauffe ließ sich wieder in den Sessel fallen. »Ich kriege das raus. Ich will wissen, wer meine Tochter vergewaltigt hat.«

»Ich bin nicht vergewaltigt worden«, schluchzte Maike in den Armen ihrer Mutter. »Ich liebe ihn.«

Der Lehrer schlug sich laut klatschend gegen die Stirn. »Du bist noch ein Kind. Du hast weder Ahnung von Liebe noch vom Kinderkriegen.«

Auf der Straße waren Geräusche zu hören, nachdem sich der nahende Rettungswagen schon von Weitem durch das Martinshorn angekündigt hatte. Kurz darauf standen die beiden Rettungsassistenten im Raum und kümmerten sich um das Mädchen. Christoph erklärte ihnen die Situation. Während nach einer ersten Untersuchung die beiden Männer Maike vorsichtig zum Rettungswagen brachten, entschloss sich Renate Hauffe, ihre Tochter zu begleiten.

Die beiden Beamten ließen einen völlig niedergeschlagenen Wulf Hauffe zurück.

Sie hatten das Haus noch nicht ganz verlassen, als sich Große Jäger eine Zigarette anzündete und gierig den Rauch einzog.

Christoph schüttelte den Kopf. »Ein Mensch mit deiner Intelligenz sollte wissen, wie ungesund das ist. Hast du dir jemals Gedanken über die Folgen gemacht? Herzinfarkt? Schlaganfall? Lungenkrebs?«

»Ich will das nicht in Abrede stellen. Aber manchmal ist es schon ungesund, einen Vater wie diesen Hauffe zu haben. Dabei bin ich mir nicht sicher, ob es Nico mit seiner Mutter und deren Lover oder Jan mit dem anscheinend so softig wirkenden Vater besser haben.«

Der Oberkommissar zeigte ein breites Grinsen. »Ich hab's. Wir verkuppeln Isabelle von der Hardt mit Wilken Fiete Harms. Dann haben beide Jungs wieder richtige Eltern. Nun ja – fast.«

»Das ist das Geniale an dir«, lachte Christoph. »Wenn alle Menschen deine Beiträge zur allgemeinen Lebenshilfe befolgen würden, wären wir Polizisten arbeitslos.«

»Das wäre auch nicht gut. Dann lass uns lieber weiterhin die Spitzbuben dingfest machen.« Große Jäger schnippte die Zigarettenkippe fort und hielt die gefalteten Hände gen Himmel. »Lieber Gott, segne uns weiter mit möglichst vielen Ganoven in Nordfriesland. Sonst hat *mein* Christoph nichts mehr zu tun, und Anna verdonnert ihn womöglich dazu, die Wohnung zu putzen.« Der Oberkommissar versuchte, eine möglichst unschuldige Grimasse zu schneiden. »Und ich – ich würde mich langweilen und womöglich nicht nur rauchen, sondern auch trinken.«

»Nun steig schon ein und lass die Zigarette aus«, forderte Christoph Große Jäger auf, als er sah, dass sein Kollege im Begriff war, sich die nächste anzuzünden.

»Wenn ich überlege, was heute für Pädagogen auf die Kinder losgelassen werden, dann komme ich zu dem Schluss, dass es bei manchen nur zum Lehrer in der Baumschule reicht«, überlegte Große Jäger laut.

»Das darfst du nicht verallgemeinern. Es gibt sicher genauso miserable Vertreter in jeder anderen Berufssparte. Außerdem kennst du doch die alte Volksweisheit: ›Lehrers Kinder, Pastors Vieh geraten selten oder nie.‹« Dann wählte Christoph Klaus Jürgensen an und stellte den Lautsprecher auf Mithören.

»Während wir arbeiten, macht ihr Spaziergänge am Deich«, sagte der Leiter der Kriminaltechnik. »Und dann müssen wir auch noch in das Brackwasser am Bootsanleger tauchen.«

»Die Menschen kommen von weit her, um das gesunde Klima Nordfrieslands zu genießen, und zahlen sogar noch viel Geld für die Schlammpackungen. Nun reg dich nicht auf, wenn ihr die Kuranwendungen während der Arbeitszeit bekommt.«

»Christoph? Sammelt ihr schon?«, fragte Jürgensen durchs Telefon. »Ich beteilige mich mit einer größeren Summe am Porto, wenn ihr den Westfalen in seine Heimat zurückschickt. Nun aber im Ernst. Wir haben nahe dem Bootssteg die Kette und das Schloss gefunden, mit dem das Kanu festgemacht war. Das Schloss wurde nicht gewaltsam aufgebrochen, sondern mit dem dazugehörigen Schlüssel geöffnet.«

»Woran erkennt man das, wenn es einen Tag im Wasser gelegen hat?«

»Das ist eine dumme Frage. Der Schlüssel steckte noch. Das ist aber nicht alles. Wir haben auch das mutmaßliche Tatwerkzeug gefunden. Ein Draht, etwa siebzig Zentimeter lang. Die Enden waren um zwei Holzstücke gebunden und verknotet. Dadurch entstand eine Schlinge, die der Täter um den Hals des Opfers werfen konnte. Dann musste er nur noch an den beiden Knebeln ziehen. Ich stelle mir vor, dass er Ina Wiechers den Draht über den Kopf geworfen und dann im Nacken über Kreuz zugezogen hat.«

»Das würde heißen, der Mörder hat das Tatwerkzeug vorher präpariert und der Frau dann aufgelauert.«

»So sehe ich es.«

»Damit hätten wir die Bestätigung, dass die Tat geplant und vorbereitet war. Es handelt sich folglich um einen heimtückischen Mord. Könnt ihr schon sagen, ob der Draht vom Zaun an der Schule stammt oder aus St. Peter-Ording?«

»Nun aber langsam. Wir sind Techniker und keine Hellseher. Das müssen wir im Labor analysieren. Zuerst aber müssen wir dem Beispiel der Nordsee folgen.«

»Was heißt das?«

»Wir ziehen uns von hier zurück. Wie die See bei Ebbe.«

»Die kommt aber zweimal täglich wieder.«

»Ich habe den Eindruck, wir sind nicht weniger oft bei euch«, brummte Jürgensen.

»Bist du krank, Klaus? Ich mache mir ernsthafte Sorgen um deine Gesundheit«, mischte sich Große Jäger ein.

»Wieso?«

»Du hast während dieses Telefonats noch gar nicht geniest.«

»Nehmt dem Little Hunter doch endlich den Sprechfunk weg«, sagte Jürgensen. »Leider haben wir kein Werkzeug gefunden. Du sagtest etwas von einer Drahtschere. Bisher negativ.«

»Was waren das für Knebel?«, fragte Christoph.

»Das wissen wir noch nicht genau. Es sieht aus, als wären Stücke von einem Besenstiel abgebrochen worden. Nun müsst ihr nur noch den Besen suchen, und dann ist der Fall geklärt. Viel Spaß.« Damit beendete Jürgensen das Gespräch.

»Der hat gut lachen«, brummte Große Jäger. »Da gibt es ein paar andere Dinge, nach denen wir noch Ausschau halten.« Er griff zum Telefon. »Ich werde jetzt das Kind anrufen. Der soll einen Aufruf an die Husumer Nachrichten schicken. Vielleicht hat jemand in Friedrichstadt das Paddel gefunden. Irgendwie muss das Boot ja vom Anleger an der Schule zum Mittelburggraben gekommen sein.«

Große Jäger hatte das Steuer für die Rückfahrt nach Husum ohne Widerrede Christoph überlassen. Nun sah er gelangweilt aus dem Fenster über die weite Fläche des Dammkoogs. Im Hintergrund war am Geestrand Rantrum zu sehen. Dann rief er Mommsen an.

Nachdem Große Jäger dem jungen Kommissar den Auftrag erklärt hatte, sagte Christoph: »Merkwürdig ist, dass Dr. Hinrichsen uns erklärt hat, die Tote sei mit der Drahtschlinge um den Hals in das Kanu verfrachtet und damit transportiert worden. Der Doc war der Meinung, das Drosselwerkzeug wäre erst am Fundort entfernt worden. Dafür würde sprechen, dass sich das Blut im Kopf der Toten gestaut hatte.«

»Und nun haben wir das Mordwerkzeug an der Schule gefunden. Wie ist das zu erklären?«

»Dr. Hinrichsen wollte damit sagen, dass der Täter die Drahtschlinge nicht sofort wieder abgenommen hat. Er ist dabei von der Vermutung ausgegangen, dass Ina Wiechers ermordet und gleich danach mit dem Kanu fortgeschafft wurde.«

Große Jäger klopfte mit der flachen Hand auf das Armaturenbrett. »Du bist gut. Das würde bedeuten, dass sich der Mörder noch eine ganze Weile Zeit ließ, nachdem er die Frau umgebracht hatte. Erst dann hat er sie mit dem Kanu fortgeschafft. Ganz schön kaltblütig. Die Mehrheit der Mörder würde in Panik verfallen und flüchten oder sich kopflos an die Beseitigung der Leiche machen.«

»Das schränkt den Kreis der Verdächtigen ein. Wir müssen nur noch unter den Intelligenten suchen.«

»Und welchen der beiden Husumer hältst du für den Täter?«, sagte Große Jäger lachend. Dann knurrte er missgelaunt: »Aua«, als Christoph etwas zu scharf von der Umgehungsstraße in die Husumer Innenstadt abbog.

ZWEI

Es lag nicht am dichten Nebel, der wie eine Dunstglocke über der Stadt hing, dass Christoph mit dem Auto zur Dienststelle kam. Er parkte den Volvo-Kombi hinter dem Haus und traf am Hintereingang mit Frau Fehling zusammen.

»Guten Morgen, Herr Johannes. Schön, dass ich Sie treffe. Ich werde langsam nervös. In zwei Tagen geht der Chef in Pension. Ihr Kollege Große Jäger hatte schon vor einem halben Jahr zugesichert, einen Beitrag für die Feierstunde zu liefern. Den habe ich fest eingeplant, ohne bis heute zu wissen, was er vorhat.«

»Ich spreche ihn noch einmal darauf an«, versicherte Christoph. »Sie müssen sich keine Sorgen machen. Solche Dinge sind bei Herrn Große Jäger in den besten Händen.«

Ruth Fehling schenkte ihm ein Lächeln. »Es gibt wenige in diesem Hause, die so charmant schwindeln können wie Sie«, sagte sie und wünschte ihm einen schönen Tag.

Als Nächstes begrüßte ihn der Kaffeeduft, der zu dieser frühen Stunde aus allen Räumen zu dringen schien. Auf wundersame Weise verwandelte sich das Dienstgebäude in einen Tempel der Wohlgerüche. Nur Christophs Büro war davon ausgenommen. Mommsen, der nahezu immer der Erste war, hatte bereits den Tee zubereitet, den beide schätzten. Der Darjeeling aus der Frühjahrspflückung war von solch zartem Aroma, dass er den noch in der Luft hängenden Zigarettenrauch vom Vortag nicht zu überdecken vermochte. Auch die feuchte Nebelluft, die durch die weit geöffneten Fenster hereinströmte, konnte sich gegen die Hinterlassenschaft von Große Jägers Nikotinsucht nicht durchsetzen.

Christoph tauschte mit Mommsen ein paar Worte zur aktuellen politischen Situation aus, berichtete von einem Beitrag im Fernsehen, den er am Vorabend gesehen hatte, und fragte nach Neuigkeiten aus dem dienstlichen Bereich.

»Hast du schon Zeitung gelesen?«, fragte Mommsen.

»Ja. In den Husumer Nachrichten ist ein größerer Artikel über unseren Mord abgedruckt. Darin findet sich auch der Aufruf der Polizei, dass sich mögliche Zeugen bei uns melden sollen.« Christoph blickte auf den dritten Schreibtisch im Raum. »Wilderich kommt wie immer später. Hat er dir etwas von seinen Bemühungen erzählt, einen Beitrag für die Verabschiedung vom Chef zu liefern?« Mommsen schüttelte stumm den Kopf.

Sie arbeiteten eine Weile schweigend an Vorgängen, die auf ihren Schreibtischen lagen, bis Christoph durch das Klingeln seines Telefons aufgeschreckt wurde.

»Hallo, Frau Dr. Braun«, begrüßte er die Leiterin der wissenschaftlichen Kriminaltechnik im Landeskriminalamt Kiel.

»Sie waren doch selbst einmal hier im LKA?«, fragte Dr. Braun. »Dann sollten Sie doch wissen, dass hier ständig Personal abgebaut wird. Und wenn wir dann auch noch als Boten missbraucht werden, kommen wir überhaupt nicht mehr zu unserer eigentlichen Arbeit. Warum muss ich Ihnen das Untersuchungsergebnis der Rechtsmedizin mitteilen? Sie hätten es sich doch direkt bei Dr. Diether abholen können.«

»Damit wäre mir aber das Vergnügen entgangen, mit einer der sympathischsten Kolleginnen der ganzen Polizei zu plaudern«, säuselte Christoph in die Sprechmuschel. Jeder wusste, dass die Wissenschaftlerin tödlich beleidigt war, wenn Informationen an ihr vorbeiliefen.

»Ich bin mir nie sicher, ob Sie es ernst meinen«, kam es zweifelnd über die Leitung. »Jedenfalls liegt uns das Ergebnis der Autopsie vor.« Sie wiederholte das, was Dr. Hinrichsen bereits am Vortag bei der ersten Inaugenscheinnahme vermutet hatte. »Ich kenne auch schon Ihre nächste Frage.« Sie legte eine Pause ein und fuhr erst fort, als Christoph fragte: »Und die wäre?«

»Sie wollen wissen, ob die Frau einem Sexualdelikt zum Opfer gefallen ist. Nein! Die Pathologen haben Spermaspuren gefunden, aber die sind mindestens zwei Tage alt.«

»Also vom Sonntag.«

»Ich kann mir vorstellen, was jetzt in Ihrem männlichen Gehirn vorgeht«, sagte Dr. Braun.

Christoph tat entrüstet. »Da muss ich Sie enttäuschen. Ich habe an nichts gedacht.«

»Das entspricht dem männlichen Wesen«, sagte die Kieler Wissenschaftlerin lachend und verabschiedete sich.

»Dann müssen wir nach einem anderen Motiv suchen«, sagte Mommsen, nachdem Christoph ihm von dem Telefonat berichtet hatte. »Da auch das Mordwerkzeug vorbereitet war, muss der Täter die Tat wohlüberlegt geplant und durchgeführt haben.«

»Und wir müssen versuchen, herauszufinden, mit wem Ina Wiechers am Wochenende zusammen war. Wenn wir den Kreis der Verdächtigen eingrenzen können, könnten wir die Übereinstimmung durch eine DNA-Analyse feststellen.«

»Das muss aber nicht der Mörder sein«, gab Mommsen zu bedenken.

»Das stimmt. Aber wir dürfen nicht unberücksichtigt lassen, dass eventuell eine Beziehungstat vorliegt. Und da gehören nun einmal Personen aus dem Umfeld des Opfers zum engsten Kreis der Verdächtigen.«

»Und wer gehört zu diesem erlauchten Kreis?«, fragte Große Jäger, der in diesem Moment ins Büro gepoltert kam und eine Art hochbeinigen Dackel hinter sich herzog.

Christoph musste lachen. »Du solltest deinem Hund Rollschuhe verpassen, dann musst du ihn nicht gegen seinen Willen hinterherschleifen.« Er hatte es aufgegeben, dem Oberkommissar das Mitbringen des Tiers ins Büro zu untersagen. Große Jäger bestand darauf, dass der Hund eines Polizisten ein Polizeihund sei. Und dieser gehöre nun einmal auf eine Polizeistation. Basta.

»Hallo, Blödmann«, sprach Christoph die Dachsbracke an. Beim Nennen seines Namens hob der Hund müde seinen Kopf und rollte sich dann unter Große Jägers Schreibtisch zusammen.

Mommsen wedelte mit einem Blatt Papier. »Hier ist eine Anzeige eingegangen. In der Nacht von Sonntag auf Montag gab es einen Einbruchsversuch in St. Peter. Zuerst wurde eine Seitentür der Garage aufgebrochen. Dann gab es einen Versuch, ins Haus einzudringen. Der ist aber gescheitert.«

»Und wo war das?«

»›Zum Südstrand‹ heißt die Straße. Der Hauseigentümer heißt Wilken F. Harms.«

»Was wurde gestohlen?«

»Harms gibt an, dass er das nicht sagen kann. Im Protokoll steht, er habe auf mehrmalige Nachfrage immer wieder versichert, es würde sich um ›Kleinkram‹ handeln. Einen Überblick habe er nicht. Dann ist noch etwas merkwürdig. Der Einbruch soll in der Nacht zum Montag stattgefunden haben. Er wurde aber erst gestern, am Dienstag, gemeldet. Hierzu merkt das Protokoll an, dass Harms vorher nichts bemerkt haben will.«

»Das verstehe ich nicht«, warf Große Jäger ein. »Woher will er dann wissen, dass die Tat schon am Sonntag stattgefunden hat? Am Montagabend oder in der Nacht zum Dienstag wurde Ina Wiechers ermordet. Wir haben nun ein Luxusproblem. Was ist, wenn der Draht, mit dem die Frau getötet wurde, mit einem bei Harms entwendeten Werkzeug abgeschnitten wurde?«

»Das Ganze ist merkwürdig«, gab Christoph zu bedenken. »In der Schule wird mit Sicherheit, bei Harms eventuell, Werkzeug entwendet. Außerdem sind Drahtabschnitte an der Schule und bei von der Hardt auffällig. Das sieht aus, als würde uns jemand komplett verwirren wollen.«

»Ein ganz Schlauer, der glaubt, dadurch seine Spuren verwischen zu können. Einer, der meint, das perfekte Verbrechen begehen zu können. Das empfinde ich als persönliche Beleidigung. Aber was hat Christoph schon festgestellt: Der Täter gehört zu den Intelligenten.« Große Jäger drehte sich zu Mommsen um. »Was ist mit dir los, Harm? Wieso hast du keinen Kaffee gekocht?«

»Weil ich nicht vor dem Mittag mit deinem Erscheinen gerechnet habe«, erwiderte der junge Kommissar und ging zur Kaffeemaschine auf der Fensterbank.

Bei Christoph meldete sich der Beamte vom Eingang und kündigte einen Besucher an. Kurz darauf klopfte es an der Tür und ein hochgewachsener Mann trat herein. Er mochte die sechzig erreicht haben, hatte aber eine aufrechte, fast athletische Figur. Volles dunkles Haar, durchsetzt mit grauen Strähnen, ein gepflegter Schnauzbart, die Brille aus hellem Horn und ein ausdruckstarkes Kinn prägten das Gesicht des Mannes. Sein dunkler, dezent gestreifter Anzug, das blütenweiße Hemd mit der dezenten silbernen Krawatte und die vorschriftsmäßig geknöpfte Weste verliehen ihm ein Respekt heischendes Aussehen.

Er sah sich im Raum um und steuerte zielsicher auf Christoph zu. »Sind Sie der leitende Beamte?«, fragte er.

»In welcher Angelegenheit?«, gab Christoph zurück. »Mein Name ist Johannes.«

»Es geht um meine Tochter. Mein Name ist Rantzau.«

»Nehmen Sie bitte Platz.« Christoph wies auf den Besucherstuhl. Der Mann zog aus einer Innentasche seines Sakkos eine Karte hervor. »Prof. Dr. jur. Benedikt Freiherr Ehrenberg zu Rantzau«, las Christoph. Der Mann war Seniorpartner in einer Anwaltskanzlei für Wirtschaftsrecht in Hamburg, die seinen Namen trug.

»Ich bin der Vater von Rebecca Freiin Ehrenberg zu Rantzau. Wie ich gehört habe, haben Sie meine Tochter bereits kennengelernt.«

Christoph nickte, während Große Jäger mit seinem Stuhl an den Schreibtisch heranrückte. Von Rantzau maß ihn mit einem abschätzenden Blick. Dem Gesicht des Anwalts war anzusehen, dass das Urteil nicht positiv ausfiel.

»Sie haben davon Kenntnis erhalten, dass meine Tochter diskriminierenden Anfeindungen ausgesetzt ist. Ich möchte wissen, was Sie dagegen zu tun gedenken.«

»Ist das nicht in erster Linie eine Aufgabe der Schule? Oder möchten Sie Anzeige erstatten, Herr Rantzau?«, mischte sich Große Jäger ein.

»Dr. Ehrenberg zu Rantzau bitte, Herr, äh …«

»Oberkommissar Große Jäger.«

Der Anwalt sah Christoph an. »Sie sind – was?«

»Hauptkommissar.«

»Gibt es hier einen Ansprechpartner aus dem höheren Dienst?«

»Ich bedaure«, sagte Christoph. »Wir sind leider nicht so besetzt, wie es der Stellenplan eigentlich vorsieht. Ich fürchte, Sie müssen mit mir vorliebnehmen. Sie möchten also Anzeige erstatten.«

Von Rantzau lehnte sich entspannt zurück. »Das habe ich nicht gesagt. Ich kann nur nicht dulden, dass meine Tochter von diesem Pöbel gemobbt wird.«

»Wen meinen Sie mit Pöbel?«

»Die Namen sind Ihnen bekannt, wie mir die Schule vergewissert hat.«

»Wir möchten sie aber von Ihnen hören.«

»Dazu sehe ich keine Veranlassung. Wie bedeutsam mir die Angelegenheit ist, erkennen Sie daran, dass ich die Zeit aufwende, persönlich hierher nach Husum zu kommen. Ich bin ein viel beschäftigter Mann und kann mir solche Exkursionen in die nordfriesische Provinz eigentlich nicht leisten.«

»Es geht aber um das Wohlergehen Ihrer Tochter. Das sollte Ihnen der Besuch in dieser Stadt wert sein.«

Durch ein Heben der Augenbrauen gab von Rantzau zu verstehen, dass er Christophs Replik auf die von ihm vorgebrachte »nordfriesische Provinz« verstanden hatte.

»Ich investiere viel in die standesgemäße Unterkunft und Erziehung des Mädchens. Das sehe ich als Verpflichtung gegenüber Rebecca. Und das Mädchen dankt es auf ihre eigene Weise«, fügte er in einem ruhigerem Ton an.

»Glauben Sie, dass Ihre Tochter am Eidergymnasium eine optimale Bildung erfährt? Bei Ihren Möglichkeiten sollte man vermuten, dass es da andere Schulen gibt.«

»Ich möchte Rebecca eine umfassende und qualifizierte Ausbildung zukommen lassen, ohne dass sie dabei den Bezug zum tatsächlichen Leben verliert. Deshalb besucht sie auch kein Internat. Meine Wahl dieser Region kommt nicht von ungefähr. Ich wollte das Mädchen aus dem Sumpf Hamburgs heraushalten.« Von Rantzau war aufgestanden. »Ich glaube, ich habe alles gesagt. Ich werde die Angelegenheit im Auge behalten. Auch Sie, meine Herren. Auf Wiedersehen.« Ohne eine Antwort abzuwarten, verließ er das Zimmer.

»Was war das für eine Veranstaltung?«, fragte Große Jäger. »Ich habe nicht verstanden, was der Mann von uns wollte.«

»Das war doch deutlich. Er glaubt, uns unter Druck setzen zu können, damit wir gegen Nicolaus von der Hardt vorgehen, ohne dass von Rantzau dabei in Erscheinung tritt. Wasch mich, aber mach mich nicht nass, heißt das Spiel.«

Große Jäger parkte seine Beine in der Schreibtischschublade, zündete sich eine Zigarette an, blies den Rauch in die Luft und sah Christoph an. »Und was willst du jetzt unternehmen?«

»Ich werde sogleich ein Bataillon in Bewegung setzen. Harm und Hilke können nach dem Besenstiel suchen, von dem die Holzstücke abgebrochen wurden, die für die Knebel an der Drahtschlinge verwendet wurden.«

»Das ist eine gute Idee«, pflichtete Große Jäger bei. »Hilke ist dafür die ideale Besetzung. Als Hausfrau und Hexe müsste sie sich am besten mit dem Besenstiel auskennen.«

»In der Zwischenzeit kannst du die Berichte fertigstellen, auf die ich schon seit geraumer Zeit warte.«

Der Oberkommissar bemühte sich, die Augen weit aufzureißen und einen entsetzten Gesichtsausdruck zu machen. »Das würde ich ja gern machen, aber ich glaube, Hilke braucht einen erfahrenen Kollegen als Begleitung für die Aufgabe. Ich werde in den sauren Apfel beißen und sie auf der Suche nach dem Besenstiel begleiten.«

Die rotblonde Kommissarin mit dem wuscheligen Haar, der Stupsnase und den Sommersprossen saß auf dem Beifahrersitz und hatte sich vom Oberkommissar informieren lassen.

»Hast du auch solche Probleme mit deinen Kindern, Tante Hilke?«, fragte Große Jäger und fluchte im Anschluss über einen anderen Autofahrer, der sich korrekt an das vorgeschriebene Tempolimit hielt: »Dieser Schusselmeier. Der hat seinen Führerschein wohl selbst geschnitzt. Merk dir das Kennzeichen. Der bekommt eine Anzeige wegen zu schnellen Parkens.«

»Nun behalt die Nerven, Onkel Remmidemmi.« Hilke spielte damit auf Große Jägers zweiten Vornamen Remigius an. »Meine beiden Töchter versuchen zwar auch manchmal, ihren eigenen Weg zu gehen. Das ist ganz natürlich. Aber wir finden letztlich immer einen Kompromiss. Auch das gehört dazu.«

»Deine Deern sind nur deshalb so brav, weil ihr in der Abgeschiedenheit von Treia haust. Da hast du ja keine Chance, aus der Art zu schlagen. Das ist bei den Kids, die in der Metropole Friedrichstadt die Schule besuchen oder gar im Sündenbabel St. Peter-Ording wohnen, schon anders.«

Hilke lachte herzerfrischend. »Deine Interpretationen sind einmalig. Wie gut, dass du nicht als Marketingmanager für die Touristenzentrale arbeitest.«

»Dann hätten wir diesen schönen Landstrich für uns allein.« Er knuffte seiner Kollegin vorsichtig in die Seite. »Nur wir beide. Das wäre doch was.«

»Ich bin glücklich verheiratet. Außerdem könnte ich mir dich nicht als Stiefvater meiner Töchter vorstellen.«

Sie schwiegen eine Weile, bis Große Jäger vor dem Schulgebäude hielt. Von Weitem sahen sie den Hausmeister, der im Eingang des Gebäudes stand.

»Das ist mein Freund Harry«, stellte der Oberkommissar Trochowitz vor. »Und dieses ist meine Lieblingskollegin. Wir brauchen noch einmal deine Hilfe.«

Der Hausmeister sah die beiden Polizisten ungläubig an. »Meine?«

»Ja. Hast du einen Besen?«

»Schöner Mist«, fluchte der Hausmeister. »Van Oy hat mich fürchterlich angemacht, weil der Zugangsbereich nicht gefegt ist.« Er zeigte auf den Platz vorm Eingang, auf dem Laub, Abfall und Schmutz durch den sanften Wind hin und her bewegt wurden. »Ich bin ja einiges gewohnt an dieser Penne, aber dass die mir auch noch den Besen klauen …«

»Seit wann vermisst du den?«

Trochowitz kratzte sich den Hinterkopf. »Wart mal. Montag hab ich noch gefegt. Nach der Schule. Da stand dieser komische Araber da vorne. Am Ende vom Schulhof.«

»Kommt der oft?«

»Den habe ich schon manches Mal verjagt. Zuerst hat der immer versucht, in die Umkleidekabine der Mädchen zu blinzeln, wenn Sportunterricht war. Dann haben sich einige Schülerinnen beschwert, dass er sie angemacht hat. Auf eine blöde Art. Der Direktor hat gesagt, ich soll da mal 'nen Auge drauf werfen. Das gibt sonst Stress mit den Eltern. Was will dieses Ölauge eigentlich? Der soll die Pfoten von unseren Mädchen lassen.«

»Sie sollten keine abwertenden Bezeichnungen wie diese verwenden. Und was ist mit dem Besen?«, sagte Hilke Hauck.

»Gestern wart ihr da. Da war ein großes Durcheinander. Und nun ist er weg.«

»Wo hast du ihn aufbewahrt?«, setzte der Oberkommissar die Befragung fort.

»In meiner Werkstatt. Die habe ich dir doch gestern gezeigt.«

Sie gingen erneut zu dem kleinen Raum, in dem der Hausmeister seine Utensilien aufbewahrte.

»Hier.« Trochowitz zeigte auf die Bürste mit den groben Borsten. Vom Stiel war noch ein kleiner Rest vorhanden. Der überwiegende Teil fehlte. Er musste abgebrochen worden sein, wie der zersplitterte Ansatz zeigte.

Der Hausmeister wollte zum kümmerlichen Rest greifen, um ihn den beiden Beamten zu zeigen. Doch Große Jäger hielt ihn zurück.

»Nicht anfassen. Den nehmen wir mit. Das könnte für uns wichtig sein.«

»Wieso das denn?«

Der Oberkommissar zwinkerte mit dem Auge. »Das ist das Geheimnis der Polizei, Harry.« Er klopfte Trochowitz auf die Schulter. »Danke für die Hilfe.«

»Verstehe ich nicht. Ich dachte, ihr fragt was Wichtiges.«

»Was wäre das?«

»Na, wegen dem jungen von der Hardt. Der tyrannisiert doch die halbe Schule. Da traut sich doch keiner, was zu sagen. Besonders auf die kleine Chinesin hat er es abgesehen.«

»Rebecca? Das ist eine Deutsche.«

»Kann sein. Die mein ich. Die mit den Schlitzaugen. Sie soll wohl ganz prima Klavier spielen können. Ist ja nicht mein Ding, dieses Geklimper. Ich steh mehr auf deutsche Sachen. Aber ich hab nix gesagt …«

»Kennst du die drei Affen, Harry?«

Der Hausmeister überlegte einen Augenblick. »Meinst du die mit dem Nichtshören, Nichtssehen und Nichtssabbeln?«

Große Jäger nickte.

»Was soll das denn nun wieder heißen?«

»Ist schon in Ordnung, Harry.« Große Jäger kramte einen Einmalhandschuh hervor und nahm den Rest des Besenstiels mit.

Auf dem Weg zum Auto sagte er zu Hilke: »Wir sollten noch einmal mit dem Libanesen, den Trochowitz als Ölauge bezeichnet hat, sprechen.« Er rief Mommsen an und ließ sich von ihm die Anschrift durchgeben.

Das Haus am Rande der Stadt, in dem Fouad al-Shara wohnte, machte einen heruntergekommenen Eindruck. Aus der offenen Haustür drangen exotische Essendünste. Eine Heerschar von kleinen Kindern hielt im Spiel inne und musterte aus sicherer Entfernung neugierig die beiden Beamten.

Große Jäger winkte einem kleinen Mädchen zu, das ihn aus großen runden Augen anstarrte. »Hallo«, sagte er. Doch das scheue Kind versuchte, hinter einem Mauervorsprung in Deckung zu gehen. Im Haus war es dunkel. Anscheinend waren hier mehrere Familien untergebracht. Da Namensschilder oder andere Orientierungshinweise fehlten, klopften sie an eine Tür, hinter der eine lebhafte Unterhaltung im Gange war. Nachdem niemand öffnete, drückte der Oberkommissar die Klinke hinunter und steckte seinen Kopf durch den Spalt. Sofort erstarb das muntere Palaver, und drei Frauen mit Kopftuch sowie eine Handvoll Kinder blickten ihn an.

»Guten Tag. Ich suche die Familie al-Shara.«

Zunächst herrschte Schweigen, bis eine Frau mit einem Säugling auf dem Arm sagte: »Frau. Garten. Macht Wäsche.«

Sie verließen das Haus und umrundeten es. Auf dem Hof standen mehrere Wäschepfähle, zwischen denen Leinen gespannt waren. Eine rundliche Frau unbestimmten Alters war damit beschäftigt, Wäschestücke aufzuhängen.

»Frau al-Shara?«

Sie blickte auf.

»Sind Sie Frau al-Shara? Fouads Mutter?«

Sie nickte zögerlich.

»Verstehen Sie mich? Sprechen Sie Deutsch?«

Sie deutete ein Kopfschütteln an und hielt sich eine Hand vor die Lippen als Zeichen dafür, dass sie nicht antworten konnte.

»Wir suchen Fouad. Wir sind von der Polizei.«

Die Mutter verstand zumindest so viel, dass sie das Wort »Polizei« zuordnen konnte. Ein Erschrecken trat in ihren Blick.

»Fouad guter Junge. Nix böse«, radebrechte sie. »Immer gut zu Eltern.«

»Wir möchten nur mit ihm reden. Wo finden wir ihn?«, versuchte Hilke die Frau zu beruhigen.

»Nur reden?«

»Ja. Nicht mehr.«

»Vielleicht ist Marktplatz. Fouad oft Marktplatz.«

»Na schön«, stöhnte der Oberkommissar. »Auf ins Zentrum.« Auf dem Weg zum Auto klopfte er sich gegen die Taschen seiner Jeans, dann durchsuchte er seine Lederweste.

»Ist dir deine gute Laune abhandengekommen?«, lästerte Hilke Hauck.

»Schlimmer. Ich habe keine Zigaretten mehr.«

Sie fuhren zurück in die Stadtmitte und fanden einen Parkplatz auf dem kopfsteingepflasterten Markt. Große Jäger zeigte auf eine Gruppe junger Leute, die auf den Stufen des historischen Marktbrunnens hockte. »Das ist er. Der Linke.«

Sie stiegen aus.

Während Hilke Hauck langsam auf die Gruppe zuging, rief ihr der Oberkommissar hinterher: »Warte. Ich hole mir schnell Zigaretten.« Er verschwand in Richtung Prinzenstraße.

Hilke Hauck hatte sich den jungen Männern genähert. »Hallo«, sagte sie und versuchte, ihre Stimme zwanglos klingen zu lassen. »Bist du Fouad?«

»Mensch, jetzt machen dich schon alte fette Weiber an«, lästerte einer der Jugendlichen.

Al-Shara warf sich in die Brust. »Ich bin der Größte. Von mir wollen alle gevögelt werden. Hast du das nicht gewusst, Macker?«

»Können wir normal miteinander reden?«, fragte Hilke und blieb vor dem Jungen stehen. »Es klingt besser, wenn wir wie Erwachsene miteinander umgehen.«

»Mach mich nicht an. Ich hab dich nicht zum Quatschen eingeladen.«

Die Kommissarin ließ sich durch das Machogehabe des Jungen nicht beeindrucken. Eines ihrer Schwerpunktthemen in der Husumer Kripostelle war die Bearbeitung der Jungendkriminalität. Sie wusste, dass sich Fouad vor seinen Kameraden produzieren wollte.

»Ich bin von der Polizei. Ich möchte mit Ihnen reden. Können wir ein paar Schritte gehen?«

Einer der beiden anderen fing lauthals an zu lachen. »Sieh mal. Fouad läuft einem Rock hinterher. Wie ein Schoßhund.«

Der Stich saß. »Verpiss dich, Alte. Sonst kack ich dich an«, warf sich der Libanese in Pose und stieß Hilke gegen die Brust.

Das konnte die Kommissarin nicht mehr akzeptieren. »Jetzt reicht's«, sagte sie energisch und machte einen Schritt auf Fouad zu. Ehe sie reagieren konnte, holte der Jugendliche aus und schlug ihr mit der Faust mitten ins Gesicht. Es knackte laut und vernehmlich, dann schossen Hilke die Tränen in die Augen. Benommen taumelte sie zurück. Eine Welle des Schmerzes erfasste ihre Nase und breitete sich über den ganzen Kopf aus. Ihre Knie wurden weich, und sie sackte zuerst in die Hocke, dann auf den Boden. Blut schoss aus Nase und Mund.

Durch einen Tränenschleier sah sie, wie der Jugendliche ausholte und sie treten wollte, als er plötzlich zurückgerissen wurde.

»Ich mach dich kalt, du Kanake«, sagte eine fremde Stimme. »Jetzt bist du dran.«

Fouads Stiefel verschwanden aus Hilkes Gesichtsfeld. Sie hatte Mühe, den Worten um sich herum zu folgen, so sehr schmerzte es.

»Mach kein' Scheiß. Pack das Messer weg«, hörte sie wie durch Watte die Stimme des Libanesen. »Was soll das, eh?«

»Ich bring dich um, du blödes Schwein, wenn ich dich noch einmal in Friedrichstadt sehe. Verpiss dich. Auf immer.«

Von ferne hörte Hilke die vertraute Stimme Große Jägers. »Halt. Polizei. Sofort aufhören«, drang die markige Stimme des Oberkommissars über den Marktplatz. Schwere Schritte näherten sich. Dann sah sie verschwommen das unrasierte Gesicht ihres Kollegen.

»Hilke, Mädchen, was ist mir dir? Bist du okay?«, fragte der Oberkommissar und presste vorsichtig ihr Gesicht an seine Brust. Mit dem Ärmel seines Holzfällerhemds versuchte er behutsam, Blut abzutupfen, ohne dabei an die aufgeplatzten Lippen zu kommen. »Ich habe kein anderes Tuch«, entschuldigte er sich.

»Verdammt noch mal! Kann mal jemand den Rettungswagen rufen!«, fluchte Große Jäger in die Runde der Gaffer, die einen Kreis um die beiden Beamten zu bilden begannen. »Und die Polizei!«

Hilke schien es, als würde eine Ewigkeit verstreichen, bis sie in der Ferne das Martinshorn des Rettungswagens hörte. Während der ganzen Zeit hielt der Oberkommissar ihren Kopf, streichelte sanft über ihr Haar und murmelte unentwegt: »Es wird alles wieder gut, mein Mädchen. Alles.«

Christophs Beine baumelten in der Luft. Er saß auf der Ecke von Große Jägers Schreibtisch. Mommsen, der den Arbeitsplatz gegenüber vom Oberkommissar hatte, sah ebenfalls hinüber.

»Nun mach dir keine Gedanken. Gegen solche überraschenden Attacken sind wir machtlos. Das ist ein Teil unseres Berufsrisikos.«

»Hör doch auf«, schimpfte Große Jäger. »Hätte ich Hilke nicht allein gelassen, wäre ihr nichts passiert. Der Bursche hat sich doch nur an sie herangewagt, weil sie allein auf ihn zugegangen ist.«

»Es ging nur um eine harmlose Befragung. Dass Fouad al-Shara so reagieren würde, ist für alle vollkommen unverständlich.«

Der Oberkommissar wollte zum Telefon greifen, doch Christoph drückte den Hörer wieder auf die Gabel zurück. »Es macht keinen Sinn, wenn du alle zehn Minuten im Krankenhaus anrufst. Damit machst du nur die Ärzte nervös. Die Leute tun alles, was in ihrer Macht steht. Soweit wir bisher gehört haben, hat Hilke ein gebrochenes Nasenbein und zwei ausgeschlagene Zähne. Vielleicht kommt noch eine Gehirnerschütterung dazu.«

»O Mann«, fluchte Große Jäger und hieb mit der flachen Hand auf die Tischplatte. »Wenn ich den Kerl erwische …«

»… dann machst du gar nichts«, unterbrach ihn Christoph. »Die Kollegen aus Friedrichstadt sind informiert und sehen sich nach al-Shara um. Sie steuern auch sporadisch die Wohnung der Eltern an. Es ist eine Frage der Zeit, bis wir ihn haben.«

Große Jäger stand auf. »Ich fahre noch einmal rüber und helfe bei der Suche.«

Christoph drückte seinen Kollegen wieder in den Stuhl zurück. »Gar nichts machst du. Du bleibst hier sitzen und bezähmst deine Ungeduld.«

»Ich kann hier nicht rumsitzen.«

»Doch. Wenn du nicht augenblicklich Ruhe gibst, ketten wir dich mit Handschellen an deinen Schreibtisch. Ich lasse dich nicht eher los, bis du alle rückständigen Berichte aufgearbeitet hast.«

Der Oberkommissar zeigte seine nikotingelben Zahnreihen. »Okay. Ich kapituliere, wenn du mit solchen massiven Drohungen kommst.«

»Gut. Noch einmal zum Tathergang. Du hast gesehen, wie Nicolaus von der Hardt und Jan Harms dazugekommen sind und den libanesischen Jungen mit einem Messer bedroht haben.«

»Nicht nur ihn, sondern auch die beiden anderen Kumpels von al-Shara, obwohl die sich nicht am Angriff auf Hilke beteiligt haben.«

»Dann hat Nico verhindert, dass Hilke noch mehr zugestoßen ist.«

»Fouad wollte zutreten. Das hätte er sicher auch gemacht. Ich habe zwar gerufen, aber ich war zu weit vom Brunnen entfernt, am Rande des Marktplatzes, wo die Prinzenstraße einmündet.«

»Das hätten wir gestern auch nicht geglaubt, dass sich der junge von der Hardt als Retter einer Polizistin entpuppt.«

»Dieser Ziegenbart ist mit Sicherheit nicht mein Freund. Trotzdem hat er beherzt eingegriffen. Ich denke, wenn ich den Bericht schreibe, sollte ich vielleicht einen Blackout haben und vergessen, dass er den Libanesen mit einem Messer bedroht hat.«

Mit einem skeptischen Blick auf Große Jäger und ein paar mahnenden Worten an Mommsen verließ Christoph das Büro und ging zu Polizeidirektor Grothe, der um seinen Besuch gebeten hatte.

»Ich weiß, Frau Fehling«, sagte er, als er das Vorzimmer betrat. »Der Kollege hat alles fest im Griff. Er will nichts verraten. Es soll eine Überraschung werden.«

Die Sekretärin des Chefs zog die Stirn kraus. »Hoffentlich wird die Überraschung nicht zu groß. Schließlich kenne ich Herrn Große Jäger auch schon einige Jahre.« Dann zeigte sie mit ihrer gepflegten Hand zur Verbindungstür. »Der Chef erwartet Sie.«

Es wird eines der letzten Male sein, überlegte Christoph, dass ich dieses Büro betrete und der massige rotgesichtige Polizeidirektor hinter dem altertümlichen Schreibtisch thront. In Zukunft wird ein anderer Wind wehen. Allein der durchdringende Geruch von Grothes Zigarren wird ab der kommenden Woche fehlen.

Der Chef wies mit der Zigarre auf den Besucherstuhl. »Erzählen Sie.«

Christoph berichtete von dem tätlichen Angriff auf Hilke Hauck. Es war typisch für Grothe, dass er dazu keinen Kommentar abgab. Er musste nicht erwähnen, dass jeder Kollege nach dem Täter suchen würde. Das war eine Selbstverständlichkeit. Nachfragen waren auch nicht erforderlich, da Christoph sich angewöhnt hatte, kurz und präzise zu berichten. Der Polizeidirektor hatte nie seine Dithmarscher Wurzeln verhehlt. Jedes überflüssige Wort war ihm zuwider.

»Ich hatte heute Morgen Besuch«, wechselte Grothe übergangslos das Thema. »Der hat sich über Sie beschwert, mein Junge, weil Sie seiner Auffassung nach nicht mit der gebotenen Ernsthaftigkeit den Fall seiner Tochter verfolgen.«

Also war von Rantzau nach seinem Auftritt bei der Kripo noch beim Leiter der Polizeidirektion vorstellig geworden. Grothe zog genussvoll an seiner Zigarre, spitzte die Lippen und blies den Rauch in Ringen zur Zimmerdecke. »Ich habe dem Mann die Adresse des Innenministers gegeben. Dort kann er mehr Personal anfordern. Und wenn ihm das nicht passt, soll er nächste Woche wieder zu mir kommen.«

»Aber dann sind Sie doch nicht mehr da«, sagte Christoph.

»Eben.« Der Polizeidirektor beugte sich über seinen Schreibtisch, griff zu einem Montblanc-Füller und begann, an den Rand eines Protokolls Notizen zu machen. Das war das bekannte Signal dafür, dass die Unterredung abgeschlossen war. Auf Christophs »Tschüss« reagierte Grothe wie gewohnt nicht.

Als er ins Büro zurückkehrte, saß Große Jäger am Schreibtisch, hatte den Kopf zwischen den Händen und stützte sich mit den Ellenbogen auf der Arbeitsfläche ab. Der Zigarette, die zwischen Zeige- und Mittelfinger der rechten Hand eingeklemmt war und deren Asche herabfiel, schenkte er keine Aufmerksamkeit.

»Klaus Jürgensen hat sich gemeldet«, berichtete Mommsen. »Es ist gelungen, das Handy der Toten zu lokalisieren. Damit wird oft telefoniert. Wir haben darauf verzichtet, die Nummer anzuwählen.«

»Wo ist der Standort?«

»Die Gespräche kommen aus Heide.«

»Lässt sich das näher eingrenzen?«

»Heute Vormittag lag der Bereich rund um die Klaus-Groth-Schule.«

»Da ist die Ehefrau von van Oy tätig. Ein merkwürdiges Zusammentreffen. Kann man den Standort jederzeit bestimmen?«
Mommsen nickte.»Immer, wenn telefoniert wird.«

»Gut, dann werden wir beide jetzt nach Heide fahren.«

»Und ich?«, brummte Große Jäger unwirsch.

»Du kümmerst dich um deine Berichte. Und um deinen Hund. Schließlich hat Harm auf Blödmann aufgepasst, während du in Friedrichstadt warst.«

Der Oberkommissar lachte.»Kinder hüten doch gern Hunde.«

Christoph und Mommsen stimmten in das Lachen ein, bevor sie das Büro verließen.

Die Fahrt verlief ereignislos. Mommsen war im Unterschied zu Große Jäger ein schweigsamer Beifahrer. Er hielt Kontakt zur Kriminaltechnik in Flensburg, die ihn mit aktuellen Informationen zum Handy von Ina Wiechers versorgte.

»Wer auch immer das Mobiltelefon hat, nutzt es ungeniert und fast ununterbrochen.«

»Das ist zu unserem Vorteil«, meinte Christoph.

Mommsen dirigierte ihn zum Marktplatz der heutigen Metropole Dithmarschens, der flächenmäßig der größte Deutschlands ist und zum Parken genutzt werden kann.

Sie fanden problemlos einen Platz vor dem dunklen Gebäude mit dem markanten Spitzgiebel, von dem immer noch der Schriftzug»Westholsteinische Bank« prangte. Die war schon lange Geschichte und über eine Kette von Fusionen und Übernahmen heute in italienischen Händen.

»Wie wollen wir den Nutzer des Handys nun finden?«, fragte Mommsen.

»Wenn heute früh aus dem Umfeld einer Schule telefoniert wurde, dann können wir vermuten, dass es sich um einen Schüler handelt. Wir sollten Ausschau nach einem Jugendlichen mit einem Handy am Ohr halten.«

Sie begannen ihren Bummel beim Traditionskaufhaus Böttcher

und schlenderten gemächlich über den Fußweg zwischen der Front lebhafter Geschäfte in Richtung der Marktkirche. Auf Höhe der Volksbank hatte sich eine Horde Schüler auf den Bänken eines Imbisses niedergelassen und war in ein lebhaftes und lautstarkes Palaver verfallen. Die Kinder mochten vielleicht zehn oder elf Jahre alt sein.

»Lass mich mal«, übertönte ein dürres Mädchen die anderen und versuchte nach etwas zu greifen, das ein blonder Junge, dem eine Art dünner Zopf vom Hinterhaupt herabhing, geschickt vor ihr in Sicherheit brachte.

Die beiden Beamten steuerten auf die Schülergruppe zu.

»Hallo«, sagte Christoph freundlich. »Um was geht es?«

»Ach, nichts«, sagte der Junge und verbarg einen Gegenstand in seiner ausgebeulten Hosentasche.

Mommsen hatte sein Handy hervorgeholt und tippte eine Nummer ein. Erschrocken fuhr der Junge zusammen, als aus seiner Hose schrill die Anfänge der Marseillaise erklangen.

»Woher hast du das Telefon?«, fragte Christoph.

»Ich habe keins«, sagte der Junge und griff instinktiv von außen an die Stelle, von der sich das Handy unablässig meldete.

»Pass mal auf. Wir sind von der Polizei. Wir wollen dir nichts Böses. Uns interessiert nur, woher du das Gerät hast.«

»Das ist meins«, antwortete der Schüler trotzig.

»Schön. Du sagst uns jetzt eure Telefonnummer. Dann rufen wir deine Eltern an und bitten sie, hierherzukommen. Wir klären das dann gemeinsam mit ihnen. Einverstanden?«

»Sie sind nicht von der Polizei«, schimpfte der Junge lautstark. Inzwischen waren einige Passanten stehen geblieben und verfolgten aufmerksam die Auseinandersetzung.

»Ich zeige dir meinen Ausweis. Und dann gehen wir gemeinsam dort zur Dienststelle der Polizei.« Christoph wies mit dem ausgestreckten Arm auf die andere Seite des großen Platzes. Dort war das Dienstgebäude der Heider Kollegen zu sehen.

»Ich will nicht.« Der Schüler stand auf und wollte fortgehen, aber Mommsen packte ihn am Arm und hielt ihn fest. Der Junge versuchte, den Kommissar zu treten und sich loszureißen, aber Mommsen hatte ihn so gepackt, dass die Tritte ins Leere liefen.

»Lassen Sie das Kind los«, empörte sich eine mit zwei Einkaufstaschen beladene Frau mittleren Alters.

»Unverschämtheit«, stimmte ein Mann zu.

Es hatte sich ein dichter Ring von Neugierigen gebildet, die die Geschehnisse beobachteten und eine zunehmend kritische Haltung gegenüber den beiden Beamten einnahmen.

»Wir sind von der Polizei«, versuchte Christoph die Gemüter zu beruhigen.

»Eine ganz neue Masche«, kommentierte jemand aus den Reihen der Passanten. Als der Junge jetzt auch noch rief: »Die wollen mir mein Handy klauen«, schlug die Stimmung unter den Passanten vollends um.

Der Ring von Zuschauern wich auseinander, als ein blau-silberner Streifenwagen den Fußweg entlangkam und hielt. Ihm entstiegen eine junge Frau und ein älterer Polizist, bei dem ein dichter Wulst silbergrauer Haare unter der Mütze hervorlugte. Er tippte an seinen Mützenschirm und fragte in die Runde: »Was ist hier los?«

»Ich habe Sie gerufen.« Ein älterer Mann trat aus dem Kreis der Leute hervor. »Ich bin mir nicht sicher, was die beiden da von dem Kind wollen.«

»Hallo.« Christoph ging auf den Beamten zu und wies sich aus. »Wir sind Kollegen und kommen von der Husumer Kripo. Ich glaube, den Rest sollten wir auf der Dienststelle klären. Nehmen Sie den Jungen mit?«

Der Polizist nickte. »Geht in Ordnung.« Dann machte er gegenüber den Zuschauern eine Handbewegung, als würde er kleine Kinder fortscheuchen. »So, Leute. Jetzt können Sie weitergehen. Hier ist alles uninteressant.«

Bereitwillig löste sich die Versammlung auf.

Es ist erstaunlich, dachte Christoph, welche Autorität eine Uniform in Deutschland hat. Sie überquerten den großen Marktplatz und gingen zur gegenüberliegenden Dienststelle der Polizeizentralstation Heide.

Der Schüler hockte wie ein armer Sünder auf der Stuhlkante vor dem Schreibtisch eines uniformierten Beamten.

»Er heißt Alexander Böhme und kommt aus Heide«, erklärte der Polizist.

Christoph nahm neben Alexander Platz, während Mommsen sich an den Türrahmen lehnte.

»Wir wissen, dass dir das Handy nicht gehört.«

Der Junge sah Christoph mit großen Augen an. Er fühlte sich ertappt.

»Ich gehe davon aus, dass du es auch nicht gestohlen hast.«

»Ich hab's gekauft. Ehrlich«, antwortete Alexander schnell.

»Von wem?«

»So 'n Typen. War schon größer. Den hab'n wir auf'n Markt getroffen. Der hat uns angequatscht, ob wir billig 'nen Handy schießen woll'n. Is auch noch 'ne Karte drin. Kann man kostenlos mit rumtelefonieren.«

»Wie sah der Mann aus, der dir das Handy verkauft hat?«

»War kein richtiger Mann. Dunkle Haare, so 'n schmalen Bart. War mit dem Kumpel da. Ein dicker. Rothaarig wie Pumuckl. Und einem Clearasilacker.«

»Einem was?«

»Na. So 'ne Pickelfresse.«

»Wann war das?«

»Gestern. Nach der Schule. Wir sind durch Hölle und Himmel direkt zum Markt.«

Jetzt lächelte der uniformierte Polizist und erklärte: »Um von der Klaus-Groth-Schule zum Markt zu gelangen, geht man durch zwei kleine Straßen. Eine heißt Hölle, die andere ist die Himmelreichstraße.«

»Was hast du für das Handy bezahlt, Alexander?«

»'nen Hunni.«

»Hundert Euro. Donnerwetter. Das ist eine Menge Geld für einen Zwölfjährigen. Hast du immer so viel Geld bei dir?«

Der Junge knetete seine Hände und sah schuldbewusst nieder.

»Nein«, antwortete er eine Weile später.

»Und? Woher hast du das Geld?«

»Ich war schnell zu Hause und habe es bei meiner Mutter genommen. Die hat immer 'nen bisschen Geld im Schrank versteckt.«

»Findest du das richtig?«

Alexander machte einen Schmollmund. »Nee. Aber das war billig. Und wir konnten damit umsonst telefonieren. Meine ganze Klasse hat das gemacht.« Die großen braunen Augen sahen Christoph ängstlich an.

»Komme ich jetzt vor Gericht?«

»Nein. Das nicht. Wir werden jetzt deine Eltern benachrichtigen, damit sie dich abholen. Aber Strafe muss sein. Schließlich hast du unerlaubt Geld entwendet. Habt ihr einen Garten?«

Der Junge nickte.

»Gut. Dann wird der Kollege«, er zeigte auf den uniformierten Beamten, »jetzt ein Protokoll ausfüllen. Handschriftlich. Darin wird stehen, dass du zwanzig Mal bei euch zu Hause den Rasen mähen wirst, als Strafe dafür, dass du deiner Mutter Geld gestohlen hast. Bist du damit einverstanden?«

Hastig nickte Alexander. »Klaro«, kam es erleichtert über seine Lippen.

Christoph griff zum Handy, das auf dem Tisch lag. »Krieg ich das wieder?«, fragte der Junge.

Christoph klärte den Schüler auf, dass dies nicht der Fall sei. Er musste ihn auch enttäuschen, als Alexander stattdessen die einhundert Euro zurückhaben wollte. Offenkundig hatte der Junge Zweifel an der Gerechtigkeit, als sie ihn in der Obhut des Heider Polizisten zurückließen.

»Für so dumm hätte ich Nicolaus von der Hardt nicht gehalten«, sagte Christoph, als sie wieder im Auto saßen und zurückfuhren. »Für lumpige einhundert Euro verkauft er das Handy der Toten in Heide. Hält der uns für so naiv?«

»Man fragt sich, was in den Köpfen solcher Leute vor sich geht«, antwortete Mommsen. »Das macht ihn natürlich verdächtig. Er muss sich eine gute Erklärung dafür einfallen lassen, wie er an das Mobiltelefon des Mordopfers kommt.«

»Da fahren wir doch gleich nach St. Peter-Ording und befragen ihn.«

Christoph wählte die Bundesstraße Richtung Büsum, bog auf der Höhe von Wöhrden ab und passierte die urgemütliche Hebbelstadt Wesselburen. Über den kilometerlangen Eiderdamm, der durch das Sperrwerk Schleswig-Holsteins größten Fluss vor Sturmfluten schützt, aber die normale Flut durchlässt, erreichten sie Eiderstedt. Von hier waren es nur noch wenige Fahrminuten bis St. Peter.

Das Haus der von der Hardts lag ruhig und verlassen da. Niemand öffnete auf ihr Klingeln. Es stand kein Auto vor der Tür. Christoph umrundete das Gebäude. Aber auch der Garten war verwaist.

Sie waren gerade wieder in ihren Dienstkombi eingestiegen, als sich die Leitstelle der Polizeidirektion meldete und nach ihrem Standort fragte.

»Es gibt ein Problem in Friedrichstadt«, erklärte der Beamte. »Dort hat es eine schwere Körperverletzung am Eidergymnasium gegeben. Die Adresse ist …«

»Danke, die kennen wir«, unterbrach ihn Christoph. »Liegen weitere Informationen vor?«

»Leider nicht. Die Kollegen aus Friedrichstadt sind vor Ort. Der Notarzt ist schon unterwegs.«

»Wir übernehmen«, sagte Christoph, während Mommsen das mobile Blaulicht auf dem Wagendach platzierte.

Für die vierzig Kilometer benötigten sie fast zwanzig Minuten, da auf der engen und gewundenen Grünen Küstenstraße trotz Blaulicht und Martinshorn nur ein schweres Vorankommen war.

Als sie das Schulgebäude erreichten, standen neben dem Rettungswagen und dem Notarztwagen auch zwei Streifenwagen. Ein Beamter der Zentralstation erklärte ihnen: »Wir sind vom Hausmeister alarmiert worden. Der hat ein schwer verletztes Mädchen gefunden. Er sagt, ihr Name sei Rebecca zu Rantzau. Sie ist Schülerin am Eidergymnasium. Im Augenblick wird sie durch den Notarzt versorgt. Mehr wissen wir noch nicht.« Er wies ihnen den Weg zum Musikraum der Schule.

Dort waren der Notarzt und zwei Rettungsassistenten damit beschäftigt, Rebecca zu versorgen.

Einer der Männer in den orangefarbenen Westen erklärte Christoph, dass der Arzt dem Mädchen ein starkes Beruhigungsmittel verabreicht habe.

»Jetzt warten wir auf die Schraube.«

»Was hat Rebecca? Warum wurde der Rettungshubschrauber angefordert?«

»Jemand hat ihr die rechte Hand zertrümmert. Das sind vermutlich multiple Frakturen. Ob noch andere Verletzungen vorliegen, ist nicht erkennbar. Äußerlich zumindest nicht. Die Patientin hat einen schweren Schock erlitten.«

»Warum warten wir auf den Hubschrauber?«

Der Rettungsassistent sah Christoph an, als würde der nach dem kleinen Einmaleins fragen. »Die Schraube muss die Patientin in die Kieler Uni fliegen. Dort gibt es eine spezielle Handchirurgie. Es gibt wenig Gegenden im menschlichen Körper, wo der Knochenbau so komplex ist wie in der Hand«, erklärte der Mann und wurde dann wieder vom Arzt abgerufen.

Christoph sah auf das Mädchen hinab, das mit kreidebleichem Gesicht am Boden lag. Die Rettungsleute hatten einen Zugang gelegt und versorgten über diesen das Opfer mit Medikamenten. Rebecca atmete flach. Ihre Augen waren geschlossen. Die rechte Hand, um die sich der Notarzt bemühte, war eine einzige blutverschmierte Masse.

»Wir wissen, dass sie eine hervorragende Pianistin war. Möglicherweise am Anfang einer großen Kariere. Das muss auch der Täter gewusst haben. Aus einem uns unbekannten Motiv hat er die Zukunft des Mädchens zerstören wollen. Ich bin kein Mediziner, aber es scheint ihm gelungen zu sein. Das ist nicht weniger grausam als Mord.«

Die Frage, ob man mit Rebecca sprechen könnte, erübrigte sich. Deshalb verließen die beiden Beamten den Raum. Mommsen griff zum Telefon und verständigte die Spurensicherung. Es gab wieder Arbeit für Klaus Jürgensen und sein Team. Aufgrund der Blutspritzer, die überall im Musikraum verteilt waren, lag die Vermutung nahe, dass der Fundort auch der Tatort war.

Auf dem Flur standen der Hausmeister, Frau Wieslmayr, der Christoph im Büro des Schulleiters begegnet war, als sie sich über das Mobbing gegenüber Rebecca beklagte, und Wulf Hauffe. Alle drei machten einen betroffenen Eindruck. Der Lehrer war blass. Die Augen lagen tief in den Höhlen und waren von dunklen Schatten umringt. Vermutlich hatte Hauffe so gut wie nicht geschlafen, nachdem er gestern gegen seine Tochter handgreiflich geworden war und dabei erfahren hatte, dass sie schwanger war.

»Ist noch jemand im Hause?«, fragte Christoph.

»Ja – äh – nein«, antwortete Harry Trochowitz. Als Christoph ihn fragend ansah, erklärte der Mann: »Herr van Oy war vorhin hier. Nachdem das hier passiert war, wollte ich ihm Bescheid sagen. Aber da war er schon wieder weg. Ich habe nicht mitgekriegt, wann er gegangen ist.«

»Sonst ist niemand hier gewesen?«

Der Hausmeister fuhr sich mit der Hand zum Kinn. »Ich weiß nicht so recht. Das war nur 'nen Zufall, dass ich die Deern gefunden habe. Ich hab gesehn, dass dieser Araber vorhin ums Haus geschlichen ist.«

»Sie meinen den, auf den Sie uns gestern aufmerksam gemacht haben?«

»Genau der. Ich bin durch die Räume und wollte nachsehen, ob das Ölauge reingekommen ist. Der ist doch spitz wie sonst was und lungert immer in der Nähe herum. Der hat es auf unsere Mädchen abgesehen.«

Für das »Ölauge« erntete Harry Trochowitz einen bösen Blick von Christoph, der sich dann an die beiden Lehrer wandte. »Haben Sie den libanesischen Jugendlichen auch bemerkt?«

Während Frau Wieslmayr den Kopf schüttelte, nickte Hauffe heftig. »Ja, von meinem Fenster aus.«

»Sie haben beide nichts von dem Überfall gehört?«

»Nein«, kam Hauffe seiner Kollegin zuvor. »Wir haben uns unterhalten.«

Frau Wieslmayr sah den Lehrer mit erstauntem Blick an. »Aber das war doch früher. Dann sind Sie hinaus, weil Sie noch Vorbereitungen in Ihrer Klasse treffen wollten.«

»Ach ja. Entschuldigung. Aber ich bin etwas durcheinander.«

»Kommt es öfter vor, dass Sie nachmittags in der Schule sind?«

»Eigentlich nicht, es sei denn, wir haben Arbeitsgruppen. Selten auch einmal eine Konferenz«, sagte die Lehrerin. »Herr Hauffe und ich waren hier mit Rebecca verabredet.« Sie zeigte mit ausgestrecktem Finger zuerst auf ihren Kollegen, dann auf sich. »Wir beide bereiten eine Veranstaltung vor, die im Advent stattfinden soll. Wir wollen unsere Schule präsentieren und gleichzeitig ein kleines Dankeschön an die Eltern richten, die uns in großzügiger Weise über den Förderverein unterstützen.«

»Und was hat Rebecca zu Rantzau damit zu tun?«

»Das Mädchen ist eine begnadete Pianistin. Wir haben uns vorgestellt, dass sie als Höhepunkt der Veranstaltung ein wenig von ihrem Können zum Besten gibt.«

Das war ein völlig neuer Aspekt. Gab es jemanden, der verhindern wollte, dass sich das Eidergymnasium von seiner guten Seite präsentierte?, schoss es Christoph durch den Kopf.

»Wer wusste von diesen Plänen?«

»Nun – ja. Die Schulleitung und das Lehrerkollegium. Und Herr Harms, der Vorsitzende unseres Schulelternrates.«

»Gab es Stimmen, die sich dagegen ausgesprochen haben?«

Die beiden Lehrer sahen sich nachdenklich an. »Eigentlich nicht«, antwortete Wulf Hauffe. »Nur Ina Wiechers hatte eine andere Meinung. Sie stand unserer Schule ohnehin skeptisch gegenüber. Diese Show würde ein falsches Bild abgeben und den maroden Zustand, wie sie es nannte, nur verschleiern.«

Von fern war das flappende Geräusch des Rettungshubschraubers zu hören, der aus Itzehoe angefordert worden war. Es schwoll rasch an, bis es in den Ohren dröhnte und die Maschine auf dem Schulhof landete.

Das örtliche Rettungspersonal vollzog eine Einweisung und übergab die immer noch betäubte Rebecca der Besatzung des Hubschraubers.

»Sie wird weiter unter dem Einfluss der Beruhigungsmittel gehalten«, erklärte der Rettungsassistent. »Damit wird den Patienten der Stress des Fluges erspart.«

Inzwischen waren die Polizisten und Mommsen von einer Durchsuchung der Schule zurückgekehrt.

»Wir haben nichts Auffälliges gefunden«, sagte der Kommissar. »Auch vom Libanesen war keine Spur zu sehen.«

»Wir sollten die Fahndung nach Fouad al-Shara einleiten. Der tätliche Angriff auf Hilke ist Grund genug für diese Maßnahme. Ob er auch für diese Tat verantwortlich ist, können wir derzeit nicht sagen. Die Aussage des Hausmeisters und Hauffes stellen noch keinen Beweis dar.«

»Ich kümmere mich darum.«

Während Mommsen telefonierte, kehrte Christoph zum Hausmeister zurück, der immer noch ins Gespräch mit den beiden Lehrern vertieft war.

»Können wir uns noch einmal Ihre Werkstatt ansehen?«

Trochowitz sah Christoph mit erstauntem Blick an. »Schon wieder? Ist das ein neues Hobby von Ihnen?«

»Mir macht es genauso wenig Spaß wie Ihnen. Aber wir müssen nun einmal allen Spuren nachgehen.«

»Wenn's denn sein muss«, brummte der Hausmeister und trottete voran.

Als sie in dem kleinen Raum standen, fragte Christoph: »Vermissen Sie Werkzeug?«

Trochowitz sah sich um. »Nichts«, gab er kurz angebunden zurück.

Auch Christoph konnte keine Auffälligkeiten entdecken. Es schien kein weiterer Gegenstand zu fehlen. »Mich würde interessieren, ob Ihnen ein Hammer oder Ähnliches abhandengekommen ist.«

Der Hausmeister kontrollierte noch einmal seinen Bestand. »Alles da«, stellte er lakonisch fest. »Bis auf die Drahtschere. Wo die is, is mir 'nen Rätsel.«

Da im Musikraum ohnehin schon viele Personen herumgelaufen waren, untersuchten sie vorsichtig, ob es Spuren gab, die mit bloßen Augen zu erkennen gewesen wären. Sie fanden aber nichts. Es dauerte noch fast eine Dreiviertelstunde, bis die Spurensicherung aus Flensburg eintraf.

»Bevor du gehst«, sagte Klaus Jürgensen, »musst du mir eine Erklärung unterschreiben, dass dies das letzte Mal ist, dass ihr uns hierherlotst. Ich duze mich inzwischen mit jedem Asphaltflicken auf der Straße an die Westküste. Husum ist schon schlimm genug. Aber hier sind wir wirklich im äußersten Zipfel unseres Zuständigkeitsbereichs.«

»Du unterschätzt unsere Kreativität, Klaus. Bis St. Peter-Ording sind es noch gut vierzig Kilometer. Und wenn du weiter herummoserst, schicken wir dich bei Herbststurm auf die Inseln oder Halligen. Die gehören auch zu unserem Revier. Es gibt wohl kaum einen Zuständigkeitsbereich für die Polizei, der so abwechslungsreich ist wie unserer.«

Jürgensen drehte den Kopf zur Seite und nieste.

»Danke für deine Zustimmung.« Christoph klopfte dem kleinen Hauptkommissar auf die Schulter. Der beließ es als Antwort bei einem Augenzwinkern.

Bevor sie die Heimfahrt nach Husum antraten, suchten sie noch einmal die Wohnung der al-Sharas auf. Doch niemand wollte ihnen eine Auskunft geben. Und die Mutter gab vor, kein Wort zu verstehen. Sie hatten die Zusicherung der örtlichen Zentralstation, dass die Kollegen vom Wach- und Wechseldienst in der nächsten Zeit verstärkt nach dem Jugendlichen Ausschau halten würden.

Das Büro auf der Dienststelle war verwaist. Es gehörte zu den Angewohnheiten Große Jägers, seinen Schreibtisch in dem Zustand zu verlassen, in dem er sich zum Zeitpunkt des Aufbruchs befand. Daraus konnte folglich nicht geschlossen werden, ob der Oberkommissar den Raum nur kurzfristig verlassen hatte. Doch die handschriftliche Notiz auf Christophs Schreibtisch gab Auskunft: »Habe Feierabend gemacht.«

Christoph rief im Husumer Krankenhaus an. Relativ unwirsch antwortete ihm jemand von der Station, dass man mit anderen Dingen beschäftigt sei, als ständig Auskünfte zum Zustand eines Patienten zu erteilen. Da habe ein Mann die ganze Zeit über mit ständigen Fragen den Routinebetrieb gestört.

Das konnte nur Große Jäger gewesen sein, dachte Christoph.

»Gehen wir zusammen essen?«, fragte er Mommsen.

Der nickte zustimmend und versuchte, den Oberkommissar übers Handy zu erreichen. Doch es meldete sich nur die Mobilbox.

»Hallo, Wilderich. Hier ist Harm. Wir wollen ins Dragseth.«

Christoph rief in der Praxis von Dr. Hinrichsen an.

»Sei mir nicht böse, aber ich kann im Moment nicht telefonieren. Wir haben die Praxis voll«, entschuldigte sich Anna. Schließlich stimmte sie aber zu, das Abendessen gemeinsam einzunehmen. »In einer Stunde.«

Es wurden zwei, bevor sich die kleine Gesellschaft in Husums ältester Gastwirtschaft einfand.

»Wo habt ihr euren Wilden gelassen?«, fragte Judith, die Wirtin.

»Der wandelt auf Freiersfüßen«, sagte Christoph lachend.

Judith tat enttäuscht. »Ich dachte immer, er würde nur mich verehren.«

»Da hat er wohl akzeptiert, dass du glücklich liiert bist.«

Wenig später stieß ein kahlköpfiger Mann in auffallend schriller Kleidung zur kleinen Gesellschaft.

»Hallo, Karlchen«, begrüßte Christoph Mommsens Lebenspartner. Er hatte sich schon lange an dieses ungleiche Paar gewöhnt, das trotz aller äußeren Gegensätze harmonisch miteinander lebte.

»Und? Was gibt es für spannende Neuigkeiten an der kriminellen Front in Nordfriesland?«, fragte Anna.

Christoph spitzte die Lippen. »Alles Routine. Ein Tag wie jeder andere.« Dann prostete er den anderen zu.

DREI

Jörg Immelmann steckte den Kopf durch das kleine Schiebefenster und sah zurück zum Bahnsteig. Im Nebel konnte er nur schemenhaft die wenigen Leute erkennen, die den Zug bestiegen. Es waren überwiegend dieselben Frühaufsteher, die er vom Ansehen kannte, wenn er morgens um drei Minuten nach halb fünf in den Bahnhof von Friedrichstadt einlief. Es war der erste Halt auf der Fahrt der Marschbahn nach Hamburg-Altona.

An das frühe Aufstehen hatte sich Jörg Immelmann gewöhnt. Auch daran, dass er einen Arbeitsplatz hatte, den er nicht mit öffentlichen Verkehrsmitteln erreichen konnte. Kaum jemand machte sich Gedanken, wie das Personal für den ersten Zug oder Bus zur Einsatzstelle kommt. Gottlob war das in Husum kein Problem. In der Stadt der kurzen Wege waren es mit dem Fahrrad nur wenige Minuten von Immelmanns Wohnung zur Betriebsstätte, an der der Zug der Nord-Ostsee-Bahn bereitstand.

Dieter Kuhn, der Zugbegleiter, mit dem er seit Aufnahme des Betriebes durch die Privatbahn zusammenarbeitete, gab ihm das Signal zur Abfahrt. Immelmann schloss das kleine Fenster, schüttelte sich einmal, als könnte er so die feucht-kühle Luft ignorieren, die von außen hereingedrungen war, und schob den Fahrschalter nach vorn.

Zunächst schien es, als wenn die viertausend PS starke MaK DE 2700 nicht fahren wollte, dann setzte sich die sechsachsige Lokomotive mit dem bulligen Aussehen aber doch in Bewegung. Mit der blauen Frontpartie und dem gelben Schild unter den beiden Frontscheiben sah sie von vorn wie ein Relikt aus Schweden aus, obwohl sie ursprünglich für die Nordlandbahn ab Tromsø in Norwegen konstruiert worden war.

Immelmann fuhr fast andächtig mit der flachen Hand über das Armaturenbrett. Wir kommen beide aus Schleswig-Holstein, dachte er: Du aus Kiel, ich aus Eckernförde.

Hinter den Schranken, die den Verkehr auf der Bundesstraße

Richtung Husum absperrten, stand um diese Zeit selten ein wartendes Fahrzeug.

Die Lokomotive beschleunigte und gewann rasch an Fahrt, als würden ihr die sechs Waggons nichts ausmachen.

Zur linken Seite lag das dunkle Areal der Eidermühle, dann hatten sie Friedrichstadt hinter sich und fuhren in die dunkle Nebelwand des Freesenkoogs. Nach dem nächsten Halt in Lunden, fünf Minuten später, würde Immelmann zu seiner Thermoskanne greifen, die in Reichweite stand, und sich einen weiteren heißen Kaffee einschenken. Bis zum dann folgenden Bahnhof Heide dauerte die Fahrt etwas länger.

Er starrte angestrengt aus dem Fenster. Die Dämmerung würde erst in einer halben Stunde beginnen. Bis dahin war es ein Blindflug durch die Nacht. Hier, in der Niederung der Eider, wurde der Dunstschleier noch dichter.

Deutlich nahm Immelmann das Geräusch wahr, als die Lokomotive die Weiche passierte und die Strecke eingleisig wurde. Hinter der Brücke teilte sie sich wieder in zwei Gleise.

Sie näherten sich der Brücke, und Immelmann warf gewohnheitsmäßig einen Blick auf den Tachometer. Er kannte die Strecke, die er täglich befuhr, wie im Schlaf. Es ratterte, als sie auf dem Stahlbauwerk den breiten Fluss überquerten.

Plötzlich schrak er zusammen. Im diffusen Licht der Scheinwerfer, die nur eine kurze Strecke vor der Lokomotive ausleuchteten, tauchte ein Hindernis auf. Es ging rasend schnell. Obwohl der Lokführer sofort reagierte und die Schnellbremsung einleitete, überfuhr er das Bündel, das auf den Schienen lag. Das tiefe Brummen der Dieselmotoren in seinem Rücken unterdrückte jedes Kollisionsgeräusch. Es gab keinen Schlag, keinen Aufprall. Nichts. Die blockierenden Räder kreischten auf dem Stahl der Gleise. Ein heftiger Ruck ging durch den Zug. Trotzdem dauerte es ewig, bis die Bahn weit hinter der Brücke zum Stehen kam.

Immelmann war sich zunächst nicht sicher, ob er einem Irrtum unterlegen war. Nein. Er hatte wirklich ein Hindernis wahrgenommen. Er öffnete die Tür seines Führerstandes und kletterte auf den Schotter neben den Schienen hinab. Dann ging er die wenigen Schritte vor den Zug. Die feuchte Nebelluft ließ ihn frösteln. In der Dunkelheit war nichts zu erkennen. Die Lok war unbeschädigt.

»Was ist los?«, hörte er Dieter Kuhn fragen. Der Zugbegleiter war ausgestiegen und ebenfalls an die Spitze des Zuges gekommen. »Warum halten wir?«

»Ich hatte den Eindruck, da wäre etwas auf den Schienen gewesen«, sagte Immelmann. »Aber ich sehe nichts.«

»Quatsch. Vielleicht ein Karnickel, das nicht weggekommen ist. Oder ein anderes Vieh.«

Kuhn wollte schon wieder umdrehen, leuchtete dann aber doch mit seiner Taschenlampe unter die Frontpartie, dort, wo ein stabiler Metallrahmen Hindernisse vor der Lokomotive wegräumen sollte. Plötzlich fuhr er zusammen. Jetzt sah es Immelmann auch.

Vor den Rädern der schweren Maschine hatte sich ein Mensch verfangen, oder das, was noch von ihm übrig geblieben war.

»Da … da konnte ich nichts machen«, stammelte der Lokführer, taumelte und hielt sich am Puffer fest. Auch Kuhn war kreidebleich geworden.

»Das gibt's doch nicht«, murmelte er. »Was machen wir jetzt?«

»Wir müssen die Betriebszentrale informieren«, kam es tonlos über Immelmanns Lippen. Noch immer stützte er sich ab. Dann sah er mit schreckgeweiteten Augen Kuhn an. »Ich kann doch nichts dafür, Dieter. Wirklich.«

Es schien eine Ewigkeit verstrichen, als die beiden Männer sich so weit gefasst hatten, dass Immelmann in seine Lok zurückkletterte und Kontakt mit der Fahrdienstleitung aufnahm. Inzwischen waren auch Fahrgäste in den offenen Wagentüren erschienen.

»Was is los? Warum geht's nicht weiter?«, murrten einige mit verschlafener Stimme.

Kuhn war zu den Waggons zurückgekehrt, atmete noch einmal tief durch und gab mit leicht zittriger Stimme über den Lautsprecher durch: »Liebe Fahrgäste. Aus technischen Gründen wird sich unsere Weiterfahrt verzögern.«

Das Geräusch kam aus dem Nichts. Es war nicht eindeutig. Und es klang hässlich. Irgendwie unnatürlich. Aber es war hartnäckig und ließ sich weder durch den Versuch, den Geist auf andere Dinge zu konzentrieren, noch durch eine Veränderung der Lage unterdrücken.

Christoph hatte den Eindruck, dass es eine Ewigkeit dauerte, bis er begriff, dass sein Telefon dieses Geräusch verursachte. Schlaftrunken griff er zum Hörer.

»Tut mir leid, Herr Johannes, dass ich Sie mitten in der Nacht wecken muss.«

Obwohl er mitten aus einer Tiefschlafphase hochgerissen wurde, erkannte Christoph die Stimme des Kollegen, der in der Leitstelle der Polizeidirektion Dienst tat.

»Wir haben einen Notfall. Auf der Eiderbrücke in Friedrichstadt wurde jemand vom Zug überrollt. Ich habe bereits Harm Mommsen angerufen. Leider konnte ich Herrn Große Jäger nicht erreichen. Da meldet sich niemand. Weder über Festnetz noch auf Handy.«

In Husum gab es keinen ständig besetzten Kriminaldauerdienst wie in den Großstädten. Das war bei der dünnen Personaldecke nicht durchführbar. Dafür hatten die Mitarbeiter der Kripo einen Bereitschaftsdienst organisiert. Und in besonderen Fällen wie diesem war es selbstverständlich, dass Christoph benachrichtigt wurde.

»Wo ist das geschehen?«

»Mitten auf der Brücke über die Eider. Zwischen Friedrichstadt und Lunden.«

Christoph sprang aus dem Bett und eilte ins Bad. Auf dem Weg dorthin wählte er Mommsen an. Der junge Kommissar meldete sich nach dem ersten Klingeln.

»Ich habe deinen Anruf erwartet und bin schon fast unterwegs.«

Christoph vereinbarte, dass er Mommsen in ein paar Minuten abholen würde. Dann sprang er unter die Dusche, aus der aber nur eiskaltes Wasser floss. Obwohl das Haus ebenso betagt war wie Christophs Vermieterin, hatte die alte Dame vor einiger Zeit eine Nachtabsenkung der Heizung installieren lassen. Es würde zu lange dauern, bis sich das warme Wasser aus dem Kessel im Keller bis zu Christoph unters Dach hochgekämpft hatte. Mit Zähneklappern trocknete er sich ab, verzichtete auf jede weitere Maßnahme, die zum morgendlichen Standardprogramm der Hygiene gehörte, zog sich rasch an und verließ auf leisen Sohlen das Haus, bevor seine Vermieterin in der Tür erscheinen und sich nach dem Grund seines nächtlichen Aktionismus erkundigen konnte.

Vor der Tür empfing ihn eine feuchtkalte Nebelluft. Um die Straßenlaternen hatte sich ein Hof gebildet, der Ähnlichkeit mit dem Schleier hatte, der gelegentlich den Mond geheimnisvoll umhüllte. Er stieg in den Volvo, montierte das mobile Blaulicht und fuhr das kurze Stück bis zur stillen Parkstraße, in der Mommsen und Karlchen das Obergeschoss eines verwunschen wirkenden Hauses bewohnten. Christoph verzichtete auf das Martinshorn. Lediglich das Blaulicht zuckte über den feuchten Asphalt und reflektierte von den Fassaden der dunklen Häuser. Er befuhr die »Neustadt« entgegen der vorgeschriebenen Einbahnstraßenregelung und hielt kurz darauf vor dem Haus. Der Schlosspark auf der gegenüberliegenden Straßenseite lag dunkel und friedlich im Nebel.

Mommsen sprang auf den Beifahrersitz, sagte knapp: »Moin«, und hantierte am GPS-System, während Christoph das Stadtzentrum westlich umfuhr. In der ganzen Stadt begegnete ihnen kein einziges Fahrzeug. Dafür gerieten sie aber gleich hinter der Stadtgrenze in dichten Nebel, sodass der nächste Begrenzungspfahl kaum zu erkennen war. Die Bundesstraße war fast leer. Nur zwei Autos kamen ihnen entgegen, deren Scheinwerfer urplötzlich aus der Nebelwand auftauchten.

Mommsen hatte Kontakt zur Leitstelle aufgenommen. Dort konnte man ihm allerdings keine weiteren Auskünfte geben. Sie waren bereits ein ganzes Stück hinter Husum, als Mommsen hörte, dass der erste Streifenwagen am Unfallort eingetroffen war. Kurz darauf erfuhren sie, dass zuvor die freiwillige Feuerwehr aus Friedrichstadt und der Rettungswagen aus Tönning vor Ort waren.

»Gibt es kein klares Lagebild?«, fragte Christoph.

»Leider nicht. Es ist dumm, dass wir in deinem Wagen den Funk nicht abhören können. Es sind dürftige Informationen, die mir die Leitstelle weitergeben konnte. Wir wissen bisher nur, dass auf der Brücke jemand überfahren wurde. Achtung!« Mommsen hatte den Weg durch den dichten Nebel auf der GPS-Anzeige verfolgt. »Jetzt kommt die Abzweigung.«

Erst im letzten Moment tauchte die Bundesstraße auf, der sie nun weiter folgen mussten.

»Wer geht bei diesem Wetter auf den Gleisen spazieren?«, fragte Christoph.

»Keine Ahnung. Es ist eine ungewöhnliche Zeit. Fünf Uhr. Ein Selbstmörder sucht sich wahrscheinlich einen anderen Zeitpunkt aus.«

»Wer weiß. Wenn es ein spontaner Entschluss war, dann musste der Tote aber immerhin so lange warten, bis der erste Zug wieder fuhr. Außerdem liegt die Brücke ein ganzes Stück von der nächsten Siedlung entfernt.«

Aus der Nebelwand tauchten vor ihnen zwei rote Schlussleuchten auf. Es war ein Lkw, der sich vorsichtig seinen Weg durch die dunkle Nacht bahnte. Christoph wagte es nicht, das Fahrzeug zu überholen. Er kannte die Strecke und wusste, dass die Straße wie mit dem Lineal gezogen geradeaus führte. Aber die Gefährdung eines plötzlich entgegenkommenden Autos hätte er nicht vertreten können.

Es kam ihnen unendlich lange vor, bis sie die Schienen am Bahnhof der kleinen Stadt überquerten.

»Wir müssen weiterfahren«, erklärte Mommsen. »Über den Fluss und dann die alte Bundesstraße Richtung Heide. An der Kirche von St. Annen geht es dann rechts ab.«

»Das ist doch gar nicht mehr unser Bereich. Dafür sind die Dithmarscher Kollegen zuständig.«

»Die Grenze verläuft in der Mitte des Flusses. Aber von unserer Seite kommt man nicht direkt an die Stelle heran. Es gibt nur einen schmalen Weg von Friedrichstadt aus. Und der endet am Remonstrantenhof.«

»Was ist das?«, fragte Christoph.

»Das kann ich nicht beantworten. Ich sehe nur, dass hier ein Hinweis auf der Karte eingetragen ist.«

»Merkwürdig«, murmelte Christoph halblaut vor sich hin. »Jetzt haben wir einen Toten beim Zugunglück, und mir fällt spontan ein, dass sich van Oy, der Schulleiter, stolz zu dieser Glaubensgemeinschaft bekannt hat.«

Christoph reichte Mommsen sein Handy, da der Kommissar

mit seinem eigenen den Kontakt zur Husumer Zentrale aufrecht-
erhielt. »Versuch bitte noch einmal, Wilderich zu erreichen. Beide
Nummern sind eingespeichert.«

Mommsen hielt sich Christophs Mobiltelefon ans andere Ohr
und lauschte eine Weile stumm, bis er schließlich sagte: »Nichts.
Weder auf dem einen noch auf dem anderen Anschluss.« Er lächelte matt. »Vielleicht war er gestern wieder auf Erkundungstour in
der Husumer Szene. Nun ein wenig langsamer. Da ist die Kirche.«

Im dichten Nebel war die St.-Anna-Kirche mit dem kleinen
Kirchturm, der mitten aus dem Dachfirst des Gotteshauses empor-
wuchs, kaum zu erkennen.

Christoph musste auf der gewundenen Straße, die mehr einem
landwirtschaftlichen Weg glich und Richtung Eiderdeich führte,
alle Konzentration aufbieten, um sich voranzutasten. Die wenigen
Häuser, die nur im Umriss zu erahnen waren, verstärkten den düsteren Eindruck der Gegend. Beschnittene Kopfweiden säumten
den kurvenreichen Weg. »Und wenn er nicht in Husum unterwegs
war? Wir beide kennen Große Jäger lange genug, um uns vorstellen zu können, dass er seinem Namen alle Ehre macht und es nicht
auszuschließen ist, dass er auf eigene Faust nach Fouad al-Shara
gesucht hat, weil er sich nicht ausreden lässt, dass ihn am Angriff
auf Hilke eine Mitschuld trifft.«

Schließlich hatten sie die Stelle erreicht, an der eine Reihe von
Einsatzfahrzeugen mit zuckenden Blaulichtern am Eisenbahn-
damm standen. Der Weg, auf dem sie gekommen waren, führte
durch einen schmalen Tunnel unter dem Bahndamm hindurch. Direkt an dieser Stelle lag ein Bauernhof. Sie stiegen aus und erklom-
men über eine baufällige Treppe, die zu einer Blockstelle führte,
den Damm. Dort gingen sie neben dem Zug entlang, der erst ein
ganzes Stück hinter der Brücke zum Stehen gekommen war. Rund
um die Lokomotive war eine ganze Reihe von Einsatzkräften beschäftigt. Die Feuerwehr hatte grelle Strahler installiert, die die ge-
spenstische Szene diffus ausleuchteten.

Ein Mann in Feuerwehruniform trat ihnen entgegen. »Halt. Da
können Sie nicht hin.«

»Wir sind von der Kripo«, entgegnete Christoph.

»Wenn Sie sich das antun wollen – von mir aus«, sagte der Einsatzleiter und trat zur Seite. Sie hatten die Spitze des Zuges erreicht und sahen, wie sich drei Männer in Arbeitsanzügen unter dem Vorderteil der Lokomotive zu schaffen machten.

»Halt«, sagte Christoph. »Hören Sie sofort damit auf. Oder gibt es noch Verletzte zu versorgen?«

Einer der Uniformierten kam in die Höhe. Er sah übernächtigt aus und hatte ein kreideweißes Gesicht. »Scherzkeks«, fluchte er. »Bist du so blöde? Oder was soll das?«

Christoph ging nicht auf den Anwurf des Mannes ein. »Kripo. Bevor dort irgendetwas unternommen wird, brauchen wir die Spurensicherung.«

»Hört auf, Jungs«, sagte der Feuerwehrmann zu seinen Kollegen. »Da ist so ein Oberschlauer. Soll der doch den Rest zusammenkratzen.«

Christoph und Mommsen beugten sich unter das Fahrwerk. Ihnen bot sich ein grauenhafter Anblick. Wären dort nicht Kleidungsfetzen zu erkennen gewesen, hätte auch die Fantasie nicht ausgereicht, aus dem, was noch zu sehen war, auf einen Menschen zu schließen.

Christoph war froh, dass er einen leeren Magen hatte. Seit seiner Versetzung nach Husum war er bereits ein paarmal mit Opfern von Verbrechen konfrontiert worden, die gewaltsam zu Tode gekommen waren. Vor seinem geistigen Auge tauchte das kleine Mädchen auf, die eine Weile in einer Feldscheune in der Nähe von Witzwort gelegen hatte. Oder der unglückliche Mann, dem man am Mauerwerk des Eingangs zum Husumer Palmengarten den Schädel eingeschlagen hatte. Daran wird man sich wohl nie gewöhnen können, dachte er. Und das ist auch gut so.

Er ging auf den Feuerwehrmann zu, der ihn eben so unwirsch behandelt hatte.

»Bei einem solchen Einsatz ist man zunächst fürchterlich erschrocken. Aber wir müssen klären, wer dafür verantwortlich ist.«

Der Mann, er mochte um die vierzig sein, sah zuerst grimmig aus, dann nickte er. »Nichts für ungut. Aber das geht uns an die Nieren. So was siehst du nicht täglich. War nicht so gemeint – vorhin.«

»Haben Sie etwas gefunden, das auf die Identität des Opfers schließen lässt? Papiere? Persönliche Gegenstände? Kleidung?«

Der Mann wischte sich mit dem Ärmel die Nase. »Nee. Nix.«
Er nickte in Richtung Lokomotive. »Das ist alles ein Brei.« Als ihm
bewusst wurde, was er gerade gesagt hatte, begann er zu würgen.
Nachdem er sich gefangen hatte, sagte er: »Mensch. Wir sind keine
Profis so wie ihr. Die Kameraden machen das freiwillig. Da kriegst
du einen Schock, wenn du das hier erlebst.«

Inzwischen war der Einsatzleiter aufgetaucht. Er legte den Arm
um die Schulter seines Kameraden. »Komm, Jürgen. Komm erst
mal weg da. Dahinten ist Pastor Henselmann. Den hat irgendwer
rausgeklingelt. Schnack 'ne Runde mit ihm. Das wird dir guttun.«

»Ist hier niemand vom Rettungsdienst?«, fragte Christoph.

»Doch. Aber der Doktor kümmert sich um die beiden Eisen-
bahner. Die stehen unter Schock.«

»Ich habe die Spurensicherung informiert. Die sind aus Flensburg unterwegs. In diesem Fall kommt auch die Rechtsmedizin aus
Kiel. Das dürfte bei diesem Nebel ein wenig länger dauern, da der
Hubschrauber nicht einsatzbereit ist. Auf Doc Hinrichsen können
wir in diesem Fall wohl verzichten.«

»Danke, Harm. Kannst du noch einmal versuchen, Wilderich zu
erreichen?«

»Habe ich schon. Fehlanzeige. Der ist wie vom Erdboden verschwunden.«

Die beiden Beamten sahen sich stumm an. Christoph schüttelte
den Kopf.

»Das glaube ich nicht«, murmelte er kaum hörbar. »Gehen wir
ein Stück auf den Schienen zurück. Vielleicht finden wir etwas.« Er
steuerte auf den Einsatzleiter der Feuerwehr zu. »Können Sie uns
eine starke Taschenlampe borgen?«

»Ich komme mit«, antwortete der bullig wirkende Mann und
ging voraus.

»He, Meister. Wann geht es weiter?«, rief ihnen ein Fahrgast zu,
als sie an einer offenen Wagentür vorbeikamen. »Mein Chef macht
Terz, wenn ich zu spät komme. Bei uns stehen Lkws auf dem Hof.
Die müssen raus.«

»Es wird noch eine Weile dauern«, erwiderte Christoph.

»So 'n Mist«, fluchte der Fahrgast und zog sich fröstelnd in das
Abteil zurück.

Der Feuerwehrmann ging in gebückter Haltung voran und leuchtete sorgfältig den Raum unter dem Zug ab. In der Mitte des zweiten Wagens blieb er stehen. »Dort liegt etwas«, sagte er.

Auch Christoph sah es. Erneut musste er ein Würgen unterdrücken. Es sah aus wie das Stück eines Beines. Zwei Wagen weiter machten sie den nächsten grausigen Fund.

Sie hatten die Mitte der Brücke erreicht. Der Nebel war hier so dicht, dass Christoph nur schemenhaft den Rücken der Einsatzjacke des Feuerwehrmannes erkennen konnte. Die reflektierenden Streifen leuchteten gespensterhaft im dichten Dunst.

»Wie weit wollen wir noch?«, fragte der Einsatzleiter, als er kurz stehen geblieben war. »Man sieht hier die Hand vor Augen nicht. Da hatte der Lokführer keine Chance, das Hindernis zu entdecken. Mir tut der Mann leid. Der hat einen Schock fürs Leben bekommen.«

»Ein Stück noch. Ich möchte über die Brücke hinweg«, bat Christoph.

»Von mir aus«, knurrte der Feuerwehrmann und folgte dem Strahl seiner Taschenlampe.

Am Ende der Brücke, dort, wo die Stahlträger aufhörten und sich die eingleisige Strecke auf einem Damm durch die Marsch den Weg Richtung Norden bahnte, stoppte er so plötzlich, dass Christoph ihn anstieß.

»Das glaube ich nicht«, murmelte der Uniformierte mit erstickter Stimme. »Das kann nicht wahr sein.« Er lenkte den Strahl seiner Lampe zunächst auf die eine Seite des Gleises, dann auf die andere.

Jetzt sahen auch Christoph und Mommsen die Hände, die auf beiden Seiten des Gleises mit Draht befestigt waren.

Schweigend waren die drei Männer zum Standort des Zuges zurückgekehrt. Inzwischen waren weitere uniformierte Polizisten eingetroffen. Polizeirat Christiansen, der Leiter des Führungsstabes der Husumer Direktion, kam ihnen entgegen. »Moin. Das ist ein außergewöhnlicher Unfall. Wer geht bei dieser Witterung auf der Brücke spazieren?«

»Moin, Herr Christiansen«, antwortete Christoph. »Das war

kein Unfall, sondern Mord. Der Täter ist so brutal vorgegangen, wie wir es selten erlebt haben.« Er berichtete von dem, was sie entdeckt hatten.

»Das kommt nicht oft vor. Hier bei uns – in Nordfriesland«, schob Christiansen nach. Dann sah er sich um. »Wo steckt Große Jäger? Den habe ich noch nicht entdeckt.«

»Der hatte keine Bereitschaft«, antwortete Christoph ausweichend.

»Ich auch nicht«, erwiderte der Polizeirat. »Das ist aber kein Grund, in einem solchen Fall nicht zu erscheinen.« Er wurde durch das Quäken seines Funkgerätes unterbrochen.

»Herrje noch mal«, schimpfte Christiansen in das Gerät, nachdem er einen Moment gelauscht hatte. »Ich will, dass hier Busse vorbeigeschickt werden, um die Fahrgäste zu evakuieren.« Dann hörte er wieder in den Lautsprecher. »Das ist mir egal. Wie lange die Strecke hier noch gesperrt ist, kann ich nicht sagen. Vermutlich wird es Stunden dauern.« Erneut hörte er seinem unsichtbaren Gesprächspartner zu.

»Nein«, sagte er schließlich mit Entschiedenheit in der Stimme. »Im Augenblick leite ich den Einsatz hier vor Ort. Die Spurensicherung aus Flensburg ist unterwegs. Ebenso der Staatsanwalt. Bei diesem Nebel wird es eine Weile dauern, bis Dr. Breckwoldt hier ist.«

Wiederum kam ein unverständliches Rauschen und Knarzen aus dem Gerät.

»Ich kann nichts für die schlechte Qualität. Es ist nicht meine Schuld, wenn wir immer noch analog funken müssen. Und was heißt hier Frage der Zuständigkeit? Das Opfer ist nördlich der Eider überfahren worden. Das ist Nordfriesland. Dann hat der Zug es nach Dithmarschen mitgeschleift. Es ist doch müßig, darüber zu streiten, ob Heide oder Husum zuständig ist. Oder ob die Mordkommission aus Flensburg oder Itzehoe kommt.«

Erneut sprach der andere.

»Von mir aus«, schimpfte der Polizeirat. »Vergessen Sie nicht, dass für Bahnanlagen die Bundespolizei zuständig ist.« Er wurde kurz unterbrochen. »Na prima. Dann kommen die auch noch. Und was soll ich jetzt machen? Die Feuerwehr aus Friedrichstadt wieder nach Hause schicken, nur weil die vom anderen Eiderufer kommen soll? Und der Notarzt ist auch verkehrt. Er darf keine Erste Hilfe leisten, weil er aus Tönning angereist ist. Ende!« Christiansen schüttelte wütend den Kopf. »So ein Blödsinn. Wir haben hier ein Riesenproblem, und *die* streiten sich um die Kompetenz. Das ist schlimmer als zu Zeiten der Kleinstaaterei. Sollen sich jetzt die Nordfriesen und die Dithmarscher um die Leichenteile prügeln?«

Er drehte sich wortlos um und ging auf eine Gruppe von Einsatzkräften zu, um dort weitere Anweisungen zu erteilen.

»Der ist ja mächtig in Fahrt«, sagte der Einsatzleiter der Feuerwehr.

»Das ist die harte Schule unseres Chefs«, antwortete Christoph, und seine Gedanken schweiften kurz zu Grothe ab, der morgen seinen letzten Tag im Amt hatte. Der Polizeidirektor war Dithmarscher und ein herausragendes Beispiel dafür, dass die ewige Konkurrenz zwischen den beiden Regionen an der Westküste nur am Stammtisch existierte.

Aus dem Nebel war ein vertrautes Niesen zu hören. Christoph drehte sich um, und es gelang ihm, Hauptkommissar Jürgensen mit einem Lächeln zu empfangen.

»Moin, Klaus. Es gab hier schon hitzige Diskussionen, welche Spurensicherung zuständig ist. Die Kollegen aus dem Süden waren aber der Meinung, bei den besonderen Umständen des Falles könntet nur ihr hier tätig werden. Hier gibt es alles, was du liebst. Blut, Grauen, Schmutz, Nebel, Kälte. Habe ich etwas vergessen?«

Jürgensen hustete seine Stimmbänder frei. »Warst du beim Großen Jäger in der Schulung?«, fragte er. »Früher hast du nicht so gesprochen. Mich wundert, dass es bei euch sogar schon Eisenbahnen gibt. Und die Polizei – die haben ja Uniformen an. Ich war der festen Überzeugung, die Nordfriesen würden noch alle mit Wikingerhelm herumhüpfen.« Er blinzelte in Richtung der Lokomotive. »Wer ist für diesen Schweinkram verantwortlich?«

»Mit Sicherheit ein Zugereister«, antwortete Christoph.

»Dann wollen wir mal.« Jürgensen winkte seine Männer heran. Anschließend ließ er sich mit ernster Miene von Christoph erklären, an welchen Stellen sie etwas gefunden hatten.

Irgendwer hatte heißen Kaffee besorgt. Dankbar nahmen Christoph und Mommsen das Angebot an. Im Augenblick gab es für sie nichts weiter zu tun. Zunächst war der Erkennungsdienst mit der Aufnahme der Spuren beschäftigt. Eine Weile später trafen weitere Einsatzkräfte am Unfallort ein. Christoph begrüßte seinen Kollegen von der Kripo in Heide, der ihm berichtete, dass die Mordkommission aus Itzehoe im Anmarsch sei. Das konnte Oberstaatsanwalt Dr. Breckwoldt aus Flensburg nicht verstehen, während Polizeirat Christiansen bemüht war, die zahlreichen Einsatzkräfte zu koordinieren.

Trotz des Kompetenzgerangels ging es irgendwie voran. Die Fahrgäste wurden evakuiert und mit Bussen zum nächsten Bahnhof gebracht, während sich am Bahndamm die ersten Schaulustigen einstellten. Die Dämmerung war bereits hereingebrochen, als das Team der Itzehoer Bezirkskriminalinspektion eintraf und die Untersuchung des Falles übernehmen wollte. Christoph überließ es dem Oberstaatsanwalt und Christiansen, sich mit den Kollegen über die Zuständigkeit auseinanderzusetzen.

Der Nebel begann sich langsam zu lichten. Wortkarg gingen die Beamten der Spurensicherung ihrer Tätigkeit nach. Jürgensens Leute hatten keinen Hinweis auf die Identität des Opfers finden können. Das Einzige, was mit Bestimmtheit feststand, war, dass es sich um einen Mann handelte.

»Der Täter hat ihn an beiden Schienen mit Draht fixiert. Den Rest hat die Lokomotive erledigt. Der arme Kerl hatte keine Chance.« Jürgensen schüttelte sich. »So etwas Grausames habe ich selten erlebt. Die Rechtsmedizin wird uns sagen, ob das Opfer noch bei Bewusstsein war, als es auf seinen Tod gewartet hat. Es ist unmenschlich, sich so was vorstellen zu müssen.« Der kleine Hauptkommissar holte tief Luft. »Ich werde euch so schnell wie möglich über die Untersuchungsergebnisse informieren. Wie schnell Kiel reagiert, kann ich allerdings nicht sagen.«

Sie fuhren zur Dienststelle nach Husum zurück. Christoph hatte kurz überlegt, ob er zuvor bei sich zu Hause vorbeifahren sollte, um die Morgentoilette nachzuholen. Dann verschob er es aber doch auf später.

Vom Büro aus versuchte er noch einmal, Große Jäger zu erreichen. Doch auch dieses Mal hatte er kein Glück. Zwischendurch suchte er Polizeidirektor Grothe auf und wollte ihm Einzelheiten berichten.

»Sparen Sie sich die Worte, mein Junge«, empfing ihn der Behördenleiter. »Ich bin bereits im Detail informiert.«

Christoph hätte gern gewusst, woher Grothe seine Informationen erhalten hatte. Christiansen war mit anderen Aufgaben beschäftigt und hatte sicher nur in Kurzform berichten können.

»Leider können wir das Gerangel um die Zuständigkeiten nicht immer vermeiden. Nehmen wir es als positives Zeichen, dass sich keiner bemüht, die Arbeit abzuwimmeln, sondern alle beteiligten Stellen daran interessiert sind, an der Klärung mitzuwirken. Sie sollten weiterarbeiten wie bisher.«

Grothe zog an seiner Zigarre, dass die Spitze hell aufglühte, rollte den Rauch im Mund herum, spitzte die Lippen und blies die blauen Schwaden ohne jede sichtbare Regung in Christophs Richtung. Es war dem Polizeidirektor nicht einmal anzumerken, ob er sich im Stillen über Christophs Bemühungen, einen Hustenreiz zu unterdrücken, amüsierte. Dann sah Grothe Christoph eine ganze Weile an.

»Sie haben sich gut eingelebt, mein Junge. Zuerst war ich skeptisch, als mir ein Sesselhocker aus Kiel avisiert wurde. Inzwischen gehören Sie fast zu uns.« Er nickte bedächtig mit seinem massigen roten Schädel. »Aber nur fast. Wir – Sie und ich – werden immer nur geduldet sein bei den Nordfriesen. Wir haben beide ein Stigma. Sie kommen aus Kiel. Ich bin Dithmarscher.«

Grothe musste Christophs verblüfftes Gesicht registriert haben. So wortreich war der Chef nie gewesen.

Der Polizeidirektor zog erneut an seiner Zigarre. Dann ließ er fast träumerisch seinen Blick durch das Zimmer gleiten, dessen Wände sicher millimeterdick mit Nikotinablagerungen überzogen waren.

»Ich werde euch alle jedenfalls vermissen.« Grothe konnte nicht vermeiden, dass sich ein Hauch Wehmut in seine Stimme mischte. Dann machte er mit seiner Hand, die die Zigarre hielt, eine Bewegung, die bedeutete, dass Christoph für den Augenblick entlassen war.

Als Christoph ins Büro zurückkehrte, saß Mommsen am Computer und bearbeitete seine Tastatur. Christoph bereitete währenddessen den Morgentee.

Eine gute halbe Stunde später flog die Bürotür geräuschvoll auf, und Große Jäger polterte herein. Wortlos ließ er sich in seinen Bürostuhl fallen, zog mit der Schuhspitze die Schreibtischschublade heraus und parkte seine Füße darin. Dann zündete er sich eine Zigarette an und gähnte herzhaft. Nach einer Weile drehe er sich zu Christoph um.

»Was ist das für eine miese Stimmung hier? Kann keiner grüßen, wenn man hereinkommt?«

»Üblicherweise ist der in der Pflicht, der den Raum betritt.«

»Überkommene Konventionen.« Große Jäger zeigte mit dem Daumen über die Schulter. »Als ich Kind war, wie der da, war es für uns selbstverständlich, zu grüßen.« Dann kniff er die Augen zusammen und sah Christoph an. »Mensch. Du siehst aber zerknittert aus. Hast du einen Zug durch die Gemeinde gemacht oder hat dir die Arzthelferin heute Nacht Biologieunterricht erteilt?«

»Bleib bitte sachlich.«

Große Jäger stutzte, als Christoph ihn auf ungewohnte Weise zurechtwies.

»Wie ich meinen Feierabend verbringe, ist meine Sache. Wo bist du heute Nacht gewesen?«

Der Oberkommissar ließ ein gekünsteltes Lachen hören. »Nun hör aber auf. Mich machst du an, weil ich einen Scherz von mir gebe, und du fragst mich nach meinem Privatleben aus.«

»Wilderich! Das ist kein Scherz. Harm und ich versuchen seit Stunden, dich zu erreichen. Auch die Zentrale ist nicht durchgekommen.«

Große Jäger lehnte sich zurück. »Bin *ich* die Husumer Kripo? Wir haben einen hoch bezahlten Hauptkommissar und eine fähige Nachwuchskraft. Ich bekomme meinen Sold nicht dafür, ständig im Interesse der Gerechtigkeit abrufbereit zu sein.« Er musterte erst Christoph, dann Mommsen. »Was ist hier eigentlich los?«

Christoph berichtete von den Ereignissen auf der Eisenbahnbrücke.

»Verflixt. Das ist ein dickes Ei.« Der Oberkommissar kratzte sich die Bartstoppeln. Dann zündete er sich die nächste Zigarette an. »Ich war stinksauer. Auf mich und auf den Scheißtypen, der Hilke zusammengeschlagen hat. Da brauchte ich eine Auszeit. Mein Telefon habe ich abgeschaltet, weil mich seit Tagen ein Versicherungsfritze behelligt.«

»Und dein Handy?«

»Schiet. Da war der Akku leer. Das Ding hing am Ladegerät. Ich habe versäumt, es wieder anzuschalten, nachdem es automatisch ausgegangen ist.«

Mommsen räusperte sich. »Unabhängig vom Ergebnis der Rechtsmedizin können wir die Tatzeit eingrenzen. Der erste Zug fährt um vier Uhr fünfundzwanzig ab Husum in südlicher Richtung nach Hamburg. Er ist fünf Minuten später in Friedrichstadt und weitere fünf Minuten danach in Lunden. Nach Auskunft der Nord-Ostsee-Bahn war er auf die Minute pünktlich.«

»Wie machen die das bei dem Nebel?«, warf Große Jäger ein. Doch niemand antwortete ihm.

»Der letzte Zug davor, der die Brücke passierte, ohne dass das Opfer dort angebunden war, kam aus Heide und fuhr nach Husum. Dort traf er pünktlich um null Uhr dreiunddreißig ein. Das heißt, er fuhr um zweiundzwanzig Minuten nach Mitternacht über die Eider. Dazwischen muss der Täter den Toten zur Brücke gebracht haben.«

»Und wenn zwischendurch ein weiterer Zug gefahren ist? Zum Beispiel ein Güterzug?«, warf Große Jäger ein.

Mommsen schüttelte den Kopf. »Danach habe ich gefragt. Die Leute in der Betriebszentrale der Eisenbahn waren sehr kooperativ.«

»Wann kam der Nebel auf?«, fragte Christoph.

»Gegen drei«, fuhr Große Jäger dazwischen.

»Stimmt«, bestätigte Mommsen. »Ich habe mit dem Wetterdienst gesprochen.«

Christoph notierte die Zeitangaben und stutzte. »Woher weißt du das?« Er sah den Oberkommissar an.

»Och – manchmal bekommt man etwas mit«, antwortete der ausweichend.

Christoph zog einen senkrechten Strich auf einem Blatt Papier.

125

»Sind das die Schienen?«, beugte sich Große Jäger über die Zeichnung.

»Nein. Ein Zeitstrahl.« Christoph trug einige Zentimeter unter dem Beginn des Strichs »0:22« ein. »Hier kam der letzte Zug.« Dann ergänzte er die Zeichnung um die Angabe »4:30« am unteren Ende des Striches. »Zu dieser Zeit wurde das Opfer überrollt.« Er fuhr mit dem Kugelschreiber eine gedachte weitere Linie zwischen den beiden Zahlen entlang. »In dieser Zeitspanne brachte der Täter sein Opfer zur Brücke.«

»Warum hast du die erste Zeit nicht ganz nach oben geschrieben?«, fragte Große Jäger neugierig.

»Wir wissen nicht, wie die beiden dorthin gekommen sind. Kannte das Opfer seinen Mörder? Folgte es ihm freiwillig? Oder müssen wir von einer Entführung ausgehen? Dann könnte der Tote schon vor null Uhr zweiundzwanzig gekidnappt worden sein. Wir wissen im Augenblick einfach noch zu wenig.«

»Kann dieser Fall mit der toten Lehrerin in der Gracht zusammenhängen?«, mischte sich Mommsen ein.

»Das glaube ich nicht«, antwortete Große Jäger, bevor Christoph Gelegenheit dazu hatte. »Die Handlungsweise ist doch eine ganz andere. Was sollte für eine Verbindung bestehen?«

»Der Draht«, sagte Christoph. »In beiden Fällen spielt Draht eine Rolle.«

»Das ist aber ziemlich dünnes Eis, über das du gehst. Und nun?«

»Bei den Ermittlungen im Mordfall der Lehrerin sind uns eine Reihe von Personen begegnet. Die werden wir jetzt nacheinander aufsuchen und ein paar Fragen stellen.«

»Und? Was willst du fragen?«

»Das wird sich ergeben«, antwortete Christoph ausweichend. Er musste sich selbst noch ein paar Gedanken dazu machen.

»Hat eigentlich jemand gehört, ob wir den Kerl geschnappt haben, der Hilke überfallen hat?«

Christoph schüttelte den Kopf. »Dazu hatten wir noch keine Gelegenheit.«

»Ihr seid mir die richtigen Kollegen. Ich halte das für eine wichtige Sache.«

Große Jäger hängte sich ans Telefon und versuchte, die Zentral-

station in Friedrichstadt zu erreichen. Es meldete sich niemand.
»Die machen sich ein schönes Leben«, sagte er und fragte dann in
der Zentrale nach. Dort war nichts davon bekannt, dass man Fouad
al-Sharas habhaft geworden war.

Dann meldete sich die Pforte. »Hier ist ein ziemlich aufgebrach-
ter Herr, der Herrn Johannes sprechen möchte, nachdem der Chef
ihn nicht empfangen wollte.«

Kurz darauf stürmte Professor Ehrenberg zu Rantzau in den
Raum. Er steuerte direkt auf Christoph zu. Dabei wehten die Rock-
schöße seines Burberry-Trenchcoats.

»Sie … Sie …«, kam es aufgebracht über seine Lippen. »Gestern
habe ich Sie gewarnt, dass meine Tochter bedroht wird. Und was
unternehmen Sie?« Er holte tief Luft.

»Wollen Sie nicht erst einmal Platz nehmen?«, fragte Christoph.

»Ich will mit Ihnen keine Höflichkeiten austauschen. Wissen Sie,
was mit Rebecca geschehen ist? Ihr ganzes Leben ist ruiniert.«

»Der Sachverhalt, über den wir gestern sprachen, deutete in keiner Weise auf eine Gewalttat hin, wie sie gegenüber Ihrer Tochter
verübt wurde. Es tut uns leid, was geschehen ist. Und ich versiche-
re Ihnen, dass wir alles unternehmen, um den Verantwortlichen zu
finden.«

»Das ist eine Farce. Ich habe gestern Abend mit Herrn von Dirschau gesprochen, dessen Sohn am Heiligabend vor der Kirchen-
tür in Marschenbüll von einem durchgeknallten Sittlichkeitsver-
brecher brutal ermordet wurde. Sie haben diese Bluttat nicht
verhindert. Und jetzt geschieht dieses unfassbare Verbrechen an
meiner Tochter. Sie wissen, dass Herr von Dirschau seit der letzten
Wahl Abgeordneter im Kieler Landtag ist. Er wird seinen ganzen
Einfluss geltend machen, dass solche Leute wie Sie nicht weiter ihr
Unwesen treiben können. Eigentlich habe ich geglaubt, die Polizei
soll den Bürger schützen. Aber wenn alle so arbeiten wie Sie und
Ihre Leute, dann … Es ist eine Schande, wofür unsere Steuergelder
verschwendet werden.«

»Ich verstehe Ihre Aufregung, Herr Professor zu Rantzau.
Unser Mitgefühl gilt Ihnen und Ihrem Kind. Aber mit Beschimpfungen gegen die Polizei kommen wir nicht weiter. Sie sind Jurist
und wissen, dass wir gestern ohne Anzeige nicht tätig werden

konnten. Doch die wollten Sie nicht erstatten. Warum eigentlich nicht?«

»Das geht Sie nichts an.« Zu Rantzau schnappte nach Luft und fasste sich ans Herz. Das Attentat auf Rebecca hatte ihn sichtlich getroffen.

»Wollen Sie ein Glas Wasser?«, fragte Christoph und zwinkerte Große Jäger zu, der hinter dem Mann stand und gerade den Mund öffnete, um *seine* Antwort auf die Vorwürfe zu geben, die Professor zu Rantzau vorgetragen hatte.

»Kommen Sie mir nicht mit Abschweifungen. Ich will! Ja! Will! Sie müssen sofort tätig werden und die Ungeheuerlichkeit aufklären, die meiner Tochter widerfahren ist. Ich kann mir nicht vorstellen, dass Sie wichtigere Dinge auf Ihrem Schreibtisch haben, und bin erschüttert, dass Sie hier gemächlich beim Kaffeeplausch hocken, statt da draußen nach diesem Verbrecher zu fahnden.« Zu Rantzau zeigte mit ausgestrecktem Arm zum Fenster, durch das die Geräusche einer anfahrenden Diesellokomotive vom Bahnhof herüberdrangen.

»Mit kopfloser Panik kommen wir dem Täter sicher nicht auf die Spur.« Christoph unterließ es, den aufgebrachten Mann darüber zu informieren, dass auch noch zwei Morde auf ihre Aufklärung warteten. Es war natürlich, dass der Vater das Verbrechen an seiner Tochter als vordringlich ansah. »Wie geht es Rebecca?«, fragte er.

»Das interessiert Sie doch nicht wirklich.« Zu Rantzau nahm die Hände vors Gesicht und schluchzte tief. Dann sah er Christoph aus glasigen Augen an.

»Wissen Sie, was das für uns bedeutet? Für meine Frau und meine Tochter? Wir haben das Mädchen aus Seoul adoptiert, als es vier Monate alt war. Diese rassistischen Vorurteile sind abscheulich. Nur weil sie anders aussieht. Rebecca ist nicht nur hochbegabt, sondern hier auch heimisch. Sie ist kulturell überdurchschnittlich interessiert und hat sogar einen Vorlesewettbewerb in Plattdeutsch gewonnen. Und jetzt so etwas.« Er schwieg einen Moment, angelte ein blütenweißes Leinentaschentuch aus seiner Hosentasche und schnäuzte sich geräuschvoll die Nase. »Rebecca stand eine große Zukunft als Pianistin bevor. Der Täter muss darum gewusst haben, denn er hat genau das unwiederbringlich zerstört, was ihr Lebensinhalt war.«

Christoph ließ dem Mann ein wenig Zeit, bevor er fragte: »Haben Sie schon früher Drohungen erhalten?«

»In der Schule gab es mehr oder weniger heftige Anfeindungen. Unsere Tochter konnte damit ganz gut umgehen. Sie war es von klein auf gewohnt, ›Schlitzauge‹ genannt zu werden. Aber was sich einige der Mitschüler herausgenommen haben, sprengte den Rahmen.«

»Sagen Ihnen in diesem Zusammenhang die Namen Nico von der Hardt oder Jan Harms etwas?«

Zu Rantzau musterte Christoph durchdringend. Dann sprang er plötzlich auf. »Das sind angesehene Familien. Ich werde mich nicht hinreißen lassen, an dieser Stelle diffamierende Äußerungen von mir zu geben.« Er zeigte mit dem ausgestreckten Finger auf Christoph. »Tun Sie Ihre Arbeit. Aber gründlich. Guten Tag, meine Herren.«

Er warf die Tür mit einem lauten Knall ins Schloss und verließ ohne weitere Worte das Zimmer.

»So ein aufgeblasener Fatzke«, schimpfte Große Jäger. »Den sollte man an die Leine nehmen und als Suchhund durch den Morast laufen lassen. Dann hätte er den Hauch einer Ahnung, wie schwer unsere Arbeit ist.«

»Der Mann war aufgebracht. Das kann ich nachvollziehen. Schließlich hat man seiner Tochter übel mitgespielt.«

»Das ist aber kein Grund, unsachlich zu werden. Allein diese verdrehte Darstellung des Mordes an Ralf von Dirschau ist eine Frechheit. Der Sachverhalt war ganz anders, als es dieser aufgeblasene Typ dargestellt hat. Mensch, ich könnte solchen Leuten stundenlang sonst wo hintreten.«

»Nun beruhige dich, Wilderich. Es ist ein Teil unserer Arbeit, die Emotionen der Menschen richtig zu beurteilen. Es wird nicht leichter dadurch, dass du dein überschwappendes westfälisches Temperament mitkochen lässt.«

Große Jäger zeigte zwei Reihen nikotingelber Zähne. »Hörte ich gerade, dass wir Westfalen zu Temperamentsausbrüchen neigen?« Er tippte sich mit dem Zeigefinger an die Stirn. »Wie bist du mit diesem Wissen um das Gemüt meiner Landsleute Hauptkommissar geworden?«

»Ich habe dich als mustergültiges Exemplar der Gattung ›Homo Westfalica‹ angesehen.«

Große Jäger lehnte sich in seinem Stuhl zurück, dass die Lehne ächzte. Dann zeigte er mit dem Daumen über die Schulter auf Mommsen. »Im Unterschied zu unserem Kind bin ich wirklich ein charakterstarker Dynamiker.« Er grinste Christoph an. »Von dir drögem Kieler ganz zu schweigen.«

»Na ja. Wenn bei dir das Gemüt überkocht, kannst du auf der heißen Flamme Wasser zubereiten.«

»O Mann. Das ist ein gutes Stichwort.« Große Jäger drehte sich zu Mommsen um. »Was ist das eigentlich für eine Schlamperei hier, Harm? Wo bleibt der Kaffee.«

Zwei Zigaretten später sah Große Jäger ein wenig zufriedener aus. »Mich wundert der Auftritt von diesem Großfürsten …«

»Du meinst Professor Freiherr Ehrenberg zu Rantzau«, unterbrach ihn Christoph.

»Sage ich doch die ganze Zeit. Mich wundert sein Auftreten überhaupt nicht. Ihr beide seht alles andere als vertrauenerweckend aus. Deine Bartstoppeln und auch Mommsens erschreckendes Äußeres sind alles andere als Markenzeichen der Landespolizei.«

»Wie gut, dass wir dich haben«, sagte Christoph trocken.

»Nun mal sachte. Einer muss ja als Kontrapunkt auftreten. Sonst kommt euer Erscheinungsbild doch gar nicht zur Geltung. Was machen wir jetzt? Ich werde erst einmal im Krankenhaus anrufen und nach Hilke fragen.«

»Bei der Gelegenheit kannst du dich auch nach Maike Hauffe erkundigen, die von ihrem Vater gestern niedergestreckt wurde.«

»Wo sind wir hier nur gelandet?«, stöhnte der Oberkommissar. »Wer nicht ermordet wird, liegt verletzt im Krankenhaus. Oder läuft unrasiert durch die Gegend«, schob er grinsend hinterher und griff zum Telefonhörer, um ihn sogleich wieder aus der Hand zu legen.

»Ist schon gut«, sagte Mommsen und nannte ihm die Telefonnummer des Husumer Krankenhauses.

»Wieso weiß das Kind all so was?«, wunderte sich Große Jäger und wählte die Nummer.

Nach einer Weile legte er den Hörer auf. »Viele Grüße von Hilke. Sie hat immer noch Schmerzen, wird aber heute nach Hause entlassen. Die Medizinmänner haben zusätzlich eine leichte Gehirnerschütterung diagnostiziert.« Große Jäger schüttelte den Kopf. »Können Frauen so etwas überhaupt bekommen?«

»Chauvi«, sagte Christoph.

»Dieser Bursche wird seiner gerechten Strafe nicht entgehen. Mir juckt es in den Fingern.« Dabei bog er an den Gelenken, dass es vernehmlich knackte.

Christoph hatte einen Verdacht. »Kann es sein, Wilderich, dass du gestern Abend auf eigene Faust unterwegs warst, um al-Shara zu suchen?«

»Bist du verrückt?«, eiferte sich der Oberkommissar.

»Es wäre nicht das erste Mal, dass du dich sehr eigenwilliger Methoden bedienst. Da gab es zum Beispiel den Schubser, der mit herabgelassener Hose im Husumer Schlosspark gefunden wurde.«

»Und?«, fragte Große Jäger mit kokettem Augenaufschlag. »Leider haben wir trotz intensiver Suche nie denjenigen finden können, der den Schubser dort angetüdelt hat.«

»Und wie geht es Maike Hauffe?«

»Tja.« Große Jäger kratzte sich an der Stelle am Hinterkopf, an der die Mönche ihre Tonsur haben. Bei ihm zeichnete sich ab, dass es eine Frage der Zeit war, bis er auch über zumindest dieses eine mönchische Attribut verfügen würde. »Die ist weg.«

»Was heißt das?«

»Die ist gestern noch von ihren Eltern abgeholt worden. Gegen den Rat der Medizinmänner.«

»Ist das Mädchen nun schwanger?«

Der Oberkommissar breitete die Hände aus und kehrte die Handflächen nach oben – eine international verstandene Geste, die besagte: Ich weiß es nicht.

Das Telefon klingelte. Im Display erkannte Christoph, dass Polizeidirektor Grothe am Apparat war.

»Itzehoe hat übernommen«, sagte der Chef und legte ohne weitere Anmerkung auf.

»Wir sind aus dem Geschäft«, erklärte Christoph seinen Kollegen. »Die Mordkommission aus Itzehoe kümmert sich um den Mord auf der Eiderbrücke.«

Große Jäger rieb sich die Hände. »Das ist gut. Dann können die offiziell ermitteln, und wir kochen unser eigenes Süppchen. Oder glaubst du, Harm, wie du unseren Christoph kennst, dass der die Sache auf sich beruhen lässt? Unserem Kieler Mischling haben wir nicht umsonst in den letzten Jahren die Sturheit der Nordfriesen eingepflanzt.« Er stand auf und ging zur Tür. »Auf, ihr Wikinger. Los geht's.« Christoph widersprach ihm nicht. Das Gleiche hatte er auch vorgehabt.

Der Oberkommissar hatte sich selbstverständlich hinter das Lenkrad geklemmt, während Christoph versuchte, Jürgensen über Handy zu erreichen.

»Habt ihr schon irgendwelche Erkenntnisse?«, fragte Christoph, als er den Leiter der Spurensicherung am Apparat hatte.

»Ich bin nur ein kleiner Hauptkommissar und nicht der liebe Gott«, schniefte der Kriminaltechniker. »Wobei die Betonung auf ›klein‹ liegt. Gott kann Wunder vollbringen. Wir nicht! Im Übrigen kannst du dir schon einmal überlegen, was du springen lässt, nachdem du uns hierhergelockt hast. So ein Schweinkram wie dieser Mord wird uns selten präsentiert. Und das vor dem Hintergrund, dass wir gar nicht zuständig sind, wie ich gehört habe. Da ich aber weiß, dass du keine Ruhe gibst, kann ich dir schon etwas verraten. Bei dem Toten handelt es sich um einen jüngeren Mann. Nun frage nicht weiter. Mehr wissen wir auch noch nicht.«

Das war wenigstens etwas, wenn auch nicht viel.

Große Jäger zählte die Namen der Personen männlichen Geschlechts auf, die ihnen in diesem Fall bisher begegnet waren. »Das macht alles keinen Sinn«, schloss er seine Überlegungen. »Da ist keiner bei, der als Opfer infrage kommt. Ina Wiechers hat keine Angehörigen, die am vermeintlichen Mörder hätten Rache nehmen können. Rebeccas Vater war zwar ziemlich aufgebracht, aber deshalb wird er den Verursacher nicht auf eine solche Weise umbringen. Was hätte sein Auftritt vorhin auf der Dienststelle für einen Sinn gehabt?«

»Er selbst wird dazu kaum in der Lage gewesen sein, schon von der körperlichen Verfassung her nicht. Aber als Jurist hat er vielleicht Zugriff auf Helfer, die diesen Job für ihn erledigt haben könnten.«

Große Jäger sah Christoph an. »Das glaubst du selbst nicht. Der Mann ist Wirtschaftsjurist. Der gibt sich mit niederem Volk nicht ab. Und seine White-Collar-Kriminellen, denen er behilflich ist, werden so eine Drecksarbeit nicht verrichten.«

»Du und deine Vorurteile. Ein Anwalt, der große Unternehmen berät, ist doch nicht zwangsläufig auf Abwegen.«

»Was heißt hier Vorurteile?«, griente der Oberkommissar zurück. »Ich bin der einzige Realist im Gebiet zwischen der Feuerwache von Oslo und dem Stadtpark von Mailand.«

»Eine merkwürdige Beschreibung deines Lebensraumes«, fiel Christoph in die Heiterkeit ein. »Aber zurück zu unserem Fall. Nico von der Hardt hat sicher auch nicht viele Freunde. Ich könnte mir gut vorstellen, dass ihm mancher gern am Zeug flicken würde.«

»Wenn es da eine Warteschlange gibt, reihe ich mich ein. Andererseits hat er bei mir Pluspunkte gesammelt. Immerhin ist er gestern eingeschritten. Wer weiß, was al-Shara sonst noch mit Tante Hilke gemacht hätte.«

»Wäre der junge Libanese ein potenzielles Opfer?«

»Warum denn?«, fragte Große Jäger zurück. »Das ist doch nur eine Randfigur, die sich aber hüten muss, wenn sie mir begegnet.«

Den Rest des Weges legten sie schweigend zurück.

Der Schulhof lag verlassen da, während aus den Fenstern ein gleichmäßiger Geräuschpegel vom regen Schulbetrieb kündete. Aus einem der Räume schallte Gesang, begleitet von einem Klavier, herüber.

Sie klingelten an der verschlossenen Eingangstür. Es dauerte eine Weile, bis der Hausmeister öffnete. »Moin«, grüßte er in Christophs Richtung. Dann sah er Große Jäger an. »Na? Geht's wieder? Mann, hab ich 'nen Brummschädel.«

Aus den Augenwinkeln registrierte Christoph, wie sein Kollege die Augen zusammenkniff und kaum wahrnehmbar den Kopf schüttelte. »Wir haben ein paar Fragen an Sie«, sagte er zu Trochowitz gewandt.

»Schon wieder«, knurrte der Hausmeister und wollte zu seinem Werkstattraum vorantrotten.

»Da müssen wir heute nicht hineinsehen. Wo waren Sie gestern Abend?«

Trochowitz blickte ratlos zuerst zu Christoph, dann zu Große Jäger. »Das versteh ich nicht«, sagte er und rieb sich die Schläfen.

»Das ist doch ganz einfach. Wir möchten nur wissen, wo Sie den Abend zugebracht haben.«

»Ja … also. Ich bin … Ich war …«, stammelte der Mann.

»Eine solche Frage passt doch nicht in die Überlegungen, die wir vorhin angestellt haben«, half ihm der Oberkommissar.

»Ich möchte eine einfache und klare Antwort«, beharrte Christoph.

»Ich war zu Hause. Das kann meine Frau bestätigen.«

»Den ganzen Abend?«

»Ja. Das heißt, zwischendurch war ich mal draußen.«

»Wo denn?«

»Na – zuerst habe ich meinen Rundgang gemacht. Dann war ich in meiner Werkstatt.«

»Was haben Sie dort gemacht?«

»Ich habe dort gesessen.«

Vor Christophs geistigem Auge tauchte der karge Raum auf. Das war kein Platz, an dem man sich lange aufhielt.

»Das klingt nicht sehr glaubwürdig, dass Sie dort den Feierabend verbracht haben. Wie lange denn?«

»Ich weiß es nicht mehr so genau. Vielleicht bis kurz nach Mitternacht.« Trochowitz machte jetzt einen stark verunsicherten Eindruck. Plötzlich platzte es aus ihm heraus. »Mensch, Erich. Sag doch mal was«, fuhr er in barschem Ton Große Jäger an. »Schließlich haben wir doch zusammen gebechert.«

»Das ist ja höchst interessant.« Christoph warf seinem Kollegen einen Seitenblick zu. Der Oberkommissar kratzte sich verlegen das unrasierte Kinn.

»Das war ganz privat«, sagte er schließlich gedehnt.

»Ich bin – wie gesagt – noch mal ums Haus rum. Das mach ich meistens in sonner Werbepause. Dabei habe ich ihn getroffen.« Er zeigte auf Große Jäger. »Er schlich hier auf dem Gelände herum.

Wir haben zuerst 'nen büschen gesabbelt. Dann sind wir in meine Bude. Da hab ich immer 'ne Kiste Bier stehn. Und 'ne Budel mit Kurzen. Ja, und da hab'n wir weitergesabbelt, bis die Kiste alle war.«

»Und was ist dann geschehen?«

»Sag mal, was sollen deine Fragen?«, mischte sich jetzt Große Jäger ein.

Er schwieg, nachdem Christoph ihm einen bösen Blick zugeworfen hatte.

»Mehr kann ich nicht sagen. Ich hatte 'nen ganz schön dicken Kopf.« Es klang fast wie eine Entschuldigung von Trochowitz.

Christoph beließ es dabei. Seinen Kollegen würde er sich nicht im Beisein eines Dritten vorknöpfen.

Kurz darauf standen sie im Büro des Schulleiters. Van Oy blickte erschrocken auf. Er sah unausgeschlafen aus. Dunkle Ränder lagen unter seinen umschatteten Augen. Wahrscheinlich mache ich auf mein Gegenüber keinen besseren Eindruck, dachte Christoph.

»Was kann ich für Sie tun?«, fragte van Oy.

»Wir möchten gern wissen, ob Nico von der Hardt in der Schule ist. Und Jan Harms«, ergänzte Christoph.

»Woher soll ich das wissen? Bei mir sind keine Abwesenheitsmeldungen eingegangen. Unsere Sekretärin ist immer noch krank. Und Nico ist volljährig. Der schreibt sich seine fragwürdigen Entschuldigungen selbst. Da sind wir machtlos.«

»Können Sie es trotzdem in Erfahrung bringen?«

»Ungern«, knurrte der Schulleiter und stand auf. »Dazu muss ich den Unterricht stören.«

Er kam nach wenigen Minuten zurück und machte einen verblüfften Eindruck. »Was hat das zu bedeuten?«, fragte er. »Beide Jungs fehlen heute.«

Christoph wollte van Oy jedoch nichts von den jüngsten Ereignissen erzählen. »Wer ist heute noch dem Unterricht ferngeblieben?«

Der Schulleiter wirkte jetzt ungehalten. »Woher soll ich das wissen? Ich kann unmöglich durch alle Klassen laufen.«

»Ist Maike Hauffe zur Schule gekommen?« Christoph glaubte es nicht, fragte aber trotzdem.

»Die ist von ihrer Mutter entschuldigt worden. Ebenso wie der Kollege Hauffe. Offenbar ist in der Familie eine Infektion ausgebrochen.«

»Hat Frau Hauffe das gesagt?«

»Nein, aber wenn Vater und Tochter fehlen, vermute ich so etwas.«

»Wo waren Sie heute Nacht?«

Van Oy sah Christoph ungläubig an. »Ich?«

»Wer sonst?«, mischte sich Große Jäger ein. »Wo wir beide waren, wissen wir selbst.«

Er fing sich dafür einen Seitenblick von Christoph ein, der besagte, dass der nächtliche Ausflug des Oberkommissars noch einmal diskutiert werden müsse.

Der Schulleiter griff sich einen Kugelschreiber und drückte nervös auf den Knopf. Eine Weile war in der Stille des Raumes nur das Klicken des Schreibutensils zu hören.

»Ich war zu Hause. Selbstverständlich.«

»Und das kann Ihre Frau bezeugen?«, fragte Christoph.

»Ja. Sicher.«

»Schön, dann werden wir sie befragen. Wir finden sie in der Klaus-Groth-Schule in Heide.«

»Ja. Natürlich.«

»Ihre Frau hat sicher ein Handy.«

Van Oy fuhr sich fahrig mit der Hand durchs Gesicht. »Warten Sie. Das ist so … Also, meine Frau ist in dieser Woche auf Klassenreise. Ich war allein zu Hause.«

»Eben haben Sie noch etwas anderes behauptet.«

Schweißperlen traten auf der Stirn des Mannes auf. »Es war ein Irrtum. Ich war ein wenig abwesend, und weil meine Frau sonst immer zu Hause ist, habe ich es gesagt. Wundert es Sie, dass ich nervös bin bei den merkwürdigen Dingen, die sich rund um meine Schule ereignen?«

Der Schulleiter sah Christoph mit flehendem Blick an. »Ich war es nicht. Wirklich. Zu solch schändlichem Verbrechen wäre ich nie fähig.«

Sie hatten den Mann in die Enge getrieben. Er war sichtbar mit den Nerven fertig. Aber den Mord an der Lehrerin konnte man

136

ihm nicht beweisen. Noch nicht, würde Große Jäger jetzt sagen, wenn wir uns darüber austauschen könnten, dachte Christoph. Jedenfalls hatten sie van Oy mehrfach dabei erwischt, dass er die Unwahrheit gesagt hatte. Eine schlüssige Erklärung, warum er sie belog, war er schuldig geblieben.

Der Schulleiter wischte sich mit dem Ärmel über die Stirn. »Warum ist in den letzten Tagen alles so furchtbar hier?«, jammerte er. »Haben Sie schon eine Spur im Fall Rebecca zu Rantzau? Wissen Sie, wer das Mädchen so entsetzlich zugerichtet hat?«

»Wir arbeiten daran«, wich Christoph aus und verabschiedete sich. Sie ließen einen völlig aus der Fassung geratenen Mann zurück.

»Warum hat der so reagiert?«, fragte Große Jäger, als sie wieder im Auto saßen. »Dazu gab es doch keine Veranlassung? Der Bursche hat etwas zu verbergen. Wenn wir wüssten, was, wären wir vielleicht ein Stück weiter.«

»Er ist nicht der Einzige, der sich in Schweigen hüllt. Weshalb hast du nicht erzählt, dass du gestern Abend hier warst?«

Große Jäger machte eine abwehrende Handbewegung. »Ach, nur so. Das war privat. Es ist nicht verboten, nach Feierabend ein Bier zu trinken.«

»Das ist doch eine dumme Ausrede. Eine Werkzeugkammer in einer Schule ist nicht der übliche Ort, wo du deinen Durst zu stillen pflegst. Ich fürchte, hierzu solltest du dir noch eine Erklärung einfallen lassen. Du bist doch sicher nicht nüchtern gewesen, als du nach Husum zurückgefahren bist. Das ist ein unverantwortliches Verhalten, das ich in keiner Weise akzeptieren kann.«

Der Oberkommissar schwieg eine Weile. Schließlich startete er den Motor. »Wohin fahren wir jetzt?«, fragte er.

»Zur Wohnung von Fouad al-Shara.«

»Warum das? Die örtliche Polizei hat das unter Kontrolle. Die werfen regelmäßig einen Blick auf das Haus.«

»Gestern warst du so erpicht darauf, den libanesischen Jungen zu fassen, weil er Hilke angegriffen hat. Und jetzt willst du es den Kollegen von der Schutzpolizei überlassen.«

Große Jäger trat auf die Bremse. Dann sah er Christoph an. »Was soll das eigentlich? Du hackst fortwährend auf mir herum. Was habe ich getan?«

»Du legst ein merkwürdiges Verhalten an den Tag. Ich durchschaue das Spiel. Du warst gestern in Friedrichstadt, um Fouad zu suchen. Deshalb bist du auch um die Schule herumgeschlichen, weil wir den Jungen dort schon einmal gesehen haben. Dass der Abend in einem Besäufnis mit Trochowitz mündete, war nicht vorhersehbar.«

»Pah«, war der einzige Kommentar Große Jägers dazu. Dann fuhr er zum Stadtrand und ließ den Ford langsam am Haus der Asylbewerber vorbeirollen.

»Halt mal an«, sagte Christoph und stieg aus.

Der Hausflur war dunkel und roch muffig. Von irgendwoher war Musik zu hören, die für europäische Ohren gewöhnungsbedürftig war. Christoph klopfte an der Wohnung, dessen Bewohner ihn beim ersten Mal zu Fouads Mutter geschickt hatten. Dort erhielt er die Auskunft, dass die Frau im Obergeschoss wohne.

Er stieg die ausgetretenen Stufen hoch und pochte gegen die Holztür. Nach einer Weile wurde sie einen Spalt geöffnet, und Frau al-Sharas rundes Gesicht war undeutlich in der schummrigen Beleuchtung zu erkennen. Sie trug wie viele muslimische Frauen ein Kopftuch.

»Guten Tag, Frau al-Shara. Erkennen Sie mich wieder? Wir haben gestern miteinander gesprochen.«

Sie nickte unmerklich.

»Wir suchen immer noch Ihren Sohn. Ist er zu Hause?«

»Nicht da. Fouad weg«, sagte sie.

»War er in der Zwischenzeit hier?«

»Nicht da.«

»Wissen Sie, wo er sein könnte?«

»Nicht wissen.« Plötzlich begann sie still zu weinen. »Guter Sohn. Ist weg. Ich Angst«, radebrechte sie. Dann schlug sie die Haustür zu.

Christoph klopfte noch einmal an die Tür im Erdgeschoss. Der arabisch aussehende Mann, der ihm vorhin behilflich gewesen war, öffnete erneut.

»Ich bin von der Polizei. Wissen Sie, wo wir Fouad antreffen können?«

Der Mann mit den dunklen Augen und dem schmalen Oberlippenbart sah Christoph durchdringend an. »Warum soll ich der Polizei helfen?«, fragte er.

»Weil es für uns wichtig ist. Und für den Jungen.«

»Immer werden wir Ausländer zuerst verdächtigt.« Der Mann sprach gut Deutsch, auch wenn ein ausgeprägter Akzent seine Worte begleitete. »Warum interessiert sich die deutsche Polizei nicht dafür, dass man uns immer angreift? Ich glaube, Fouad hat Angst, auch wenn er immer ein großes Maul hat. Suchen Sie die, die heute Nacht wieder vor unserem Haus waren.«

»Was waren das für Leute?«

»Keine Ahnung. Ich gehe doch nicht hin und frage. Letzte Nacht war es ein kleines blaues Auto, das lange dort drüben gestanden hat. Ohne Licht.« Er zeigte auf die andere Straßenseite.

»Was für ein Auto?«

»Keine Ahnung. So ein Zweisitzer.«

»Wann war das?«

»Nach Mitternacht.«

Christoph kehrte zum Dienstwagen zurück.

»Das wird immer merkwürdiger mit dir«, sagte er zu Große Jäger. »Du lügst genauso wie van Oy. Mir versuchst du ein Desinteresse an al-Shara vorzugaukeln, während du vor dessen Wohnung Nachtwache schiebst. Deshalb warst du auch telefonisch nicht erreichbar.«

»Das ist doch *meine* Sache.«

Christoph schüttelte den Kopf. »Ich bin mehr als enttäuscht von dir.«

»Das ist *deine* Sache. Was machen wir jetzt?«

»Jetzt fahren wir zur Familie Hauffe. Nein! Warte. Ich habe noch eine andere Idee.«

Sie fuhren zum Marktplatz und stellten dort ihren Wagen ab. Dann gingen sie zu Fuß durch die Prinzenstraße, die zur Fußgängerzone umgestaltet worden war. Van Oy wohnte in einem hübschen Treppengiebelhaus an der Ecke Westerhafenstraße. Christoph klingelte bei einem Nachbarn.

Eine resolut aussehende Frau mit blondierten Haaren empfing sie.

»Wir möchten zur Familie van Oy«, sagte Christoph, nachdem die etwa Sechzigjährige ihn und Große Jäger kritisch beäugt hatte.

»Der ist nicht da. Er kommt gegen Mittag. Der ist Lehrer«, erklärte sie.

»Und seine Frau?«

»Die ist auch Lehrerin. In Heide. Die habe ich aber die ganze Woche noch nicht gesehen. Ich glaube, die ist auf Klassenreise. So was hat sie mal gesagt.« Sie zwinkerte Christoph vertraulich zu und rückte ein Stück näher. Dabei roch er ein süßes Parfüm, das dem üppigen Dekolleté entwich. »Darum habe ich mich auch nicht gewundert, dass *er*«, dabei zeigte sie mit dem Daumen nach oben, »heute Nacht auf'n Zwutsch war.« Erneut zwinkerte sie Christoph zu. »Der ist eine Stunde vor Mitternacht noch mal weg und erst um drei wieder nach Hause gekommen. Ich war nämlich mal für kleine Mädchen.«

»Macht er das öfter?«, fragte Christoph und zwinkerte vertraulich zurück.

»Es ist ja nicht meine Art, über andere zu schludern. Aber in der Ehe stimmt das wohl nicht mehr. Nicht, dass das lauten Streit gibt. Dafür sind Lehrer wohl zu vornehm. Aber man kriegt so ein Gefühl dafür. Würde mich ja nicht wundern, wenn er eine andere hat. Ist aber wohl unmoralisch, ich meine, für einen Lehrer. Der soll doch ein Vorbild sein. Und dann ist er nachts auf Achse. Wie ein streunender Kater. Ich möchte mal wissen, ob der in der Schule einschläft. Das wäre ja peinlich.« Sie hielt sich wie ein Teenager die Hand vor den Mund und gluckste leise.

»Haben Sie Anhaltspunkte, dass Herr van Oy fremdgeht?«

Plötzlich stutzte die Nachbarin. »Wer sind Sie eigentlich, dass Sie mich ausfragen? Was geht Sie das überhaupt an?« Ohne weitere Worte schlug sie die Wohnungstür zu. Hinter dem Holz hörten die beiden Beamten sie empört schimpfen.

»Es gibt merkwürdige Mitbürger«, sagte Große Jäger, als er neben Christoph über den friedlich in der Sonne liegenden Marktplatz ging. »Immerhin hat uns dieser Drachen von Nachbarin etwas erzählt, was wir noch nicht wussten. Manchmal muss man auch Glück haben.«

Christoph bemerkte, dass der Oberkommissar einen verstohlenen Blick auf den Marktbrunnen warf, an dem Hilke Hauck niedergeschlagen worden war. Dann wanderten die Augen Große Jägers an den Fassaden der Giebelhäuser entlang. Am letzten blieb sein Blick haften.

»Passend zu der Neuigkeit aus dem Munde der schwatzsüchtigen Frau erinnere ich mich an eine Weisheit, die mir irgendwer einmal nahegebracht hat: Wer ewig auf den Beinen ist, dem kann nichts in den Schoß fallen.«

Christoph hatte das Café auch bemerkt. »Wenn du nicht ›ewig auf den Beinen‹ sein willst, heißt das bei dir, dass du dort drüben eine Pause einlegen möchtest.«

»Kannst du Gedanken lesen?« Große Jäger griente.

»Ja. Du auch?«

Sichtbarer Missmut zeigte sich auf dem Antlitz des Oberkommissars. »Ich fürchte – ja. *Du* willst nicht in die Konditorei.«

»Stimmt.«

Sie überquerten die Gracht über die hölzerne »Kleine Brücke«, unter der das Kanu mit der toten Lehrerin gefunden worden war. Im stillen Wasser spiegelte sich der Rundbogen der steinernen »Großen Brücke«. Christoph fühlte sich für einen Moment nach Holland versetzt. Aber bestimmt gab es in ganz Amsterdam keinen Fleck, der so ruhig und beschaulich war wie dieser.

»Hier ist alles so friedlich, dass man sich kaum vorstellen kann, dass hier ein Mord geschehen ist«, sagte Christoph.

»Das ist auch besser so. Sonst graust sich die eine Hälfte der Menschheit. Und die andere wird durch die Gier nach Sensationen angezogen.«

Sie standen vor dem Haus der Familie Hauffe und mussten einen Moment warten. Ein Stück weiter war ein Kellner im idyllischen Biergarten am Ufer des Burggrabens damit beschäftigt, die Tische und Stühle für den zu erwartenden Besucheransturm herzurichten.

Es schien eine Ewigkeit zu dauern, bis ihnen Renate Hauffe die Tür öffnete.

»Ach, Sie sind das«, sagte sie und strich sich mit der Hand eine Haarsträhne aus der Stirn.

Sie wirkte ungepflegt und war nachlässig gekleidet. Unter den

Augen zeichneten sich dunkle Ringe ab. Deutlich war der Alkoholgeruch wahrnehmbar, der von ihr ausging.

»Wir möchten gern mit Ihnen und Ihrem Mann sprechen.«

»Dem geht es nicht gut. Das alles hat ihn mitgenommen. Und dann gestern ... der Ausraster.« Sie machte eine einladende Handbewegung. »Kommen Sie doch rein.« Dann stiefelte sie voran die Treppe hoch und führte die beiden Beamten in das Wohnzimmer. Der Raum machte einen unaufgeräumten Eindruck. Auf dem Tisch lag die zerfledderte Tageszeitung. Daneben standen eine angebrochene Flasche Grappa und ein einsames Glas. Als die Frau den Blick der Polizisten registrierte, fragte sie: »Möchten Sie auch einen?«

Christoph lehnte für beide ab. Er verkniff sich ein Schmunzeln bei dem Gedanken, dass sein Kollege nicht in allen Situationen konsequent eine solche Einladung ablehnen würde.

Frau Hauffe stand einen Augenblick unsicher im Raum und hielt sich ihren Morgenmantel, den sie übergeworfen hatte, am Kragen zu.

»Ich war heute noch nicht draußen«, sagte sie entschuldigend. Dann zeigte sie auf die Plätze am Esstisch. »Nehmen Sie doch Platz. Ich koche erst mal einen Kaffee.« Sie wartete die Antwort gar nicht erst ab.

»Wir hätten auch gern Ihren Mann gesprochen«, rief ihr Christoph hinterher und wusste nicht, ob sie es noch gehört hatte.

Während sie es in der Wohnung rumoren hörten, sah sich Christoph im Zimmer um. Die Hauffes waren knapp über vierzig. Der nahezu muffig wirkende Einrichtungsstil passte nicht zu dieser Generation. Es wirkte, als hätte das Ehepaar die Möbel der Großeltern übernommen und sich darin eingerichtet. Alles sah ein wenig düster und beklemmend aus. Ähnliches hatte er auch schon im Haus von Wilken Harms in St. Peter gesehen.

»Man muss ja nicht jeder neuen in Lifestyle-Magazinen verkündeten Richtung folgen«, flüsterte Große Jäger, als er Christophs kritischen Rundblick gewahrte.

»Wir zwei haben es heute aber mit dem Gedankenlesen«, sagte Christoph lachend und wunderte sich im Stillen, wie gut der Oberkommissar ihn inzwischen kannte.

Renate Hauffe kam aus der Küche zurück. Sie balancierte mit vier Untertassen und hatte sich über die Finger der anderen Hand die Henkel der Tassen gestreift.

»Der Kaffee ist gleich so weit«, sagte sie und sah die beiden Beamten fragend an. »Milch? Zucker?«

»Schwarz«, antwortete Große Jäger für beide.

Sie verließ erneut den Raum und brachte kurz darauf die Kanne mit dem duftenden Kaffee herein. Das Aroma des schwarzen Gebräus überdeckte den Hauch von Alkohol, der zuvor in der Luft gehangen hatte.

Sie hatten die ersten Schlucke zu sich genommen, als Wulf Hauffe in der Tür erschien. Er trug eine zerschlissene Jeans und ein zerknittertes Hemd. Seine Haare standen vom Kopf ab, und auf der rechten Wange zeichnete sich die Struktur einer Hand ab, als hätte er im Schlaf darauf gelegen.

»Die Herren möchten mit uns reden«, erklärte seine Frau und füllte ungefragt die vierte Tasse.

Hauffe nahm vier Süßstofftabletten und schlürfte laut und vernehmlich an der heißen Tasse. Mit einem »Ah« stellte er das Gefäß auf den Tisch zurück.

»Moin«, sagte Christoph und bekam als Antwort nur ein müdes Kopfnicken.

»Sie und Ihre Tochter sind heute der Schule ferngeblieben.«

»Das ist doch unsere Sache.«

»Meinem Mann ging es nicht gut – nach gestern«, wiederholte sich Renate Hauffe. Sie tätschelte vorsichtig den Unterarm des Lehrers. Doch der zog seinen Arm rasch fort.

»Wo ist Ihre Tochter? Warum haben Sie das Mädchen so schnell wieder aus dem Krankenhaus geholt?«

»Maike ist in ihrem Zimmer. Es geht ihr gut«, versicherte Renate Hauffe.

»Können wir mir ihr sprechen?«

»Nein«, sagte Wulf Hauffe barsch. »Sie braucht jetzt Ruhe.«

»Kein Wunder, wie Sie gestern mit ihr umgegangen sind«, mischte sich Große Jäger ein.

Hauffe knetete seine Finger. »Das wollte ich nicht. Es war einfach zu viel in den letzten Tagen. Erst die Sache mit Ina Wiechers und dann diese niederschmetternde Nachricht.« Er hielt sich die Hände vors Gesicht. Dann sah er Christoph an. »Ich bedaure meinen Ausrutscher. Und dass das Mädchen mit sechzehn schwanger ist – das hat mich aus der Bahn geworfen.« Er klopfte sich theatralisch an die Brust. »Ich fühle mich sauschlecht.«

»Das bekommen wir alles in den Griff«, sagte Renate Hauffe und griff zur Grappaflasche. Ein Blick ihres Mannes ließ sie aber zögern. Fast ein wenig schuldbewusst ließ sie ihre Hand wieder auf die Tischdecke sinken. »Ein Kind zu bekommen ist ja die natürlichste Sache der Welt.« Es klang wie das Pfeifen im Walde und passte nicht zum Gesichtsausdruck der Frau, der alles andere als Zuversicht ausstrahlte.

»Du spinnst doch«, fuhr Hauffe sie an. »Das ganze Leben der Deern ist versaut. Und unseres dazu.«

»Wissen Sie inzwischen, wer der Vater ist?«

»Nein«, kam es überraschend schnell über Hauffes Lippen. »Und das ist auch keine Sache, die die Polizei angeht. Maike ist sechzehn. Ich sagte es bereits. Da liegt keine Verführung Minderjähriger vor.«

»Vielleicht aber Abhängiger? Dann wäre das schon von Interesse für uns.«

Ein strafender Blick des Lehrers traf Große Jäger. »Was soll das heißen?«

»Nun, wenn jemand aus dem Lehrkörper seine Stellung ausgenutzt hätte, um Ihre Tochter zu verführen.«

»So ein Blödsinn.« Hauffe war erregt aufgesprungen, ließ sich aber doch wieder auf seinen Stuhl zurückfallen.

»An Ihrer Schule scheinen sowieso eigenartige Verhältnisse zu herrschen. Eine Kollegin wird ermordet, Ihre Tochter ist schwanger, und einer Schülerin werden die Hände zertrümmert. Halten Sie das für normal?«

»Nein! Natürlich nicht. Aber glauben Sie, ich habe eine Erklärung dafür?«

»Was wissen Sie über das Privatleben von Ina Wiechers?«

»Sind Sie so vergesslich? Ich habe schon einmal erklärt: Ich weiß nichts. Ich hatte mit Ina nur beruflich zu tun.«

Bevor Christoph es verhindern konnte, fragte Große Jäger:

»Kann es sein, dass Ihr Schulleiter ein Verhältnis mit Frau Wiechers hatte?«

Wieder einmal war der Oberkommissar am Ziel vorbeigeschossen, dachte Christoph. Natürlich war das eine Frage, deren Klärung die Polizei interessierte. Verschmähte Liebe konnte durchaus ein Tatmotiv sein. Andererseits hatte van Oÿ in der vergangenen Nacht seine Wohnung verlassen. Ina Wiechers konnte er nicht besucht haben. Wenn der Schulleiter unschuldig war, würde die Andeutung Große Jägers den Mann ins Gerede bringen.

»Wo waren Sie heute Nacht?«

»Wer?«, fragte Hauffe.

»Beide.«

»Ich habe Tabletten genommen und geschlafen. Sonst wäre ich durchgedreht.«

»Und Sie, Frau Hauffe?«

»Ich habe auch eine Schlaftablette genommen«, sagte die Frau zögernd.

»Pah! Was das wohl für eine Pille war«, ereiferte sich ihr Mann und zeigte auf die Grappaflasche. »Du hast getrunken. Das wäre nicht das erste Mal, dass du dich vollaufen lässt.«

Schuldbewusst senkte Renate Hauffe den Kopf. Es war ihr anzumerken, dass der Vorwurf ihres Mannes sie getroffen hatte, auch wenn er nicht unberechtigt schien.

»Haben Sie von dem Unglück auf der Eiderbrücke gehört?«

Jetzt sah auch Hauffe zu Boden. Beide Eheleute schwiegen.

»Ich habe Sie etwas gefragt«, erinnerte Christoph sie nach einer Weile.

»Von welchem Ereignis sprechen Sie?«, fragte Hauffe schließlich. »Ich habe die ganze Nacht über geschlafen und nichts mitbekommen.«

»Ich auch nicht«, schob seine Frau hinterher. »Während mein Mann im Bett lag, habe ich hier im Wohnzimmer gesessen und ferngesehen.«

»Die ganze Nacht?«

»Irgendwann muss ich eingeschlafen sein«, gestand sie. »Aber ich habe keine Ahnung, wann das war.«

Die beiden Beamten standen nach der Verabschiedung noch vor der Haustür, als sie durch die geöffneten Fenster im oberen Stockwerk die wütende Stimme Wulf Hauffes hörten, der seine Frau lautstark anbrüllte.

»Der Mann muss mit den Nerven völlig am Ende sein«, sagte Große Jäger. »So unbeherrscht, wie der sich gibt.«

Dann kehrten sie zu ihrem Dienstwagen zurück.

Mommsen meldete sich. »Ich habe mit den Kollegen aus Itzehoe gesprochen. Es gibt bisher noch keine Erkenntnisse über die Identität des Toten. Von den Bewohnern des Bauernhauses direkt am Deich war auch nichts zu erfahren. Sie haben in der Nacht nichts gehört oder gesehen. Und da auf beiden Seiten der Brücke kein Fahrzeug oder Fahrrad gefunden wurde, muss man fast davon ausgehen, dass der Tote zu Fuß zur Brücke gelaufen ist.«

»Das klingt unwahrscheinlich. Er wird sich kaum selbst an die Gleise gefesselt haben. Mit einer Hand ginge es noch. Aber man kann sich nicht selbst mit der zweiten Hand an die Schiene anbinden. Wie soll das gehen?«

»Es ist noch zu früh, um darauf eine Antwort geben zu können.«

»Was ist mit der Blockstelle, die direkt am Brückenkopf steht?«

»Die ist nicht besetzt.«

»Das ist ein weiter Weg von Friedrichstadt herüber«, schaltete sich Große Jäger ein. »Es gehört viel Fantasie dazu, sich vorzustellen, dass Opfer und Täter einträchtig nebeneinander zur Brücke wandern, der eine sich ohne Widerstand fesseln lässt und dann geduldig auf den ersten Zug wartet.«

»Es klingt also wahrscheinlicher, dass die beiden mit einem Auto gekommen sind«, sagte Christoph. »Wobei nicht sicher ist, ob es nicht mehrere Täter waren. Und mit dem Wagen kommt man nur über die südliche Seite an die Stelle.«

»Dann ist es also Dithmarscher Gebiet.« Mommsens Feststellung klang wie eine Frage.

»Die Entscheidung ist doch gefallen, dass die Itzehoer Kollegen den Fall bearbeiten.«

Große Jäger kratzte sich die Bartstoppeln. »Dann ist ja alles in bester Ordnung. Wir können uns wieder um die Taschendiebe in der Husumer Innenstadt kümmern.« Er lehnte sich im Autositz zurück und stemmte die Füße gegen das Bodenblech, dass es hörbar knackte.

»Ich werde das Gefühl nicht los, dass wir doch noch nicht aus dem Fall draußen sind«, sagte Christoph und schrak unmerklich auf, als er sich gedankenverloren mit Daumen und Zeigefinger über die Mundwinkel strich und dabei ein ähnliches Geräusch verursachte wie kurz zuvor der Oberkommissar.

Große Jäger lachte. »Willkommen im Klub der Unrasierten. Und wohin fahren wir jetzt?«

Christoph startete den Motor. »Nach St. Peter.«

»Warum das?«, murrte der Oberkommissar. »Ich habe Hunger. Und warum sollen wir den Itzehoern die Arbeit abnehmen? Die können doch selbst darauf kommen.«

»Worauf?«

»Wer der Tote ist. Wir sollten nicht in Hektik verfallen. Vielleicht ergeben sich aus den DNA-Spuren oder den Fingerabdrücken Hinweise auf die Identität. Außerdem bleibt noch die Spurensicherung. Vielleicht haben die Papiere gefunden.«

Ein Schauder durchlief Christoph, als er sich noch einmal das Bild des Opfers vor Augen rief. Es gab Aufgaben bei der Polizei und den Rettungsdiensten, die er nicht hätte übernehmen wollen.

Bis zur Spitze der Halbinsel waren es über vierzig Kilometer. Als sie Garding passierten, ohne dass Christoph in die kleine Stadt abbog, fragte Große Jäger erstaunt: »Ich dachte, du wolltest noch einmal zur Wohnung von Ina Wiechers?«

»Ich glaube, dort bekommen wir keine neuen Erkenntnisse. Der Vermieter hat alles erzählt, was er gesehen und gehört hat. Die Räume haben wir auch durchsucht.«

»Wäre es nicht interessant, noch einmal zu fragen, welche Männer dort aufgekreuzt sind? Immerhin könnte eine Beziehungstat vorliegen. Verschmähte Liebe. Oder das Gegenteil. Die Frau hat sich an jemanden geklammert, dem das aus irgendeinem Grund nicht gefiel, weil er zum Beispiel verheiratet oder anderweitig gebunden ist.« Große Jäger schwieg einen Moment. »Mir fällt noch etwas ein. Wissen wir, ob die Frau schwanger war?«

»Das Obduktionsergebnis liegt uns noch nicht vor«, sagte Christoph.

Der Oberkommissar brummte etwas Unverständliches, während er zum Telefon griff. »Da sollte sich das Kind nützlich machen.« Kurz darauf hatte er Mommsen am Apparat. »Christoph ist damit beschäftigt, mich bedächtig durch Eiderstedt zu schaukeln, und kann zu seinem großen Bedauern Dr. Braun in Kiel nicht selbst anrufen.«

Christoph registrierte, wie ihm Große Jäger einen spöttischen Seitenblick zuwarf.

»Schweren Herzens hat er mich deshalb beauftragt, dir auszurichten, dass du dich bei der Rechtsmedizin nach der Untersuchung Ina Wiechers' erkundigen sollst.«

»Der lügt«, rief Christoph dazwischen.

»Ich?«, fragte Große Jäger erstaunt ins Telefon. »Das glaubst du doch nicht, oder?«

Nachdem Mommsen versprochen hatte, sich der Sache anzunehmen, lehnte sich der Oberkommissar entspannt zurück und gähnte herzhaft, ohne die Hand vor dem Mund zu halten. »Jeder andere hätte jetzt Feierabend, weil die acht Stunden rum sind. Nur wir sind noch auf Achse.«

»Wirst du für die Stunden oder für deinen Job bezahlt?«, fragte Christoph.

»So viel kann mir Vater Carstensen gar nicht überweisen, dass ich mich gerecht entlohnt fühlen würde«, erwiderte Große Jäger, gähnte erneut und schloss die Augen.

Christoph war sich nicht sicher, ob sein Mitfahrer nicht eingedöst war. Als sie vor dem Haus von Isabelle von der Hardt hielten, sahen sie das dunkelblaue Dreier-BMW-Cabrio, das von Simon Feichtshofer bei ihrem ersten Besuch hingebungsvoll geputzt worden war. Von Nicos Suzuki war nichts zu sehen.

Ihr Klingeln blieb ungehört. Als sie das Haus umrundeten, fuhr der blonde Fitnesstrainer erschrocken aus einem Liegestuhl in die Höhe. Er hatte sich das Möbelstück in eine windstille Ecke geschoben und entspannt an einem Glas mit einer fruchtig aussehenden Flüssigkeit genuckelt.

»Wer hat Sie hereingelassen?«, begrüßte er die beiden Beamten.

»Ich«, entgegnete Große Jäger in einem Tonfall, als wäre es das Selbstverständlichste der Welt, dass er hier Hausrechte genoss. »Ist Ihre Chefin da?«

Es dauerte eine Weile, bis die Provokation bei Feichtshofer angekommen war. »Isabelle ist nicht meine Chefin. Wir sind Lebenspartner.«

Der Oberkommissar lachte auf. »Partner? Ich habe nachgesehen. Von einer gleichberechtigten Partnerschaft ist nichts eingetragen.«

Feichtshofers Antlitz hatte einen fast dümmlichen Ausdruck angenommen. »Was? Wie? Wo nachgesehen?«

Große Jäger ersparte sich die Antwort. Was hätte er auch sagen sollen?, dachte Christoph.

»Ist denn Ihr Juniorchef zu Hause?«, fragte der Oberkommissar.

Feichtshofer schnellte aus seinem Liegestuhl hoch. Zornesröte überzog sein Gesicht.

»Ich habe Ihnen schon einmal gesagt, dass ich kein Angestellter bin. Und dieser Rotzlöffel hat schon gar nichts zu melden.«

»Statt Ihren Kreislauf zu schädigen, können Sie mir doch einfach sagen, ob Nico anwesend ist.«

Der Mann ließ sich wieder in den Stuhl fallen. »Woher soll ich das wissen? Ich bin doch nicht sein Kindermädchen.«

»Ich weiß«, stichelte Große Jäger. »Sie sind hier als Autowäscher beschäftigt.«

Bevor das Geplänkel weiter eskalierte, mischte sich Christoph ein.

»Wir haben ein paar Fragen an Sie. Es ist natürlich auch möglich, dass wir Sie mitnehmen und Sie uns die Antworten auf der Dienststelle in Husum geben.«

»Dürfen Sie das überhaupt?«

»Logisch«, klärte ihn Große Jäger auf. »Wenn Gefahr im Verzug ist, dürfen wir eine ganze Menge.« Er tippte sich mit dem Finger gegen die Brust. »Und *ich* definiere, wann dieser Zustand eingetreten ist. Dafür habe ich eine Menge vorbildlicher Muster für das Protokoll in meiner Sammlung.«

Christoph musste sich Mühe geben, ernst zu bleiben. Man hätte Große Jäger selbst unter Androhung einer Disziplinarstrafe nicht dazu bewegen können, sich des leidigen Papierkrieges anzunehmen. Wenn seinem Kollegen einmal der Zutritt zum Himmel verweigert werden würde, dann wegen seiner ohne jede Scheu vorgetragenen Lügen.

»Nicos Auto ist nicht da. Das sehen Sie selbst.«

»Mensch. Wäre ich blind, würde ich eine Brille tragen.«

Bei diesem Ausspruch des Oberkommissars sahen beiden automatisch Christoph an.

Feichtshofer machte eine wegwerfende Handbewegung. »Keine Ahnung, wo der Idiot steckt. Vielleicht ist er in seinem Stall da oben.« Er deutete mit seiner ausgestreckten Hand auf ein Mansardenfenster unter dem Strohdach.

»Sie haben ihn heute noch nicht gesehen?«

»Nein.«

»Es scheint Sie auch nicht zu interessieren, wo der Junge steckt.«

»Weshalb? Der Arsch kann mich kreuzweise …«

»Wo ist Frau von der Hardt?«

»Die ist gestern früh nach Düsseldorf.«

Große Jäger ließ sich die Handynummer der Frau geben.

»Sie müssen Nico doch gehört haben? Er war heute nicht in der Schule. Und das Auto fehlt.«

»Wenn der pennt, dann hört man nichts von ihm. Was weiß ich.«

»Dann sehen Sie nach und holen Sie Nico her.«

Feichtshofer verschränkte die Arme vor der Brust. »Bin ich der Laufbursche?«

Große Jäger griente ihn an. »Wenn ich Ihre Chefin richtig verstanden habe – ja!«

Erneut sah es aus, als würde der Mann auf den Oberkommissar losstürmen wollen.

»Es gibt hinreichend Gründe für unsere Frage«, sagte Christoph. »Haben Sie von dem Unfall heute Nacht auf der Eiderbrücke gehört?«

»Muss ich?«

»Wir kennen die Identität des Opfers noch nicht. Es handelt sich um einen jüngeren Mann.«

»Und Sie …« Feichtshofer unterbrach seinen Satz. Dann schüttelte er erregt den Kopf. »Das ist doch Blödsinn! Sie glauben doch nicht im Ernst, dass das Nico ist?«

»Das wäre einfach festzustellen. Sie gehen ins Haus und sehen nach, ob der Junge da ist.«

»Wenn Sie dazu zu schwach sind, übernehme ich das«, ergänzte Große Jäger Christophs Ausführungen.

Der Fitnesstrainer fuhr sich mit gespreizten Fingern durch sein dichtes Haar, stand dann aber wortlos auf und verschwand im Haus. Nach wenigen Minuten drangen aus dem Obergeschoss lautstarke Beschimpfungen durch das geschlossene Mansardenfenster. Deutlich waren die Stimmen von Feichtshofer und Nico zu unterscheiden.

»Der Junge ist da«, sagte Große Jäger lachend, griff sich das halb volle Glas des Mannes und schnupperte daran. Mit einem gespielt angewiderten Gesichtsausdruck stellte er es zurück. »Pfui Deibel. Das ist Fruchtsaft pur. So etwas Gesundes muss doch krank machen.«

Nach einer Weile tauchte Feichtshofer wieder auf und wies mit dem Daumen über die Schulter auf das Haus. »Er ist da.«

»Das war nicht zu überhören. Inzwischen können Sie uns ein paar Fragen beantworten. Wo waren Sie heute Nacht?«

»Ist das eine Scherzfrage?«

»So sehen das nur Komiker. Also? Wollen Sie meinem Chef nicht antworten?«, schnauzte Große Jäger los.

»Hier«, kam es leise über Feichtshofers Lippen.

»Kann das jemand bezeugen?«, fragte Christoph.

»Pah! Ich war allein im Haus.«

»Kein weibliches Wesen dabei? Da haben Sie doch sonst keine Hemmungen«, mischte sich wieder der Oberkommissar ein.

»Was soll das? Seid ihr von der Sittenpolizei?«

»Uns interessiert Ihr Verhältnis zu Ina Wiechers und Rebecca zu Rantzau.«

»Wer erzählt solchen Mist? Etwa der Stinkstiefel da oben?« Feichtshofer warf einen Blick über die Schulter zum Mansardenfenster.

»Wir haben andere Zeugen. Außerdem sind noch nicht alle Spuren ausgewertet. Wenn Sie jemals in Ina Wiechers' Wohnung waren, dann werden wir das feststellen können.«

»Und wenn Sie mit der Frau gebumst haben, kriegen wir das über die DNA auch heraus«, ergänzte Große Jäger.

»Ist das verboten? Wir sind erwachsene Menschen. Und mit wem ich etwas habe, ist allein mein Ding.«

»Was die Frauen an deinem Ding haben, ist mir egal«, murmelte Große Jäger halblaut, sodass Christoph es verstand, aber Feichtshofer nachfragte.

»Was?«

»Sie hatten ein Verhältnis mit Frau Wiechers.«

»Mein Gott – ja.«

»Wann haben Sie sich das letzte Mal getroffen?«

»Was weiß ich.« Feichtshofer fuhr mit seinem Arm durch die Luft, als würde er ein lästiges Insekt vertreiben wollen.

»Am Montag oder Dienstag?«

»Nein.«

»Und am Wochenende?«

»Auch nicht. Da war Isabelle da.«

»Sie belügen uns. Bei unserem ersten Besuch haben Sie gesagt, Sie wären am Montag mit Nico hier im Haus gewesen und hätten herumgegammelt, während Frau von der Hardt nach eigener Aussage in ihrem Geschäft auf Sylt war und dort mit Geschäftsfreunden bei Jörg Müller gegessen hat.«

»Weiß der Teufel – wie soll ich das auseinanderkriegen? Das ist doch scheißegal«, brauste Feichtshofer auf.

»Sie sollten schon glaubwürdig erklären können, wo Sie waren, als Ina Wiechers ermordet wurde«, sagte Christoph.

»Das ist nämlich sonst ein schöner Schiet für Sie«, konnte Große Jäger nicht unterlassen, seinen Kommentar anzufügen.

»Uns bleibt vorerst die Feststellung, dass Sie kein Alibi für die Tatzeit haben.«

»Das ist doch Murks, was Sie da von sich geben. Warum sollte ich Ina umgebracht haben?«

»Auf diese Frage hätten wir gern eine Antwort. Idealerweise von Ihnen. Wie haben Sie sich kennengelernt?«

»Als der Scheißtyp …«

»Sie meinen Nico?«

»Als der noch keinen Führerschein hatte, musste ich ihn manchmal durch die Gegend kutschieren. Als er mal wieder nachsitzen musste, habe ich vor der Schule gewartet. Da bin ich Ina begegnet.« Um seine Worte zu unterstreichen, drehte Feichtshofer seine Hände und zeigte die offenen Handflächen. »Wir haben ein bisschen miteinander gesprochen. Dann hat sie mir ihre Handynummer gegeben. Tja – und von da an haben wir uns getroffen.«

»Weiß Frau von der Hardt davon? Oder Nico?«

»Sind Sie bescheuert?«

Sie wurden durch Nicolaus von der Hardt unterbrochen, der durch die Terrassentür in den Garten trat, ein großes Glas mit Cola trug und sich auf einen weiteren Gartenstuhl fläzte.

»Guten Tag sagt der Bauer, wenn er ins Dorf kommt«, begrüßte ihn Große Jäger, während Christoph den jungen Mann betrachtete.

Er trug Bermudashorts und ein zerknautschtes Shirt, das lose über der Hose hing. Auf Strümpfe und Schuhe hatte er ganz verzichtet. Die Haare waren fettig und standen unfrisiert vom Kopf ab. Das Gesicht war grau. Nico von der Hardt sah aus, als hätte er die vergangene Nacht durchgemacht.

Er gähnte laut, sah den Oberkommissar an und sagte: »Muss ich jeden Bullen grüßen, wenn ich ihn nicht eingeladen habe?«

»Sie waren heute nicht in der Schule«, sagte Christoph.

»Na und? Ist doch mein Ding.«

»Nun ja. Wer der Schule fernbleibt, kommt von seiner Dummheit nicht los«, grinste Große Jäger.

Nico trank einen großen Schluck Cola und rülpste dann laut, ohne die Hand vor dem Mund zu halten.

»Mit einem solchen Benehmen sollte man auch kein Abitur erhalten«, sagte Große Jäger. »Da hatte Ina Wiechers recht.«

»Muss ich mich hier zulabern lassen? Was soll die ganze Scheiße?«

»Sie haben auf der Liste der Verdächtigen noch einen der Spitzenplätze inne.« Christoph sprach in einer ruhigen Tonlage, als würde er ungezwungen über Nebensächlichkeiten plaudern. »Schließlich waren Sie im Besitz des Handys der Toten.«

Nico tippte sich gegen die Stirn. »Sag mal, tickst du nicht sauber? Wer erzählt solchen Quark?«

153

Große Jäger beugte sich in Richtung des Jungen vor. »Nun hör mal zu, du Ziegenbart. Wenn du mit Erwachsenen sprichst, bist du ab sofort ein wenig höflicher. Oder ich zeige dir, dass der Freiherr von Knigge einer meiner Vorfahren war. Dann gehen wir beide ums Hauseck, und ich flüstere dir ein, wie man sich in einer zivilisierten Umgebung benimmt.«

»Pah!«

Große Jäger stand auf und trat drohend auf Nico zu, der in einer Geste der Abwehr beide Hände hob und schützend vor das Gesicht hielt. Der Oberkommissar trat dicht an den jungen Mann heran, trat auf seine nackten Füße, sodass Nico schmerzhaft aufschrie, grinste ihn an und sagte: »O Verzeihung!« Dann setzte er sich wieder, ohne sein Grinsen abzulegen. »Also, was ist? Hast du das Mobiltelefon an den Kleinen in Heide verscheuert? Du und Jan Harms – ihr seid einwandfrei von einer ganzen Reihe von Zeugen identifiziert worden. Hören wir jetzt eine vernünftige Antwort oder sollen wir das volle Programm fahren?« Als würde er damit spielen, wie andere Leute nervös Büroklammern verbiegen, angelte der Oberkommissar ein Paar Handschellen hervor, die er unter seiner speckigen Lederweste verborgen am Hosenbund trug, und klimperte gedankenverloren damit.

Nicolaus von der Hardt riss die Augen auf und starrte das Metall an. »Eh, Mann. Ist ja schon gut«, stöhnte er und nahm hastig einen Schluck Cola. Erneut zwang ihn die Kohlensäure zum Aufstoßen. Doch diesmal hielt er diskret die Hand vor den Mund. Dann zeigte er auf Simon Feichtshofer. »Der hat mir das Ding gegeben.«

»Was?« Nun sprang der Fitnesstrainer in die Höhe und wollte sich auf den jungen Mann stürzen, doch Christoph und Große Jäger konnten es gerade noch verhindern.

»Wo sind wir hier nur hineingeraten?« Der Oberkommissar hielt Feichtshofer am Oberarm fest und bohrte dabei seine Fingerspitzen schmerzhaft in das Muskelfleisch. Er schüttelte den Kopf. »Aber, aber, lieber Herr Feuchthofer.«

»Feichtshofer«, schimpfte der Mann.

»Von mir aus. Also, wer wird so erregt sein? Was sagt Ihre Chefin dazu, wenn Sie den Juniorchef tätlich angehen? Außerdem liegt das Gewaltmonopol in unserem schönen Land immer noch beim

Staat.« Er trat dicht vor den Fitnesstrainer. Urplötzlich schrie er ihn an, sodass Feichtshofer erschrocken zurückwich. »Und der Staat bin *ich*.« Kaum hörbar fügte er hinzu. »Jedenfalls hier und jetzt.«

»Es wäre besser, wenn Sie wieder Platz nehmen und die Ruhe bewahren«, sagte Christoph, der Große Jägers Aktionen stumm gefolgt war. Der Oberkommissar bewegte sich manchmal am Rande der Legalität, aber die Effizienz seiner Vorgehensweise konnte ihm Christoph nicht absprechen. Es war ein Teil des Erfolges ihrer Arbeit.

»Sie haben es eben gehört. Herr von der Hardt behauptet, das Handy der Toten von Ihnen erhalten zu haben.« Christoph sah Nico an. »Haben Sie gewusst, um welches Mobiltelefon es sich handelte?«

Der Junge zeigte auf Feichtshofer. »Der Dopingfriedhof hat gesagt, er braucht es nicht mehr.«

»Das haben Sie geglaubt?«

»Nicht wirklich. Der Typ giert doch nach jedem Euro. Freiwillig rückt der nichts raus. Klar habe ich mir Kopfgedanken gemacht. Und als ich ein bisschen daran rumgefummelt hatte, wusste ich, von wem es stammt«, gab der junge Mann kleinlaut zu.

»Der spinnt doch«, begehrte Feichtshofer auf. »Woher sollte ich das Handy haben?«

»Immerhin hatten Sie ein Verhältnis mit dem Mordopfer.«

Nico schlug sich mit beiden Händen so heftig auf die Oberschenkel, dass sich dort sofort rote Flecken bildeten. »Das halte ich im Kopf nicht aus. Da steckt dieser Idiot seinen Schwanz in die abgefuckte Wiechers. Meine Alte wird begeistert sein, wenn sie das hört.«

»Du glaubst doch nicht alles, was die erzählen?«, brüllte Feichtshofer. Dann hielt er kurz ein. »Du bist doch das verlogene Stück. Wieso behauptest du, das Handy von mir zu haben?«

»Woher sonst?«

Feichtshofer fuchtelte wild mit den Armen in der Luft herum. »Was weiß ich? Vielleicht hast du die Tante umgebracht. Schließlich wollte sie dich Blödsack in der Schule abschießen.«

»Schluss jetzt«, rief Christoph dazwischen. »Wo waren Sie heute Nacht?«, wandte er sich an Nico.

155

»In meiner Pofe.«

»Herr Feichtshofer kann das aber nicht bestätigen.« Mit einer Handbewegung bedeutete Christoph den Fitnesstrainer, zu schweigen, weil der sich wieder einmischen wollte.

»Der ist doch zu doof zum Milchholen. Der kriegt doch nichts mit.«

»Das ist die letzte Ermahnung. Wenn Sie sich nicht gesittet benehmen, lasse ich Sie von unseren uniformierten Kollegen nach Husum bringen. Ist das klar?«

Die beiden Männer starrten trotzig ins Nirgendwo.

»Also. Wo waren Sie heute Nacht?«

»Ich sagte es schon. In meiner Bude.«

»Wo haben Sie Ihr Auto gelassen?«

»Mann. Das ist doch mein Ding, wo ich meine Karre lasse. Ihr tickt doch nicht sauber.«

»Schön. In der Sache mit Ina Wiechers' Handy wird noch einiges auf Sie zukommen. Sie haben uns Beweise vorenthalten, möglicherweise wird es ein Verfahren wegen Hehlerei geben, da Sie den Inhaber kannten, das Gerät aber dennoch weiterverkauft haben. Und dann wäre da noch die Sache auf dem Marktplatz in Friedrichstadt. Sie haben den libanesischen Jungen mit einem Messer bedroht.«

»Du bist doch völlig blöde. Wenn ich nicht dazwischengekommen wäre, hätte der Typ die Schnalle doch alle gemacht. Das war Notwehr.«

»Das zu beurteilen wird Sache der Juristen sein. Genauso wie Ihre Attacken gegen Rebecca zu Rantzau. Die schwere Körperverletzung, die dem Mädchen zugefügt wurde, ist auch noch nicht aufgeklärt.«

»Ist das alles? Oder habt ihr sonst noch was auf der Latte?« Nico stand auf. »Ihr könnt mich alle. Glaubt ihr, das pisst mich an?«

»Melde dich morgen auf dem Einwohnermeldeamt in Pisa. Trottel wie du können nur dort wohnen«, rief ihm Große Jäger hinterher.

»Arschloch«, antwortete der Junge und verschwand ins Haus.

Feichtshofer machte mit der linken Hand eine Wischbewegung vor seiner Stirn. »Der ist doch total plemplem. Kein Wunder. Isabelle hat ihm immer nur alles hinten reingesteckt. Der ist so was von verwöhnt – das glaubt man nicht.«

»Wie gut, dass Sie ein Unschuldslamm sind«, sagte Große Jäger. »Warum haben Sie Nico Ina Wiechers' Handy gegeben? Und woher haben Sie es?«

Feichtshofer sah abwechselnd Christoph und den Oberkommissar an. »Scheiße. Ich hab es bei der Schule gefunden.«

»Wann?«

»Montag. Abends.«

»Was wollten Sie dort?«

»Mich interessierte Rebecca.«

»Was wollten Sie von dem Mädchen?«

»Mensch – was wohl. Alle Welt erzählt, dass die asiatischen Mädchen anatomisch besonders gebaut sind. Nico hatte von ihr erzählt. Rebecca ist mit ihrer klassischen Musik abgehoben. Die hat nichts anderes im Kopf und verpasst ihre Jugend.«

»Und da wollten Sie den barmherzigen Samariter spielen?«

»Ich wollte ihr auf den richtigen Weg helfen. Disco, Ungezwungenheit. Es gibt doch noch mehr auf der Welt, als an der Klimperkommode zu hocken.«

»Waren Sie mit Rebecca verabredet?«

»Natürlich nicht. Ich wusste, dass sie in der Schule war. Die haben da irgendwas vorbereitet. So eine Schulparty für Sponsoren.«

»Woher kannten Sie Rebecca?«

»Ich hatte sie früher mal gesehen. So ein richtig heißes Ding.«

»Was hat Ihre Geliebte dazu gesagt?«

Feichtshofer hielt einen Moment irritiert inne. »Geliebte? Sie meinen Isabelle?«

»Ina Wiechers.«

»Die hat das zuerst nicht mitgekriegt. Dann war sie stinksauer und so, weil das Mädchen noch minderjährig war und in ihrer schulischen Obhut stand. Die hat mir gedroht.«

»Womit?«

»Sie wollte es Rebeccas Vater erzählen, wenn ich nicht augenblicklich die Finger von dem Mädchen lassen würde. Ihr Alter ist ein bekannter Anwalt und würde mir die Hölle heißmachen.«

»Und so ist es zu einer handfesten Auseinandersetzung zwischen Ihnen und Ina Wiechers gekommen, weil Sie Rebecca weiter nachstellten.«

»Ehrlich: Ich habe sofort damit aufgehört. Ich wollte keinen Putz mit Ina. Und auch nicht mit Isabelle. Der wollte Ina es auch erzählen.«

»Dann hätte Frau von der Hardt Sie hinausgeworfen. Das wäre bitter gewesen. Sie hätten nicht gewusst, wohin Sie gehen sollten.«

»So ist das nicht. Ich habe …« Feichtshofer hielt mitten im Satz inne. Offensichtlich war ihm bewusst geworden, dass er keine vernünftige Erklärung würde abgeben können.

»War Ina Wiechers eifersüchtig auf Rebecca?«

Der Mann zuckte mit den Schultern. »Vielleicht. Dabei hat sie es auch mit anderen Männern getrieben. Ina war kein Kind von Traurigkeit.«

»Mir wem?«

»Keine Ahnung. Ich bin ihr doch nicht hinterhergelaufen.«

»Warum betrügen Sie Isabelle von der Hardt? Sie werden hier gut versorgt. Es scheint Ihnen an nichts zu mangeln.«

Feichtshofer setzte ein Grinsen auf, das für Vertrauen »unter Männern« sorgen sollte. Dann machte er mit der linken Hand eine anzügliche Geste in seinem Schritt. »Ich stehe nun einmal auf junges unverbrauchtes Fleisch.«

»Auch auf Maike?«

»Sie meinen die Tochter von diesem Lehrer?«

»Immerhin kennen Sie das Mädchen. Haben Sie sich auch an Maike Hauffe herangemacht?«

Feichtshofer grinste. »Sie trauen mir aber allerhand zu.«

»Immerhin ist sie schwanger.«

Der Mann hob abwehrend beide Hände in die Höhe.

»Aber nicht von mir. Wo denken Sie hin?«

»Kennen Sie Fouad al-Shara?«

»Wer soll das sein? Um die Schule kurvt immer so ein Ölauge – wie Nico sagt.«

»Ein Libanese. Kennen Sie ihn?«

»Ich habe nichts mit diesem Pack zu tun.«

»Vorsichtig!«, mischte sich Große Jäger ein. »Hast du Landluft geschluckt?«

158

Feichtshofer sah den Oberkommissar verständnislos an.

»Weil so verdammt viel Mist über deine Lippen blubbert.«

Die anschließende Verabschiedung fiel sehr frostig aus.

»Mit Ausnahme der Tatsache, dass sich die beiden nicht mögen, haben wir nur wenig Neues erfahren«, sagte Christoph, als sie im Auto saßen.

»Das ist eine merkwürdige Gesellschaft. Sind die nun repräsentativ für das, was man die oberen Zehntausend nennt?«

»Das kann ich dir nicht sagen. Ich hoffe aber, dass das nicht zutrifft. Obwohl es da sicher auch Merkwürdigkeiten genug gibt. Ich glaube, Axel Springer war fünfmal verheiratet, davon dreimal mit der zuvor abgelegten Ex-Frau seines besten Freundes.«

»Sicher?«

»Nicht wirklich. Ich lese zu wenig dieser bunten Blätter im Wartezimmer des Arztes.«

»Du musst ja nicht warten. Dafür sorgt Anna schon«, grummelte Große Jäger, während Christoph zum Telefon griff.

Er hatte Glück und erreichte Isabelle von der Hardt auf dem Handy.

»Ich bin in Düsseldorf«, erklärte Nicos Mutter. »Seit gestern. Dafür gibt es viele Zeugen, wenn es notwendig sein sollte. Tagsüber war ich in meiner Filiale. Abends bin ich mit *jemandem* essen gewesen. Es ist sehr spät geworden. Um ehrlich zu sein ... bis zum Frühstück.«

»Wer der *jemand* ist, werden Sie uns nicht sagen wollen.«

»Ungern. Der Mann ist eine bekannte Persönlichkeit. Und er ist verheiratet. Aber das ist sein Problem. Vielleicht erinnert man sich im Restaurant an uns. Danach gibt es keine Zeugen. Oder glauben Sie, ich dulde Voyeure?«

»Wissen Sie, was Ihr Sohn gestern Abend gemacht hat?«

»Sollte ich? Nico ist volljährig und für sich selbst verantwortlich. Weshalb fragen Sie das eigentlich?«

Christoph berichtete ihr von dem Übergriff des Libanesen auf Hilke Hauck und von Nicos Einschreiten, von dem Überfall auf Rebecca und dem Unfall auf der Eiderbrücke.

»Sie werden kaum behaupten wollen, dass Nico damit etwas zu tun hat.«

Zurzeit konnte Christoph ihr nicht widersprechen.

»Das ist eine Welt, mit der ich nichts zu tun haben möchte«, sagte Große Jäger, nachdem Christoph aufgelegt hatte. »Unterwegs geht die Frau ganz ungeniert fremd, und zu Hause hält sie sich einen hormonell hochgezüchteten Rammbock für das private Vergnügen.« Er sah Christoph an. »Und nun?«

Christoph startete den Motor. »Jetzt fahren wir zu Wilken Fiete Harms und seinem Sohn Jan. Wir wissen immer noch nicht, wer der Tote von der Eiderbrücke ist.«

»Habe ich mir gedacht«, murmelte Große Jäger. »Das lässt dir keine Ruhe. Du klapperst alle bekannten Namen ab, um zu sehen, ob sie noch am Leben sind.«

Das klang makaber, dachte Christoph, traf aber seine Absicht genau.

Während sie langsam durch die stillen Straßen St. Peter-Ordings rollten, bemerkte der Oberkommissar, was Christoph auch aufgefallen war. »Feichtshofers Aussage zum gefundenen Handy passt zeitlich nicht. Ina Wiechers wurde erst abends oder nachts ermordet. Da war Rebecca zu Rantzau mit Sicherheit nicht mehr in der Schule. Wenn wir davon ausgehen, dass die Wiechers ihr Mobiltelefon beim Kampf mit ihrem Mörder verloren hat, konnte Feichtshofer es erst zu einer späteren Stunde gefunden haben, als er mit Sicherheit nicht mehr rund um die Schule auf Rebecca lauerte.«

»Ein zweiter Punkt ist unlogisch. Wenn die Wiechers ihm nahegelegt hatte, Rebecca nicht mehr zu behelligen, dann muss das vor dem Mord gewesen sein. Offenbar hatte Feichtshofer Sorge, die Frau könnte ihre Drohung wahrmachen und Rebeccas Vater und Frau von der Hardt informieren. Ist er so mutig oder so dumm, nach dieser Warnung weiter dem Mädchen hinterherzuschleichen? Oder lügt er uns etwas vor? Wenn er Ina Wiechers' Mörder ist, hätte er andere Gründe gehabt, nachts auf dem Schulgelände zu sein. Das würde auch erklären, wie er in den Besitz des Handys gekommen ist.«

»Das ist eine richtige Überlegung, Wilderich. Aber wo ist das Notebook geblieben?«

Große Jäger zuckte ratlos mit den Schultern.

Das Haus von Vater und Sohn Harms lag friedlich in der Abendsonne. Die rote Scheibe war inzwischen hinter dem Horizont verschwunden. Vielleicht konnten noch einige Strandspaziergänger einen letzten Blick über das Wasser erhaschen und den jedes Mal erneut faszinierenden Anblick der Sonne genießen, bevor sie dort, wo die Nordsee mit dem Himmel verschmolz, der Sicht entschwand.

Ihr Klingeln blieb unbeantwortet. Niemand rührte sich.

»Soll ich nachsehen, ob die Leute im Garten sind?«, überlegte Große Jäger laut, als Christoph die Straße hinabwies.

Aus Richtung Ortsmitte tauchte gemessenen Schrittes Wilken Harms auf. In jeder Hand hielt er eine gut gefüllte Plastiktüte einer bekannten Lebensmittelkette.

»Hallo«, sagte der rothaarige Mann. Seine Stimme klang ein wenig atemlos. »Wollen Sie zu mir?«

»Zu Ihnen und Ihrem Sohn.«

Er hatte den Hauseingang erreicht und stellte seine Last ab.

»Ich kann es nicht lassen. Vielleicht erklären Sie mich für verrückt, aber einmal Krämer – immer Krämer. Für mich ist es ein Spaß, nach alter Väter Sitte einzukaufen. Ich könnte in jedem Supermarkt stundenlang stöbern.« Er holte tief Luft. »Natürlich wär es einfacher, mit dem Wagen zu fahren. Aber so …« Er hob die Griffe der beiden Taschen kurz an. »So macht es einfach mehr Bock.« Dann schloss er die Tür auf und bat die beiden Beamten ins Haus. »Geht das noch?«, fragte er. »Oder isses draußen schon zu kalt? Muss ja nicht sein, dass wir uns den Mors abfrieren.«

»Wir nehmen gern im Haus Platz«, antwortete Christoph, bevor Große Jäger mögliche andere Wünsche äußern konnte.

»Gehn Sie schon mal zu. Sie kenn' sich hier ja aus. Ich bring nur schnell meine Sachen weg.« Er war mit seinem Einkauf schon fast in der Küche verschwunden, als ihm noch etwas einfiel. »Ach ja! Möchten Sie 'nen Weizen?«

Diesmal war der Oberkommissar schneller. Christoph konnte nur noch hinzufügen: »Für mich bitte nicht.«

Aus der Küche hörten sie Geräusche, aus denen zu schließen war, dass Harms die empfindlichen Lebensmittel in den Kühlschrank räumte. Kurz darauf erschien er mit zwei Flaschen und

161

zwei Gläsern. Er musterte den Oberkommissar und nickte dann freundlich. »Sie sehn so aus, als könnten Sie das.« Dabei hielt er Große Jäger Glas und Flasche hin, damit der sich das Getränk selbst einschenken konnte.

»Was 'n los? Womit kann ich dienen?«

»Wir hätten gern Ihren Sohn gesprochen.«

Harms wischte sich mit dem Handrücken den Schaum von der Oberlippe. »Ehrlich?« Es war eine rhetorische Frage, deshalb verzichtete Christoph auf eine Erwiderung.

»Tja. Also … Der ist im Moment unterwegs.«

»Sie können ihn sicher über Handy erreichen und bitten, nach Hause zu kommen.«

Harms musterte Christoph lange. »«Ich glaub, er hat sein Handy nicht mit.«

»Wissen Sie, wo er sich aufhält?«

»Klar.«

»Dann können Sie ihn vielleicht übers Festnetz erreichen.«

Harms kratzte sich den Hinterkopf. »Das ist nicht so einfach. Um was geht es denn?«

»Das würden wir Ihren Sohn gern selbst fragen.«

»Das ist 'nen bisschen schwierig, wissen Sie. Hat das nicht noch Zeit?«

»Nein. Es drängt. Wir haben *jetzt* ein paar Fragen.«

»Tut mir leid. Dann kann ich Ihnen nicht helfen. Ich kann schließlich nicht zaubern.«

Es schien, als wäre die Freundlichkeit, die Jans Vater sonst prägte, urplötzlich von ihm abgefallen.

»Melden Sie sich bitte sofort, wenn Ihr Sohn wieder aufgetaucht ist«, bat Christoph zum Abschluss.

Harms nickte nur.

»Merkwürdig«, dachte Große Jäger laut nach, als sie wieder im Auto saßen. »Warum unterbindet der Mann den Kontakt zu Jan?«

»Wir haben ihn bisher nur von seiner verbindlichen Seite kennengelernt. Er ist uns gegenüber stets jovial aufgetreten. Ob er selbst nicht weiß, wo sein Sohn steckt, und das nicht zugeben will? Schließlich hat der junge Harms heute auch die Schule versäumt.«

»Beschleicht dich auch ein ungutes Gefühl?«, fragte Große Jäger. »Schließlich wissen wir immer noch nicht, wer der Tote von der Eisenbahnbrücke ist. Aber welchen Grund könnte es geben, Jan Harms zu ermorden?«

»Auf diese Frage weiß ich im Augenblick auch keine Antwort. Wir machen jetzt ...«

»Du musst nicht ausreden«, sagte der Oberkommissar und ging noch einmal zum Haus zurück. Vom Auto aus sah Christoph, wie Große Jäger mit Wilken Harms diskutierte. Schließlich verschwanden beide im Gebäude. Nach einer Weile kehrte Große Jäger zurück.

»Ich habe die Zahnbürste des Jungen«, erklärte er. »Damit können wir einen DNA-Abgleich durchführen.«

Christoph startete den Motor und steuerte die Polizeistation von St. Peter-Ording an. Sie wurden von Oberkommissar Dettinger begrüßt.

»Moin, Stefan. Alles in trockenen Tüchern?« Große Jäger ließ sich im kleinen Dienstzimmer nieder. »Kennst du die Familien Harms und von der Hardt?«

Der Chef der örtlichen Polizei, ein drahtiger Mann mit naturkrausen Haaren, in denen sich die ersten grauen Strähnen zeigten, schmunzelte. »Ihr von der Kripo habt manchmal seltsame Vorstellungen von unserer Arbeit. Glaubt ihr, wir würden den lieben langen Tag spazieren gehen und mit jedem Einwohner unseres Bezirks ein paar freundliche Worte wechseln?« Bevor Große Jäger antworten konnte, fuhr Dettinger fort: »Welchen Harms meinst du? Das ist hier bei uns kein Name, sondern fast ein Sammelbegriff.«

»Fiete Harms, den ehemaligen Discountkönig.«

»Sicher. *Den* kennt hier jeder. Der hat ordentlich Kies an den Hacken. Dabei ist er aber bodenständig geblieben. Netter Kerl. Ist immer für 'n Schnack zu haben.«

»Gibt es irgendetwas über den alten Harms, seinen Sohn oder die Familie von der Hardt, was für uns von Interesse sein könnte?«

»Schwer zu sagen. Die Frau von der Hardt ist ein besonderes Kaliber. Schickes Mädchen. Erfolgreich. Eloquent. Abgesehen davon, dass sie das auch selbst weiß, gibt es nichts über sie zu sagen. Die spielt in einer anderen Liga als wir Beamte.«

»Und Nico?«

»Das ist ein Sorgenkind. Mit dem haben wir schon öfter zu tun gehabt. Der nimmt jedes Fettnäpfchen mit, das er findet.« Der uniformierte Beamte zählte das auf, was sie schon aus den eigenen Ermittlungen wussten. »Der junge Harms ist mit Nico befreundet. Jan ist allerdings nur ein Mitläufer. Ich glaube, der stößt sich die Hörner ab. Sein Vater hält ihn an der langen Leine. Dafür kommen die beiden offenbar auch ohne Frau im Haus gut miteinander aus.«

»Sonst gibt es nichts?«

Stefan Dettinger zögerte einen Moment. »Schwer zu sagen. Wir hatten heute Nacht eine Merkwürdigkeit. Nichts für euch von der Kripo. Kurgäste haben uns gegen elf angerufen, dass an der Seebrücke ...«

»Die zur Arche Noah führt?«, unterbrach in Christoph.

»Wir haben nur die eine. Da haben sich ein paar Jugendliche aufgehalten und Lärm veranstaltet. Sie haben allerdings niemanden belästigt. Das wundert mich nicht. Das war so gegen elf. Zu der Zeit ist keiner mehr draußen. Ich bin jedenfalls noch mal hin.«

»Und?«

»Da war nur noch einer. Der war aber nicht mehr ansprechbar. Ich habe den Rettungsdienst alarmiert. Die haben den Burschen nach Tönning ins Krankenhaus gebracht.«

»Das war nicht zufällig Jan Harms?«

»Nee. Den habe ich da nicht gesehen. Der Junge heißt Patrick Wittenbrink und ist erst dreizehn. Der war voll wie eine Strandhaubitze. Das müssen aber mehrere gewesen sein. Jedenfalls lagen da lauter leere Flaschen herum.«

»Wer waren die anderen?«

Stefan Dettinger zuckte die Schultern. »Sorry. Keine Ahnung. Patrick ist noch nicht ansprechbar. Und es gibt niemanden, der die anderen identifiziert hat.«

»Wo sind die leeren Flaschen geblieben?«, mischte sich Christoph ein.

Der Leiter der örtlichen Polizei sah Christoph verdutzt an. »Die habe ich weggeräumt. In den nächsten Papierkorb, damit sich niemand verletzt.« Dann zögerte Dettinger kurz. »Ich habe da noch eine Idee. Ein Stück weiter längs – auf dem Parkplatz bei der Dü-

164

nen-Therme, das ist unser Freizeit- und Erlebnisbad – stand heute
Morgen der rote Suzuki von Nico von der Hardt. Daraus könnte
man schließen, dass Nico einer der Beteiligten an diesem Komasaufen gewesen sein könnte.«

»Binge-Drinking – interessant. Das gibt es jetzt sogar schon bei
euch in St. Peter?«

»Leider ja. Wir sind ja nicht aus der Welt.«

»Und Jan Harms? War der beteiligt?«

»Ich weiß es nicht, aber wo der junge von der Hardt ist, ist Jan
gewöhnlich nicht weit. Als der Dreizehnjährige im Vollrausch zu-
sammengebrochen ist, sind die anderen stiften gegangen.«

»Wie geht es Patrick?«

»Ich habe vorhin mit dem Krankenhaus telefoniert. Er wird noch
ein paar Tage dort bleiben müssen, weil er noch Probleme mit dem
Kreislauf hat. Lebensgefahr besteht aber nicht. Der Junge hatte
eins Komma vier Promille. Das ist eine ganze Menge für ein Kind
in dem Alter.«

»Was sagen die Eltern dazu?«

»Die waren geschockt. Sie haben angeblich nicht mitbekommen,
dass ihr Sohn nicht im Hause war, und Stein und Bein geschworen,
dass so etwas noch nie vorgekommen ist. Trotzdem kommt Unge-
mach auf sie zu, weil das Krankenhaus das Jugendamt in Husum benachrichtigt hat.«

»Wir haben noch eine weitere Frage.« Christoph hatte es bisher
weitgehend Große Jäger überlassen, mit Stefan Dettinger zu sprechen. »Es geht um den Einbruch bei Harms.«

»Das muss in der Nacht auf Montag gewesen sein. Ich bin allerdings erst mit einem Tag Verspätung informiert worden. Wilken
Harms sagte, er hätte den Vorfall nicht früher bemerkt.«

»Woher will er dann wissen, dass der Einbruch bereits am Vortag stattgefunden hat?«

Dettinger zuckte mit einer Geste des Bedauerns die Schultern.
»Das habe ich ihn auch gefragt. Er bestand auf dieser Vermutung,
konnte es aber nicht begründen. Merkwürdig ist auch, dass er mir
nicht sagen konnte, ob und was gestohlen wurde. Harms gab an,
dass er nicht den Überblick über die Dinge habe, die in seiner Garage liegen würden. Manchmal käme es auch vor, dass sein Sohn et-

was mitnehmen würde, ohne Bescheid zu geben. Jan sei da ein wenig schusselig. Das sieht der Vater aber nicht so eng. Aber – warum fragt ihr danach?«

»Uns interessiert, ob Werkzeug entwendet wurde. Ganz speziell eine Drahtzange.«

»Da kann ich nicht weiterhelfen. Harms konnte dazu keine Angaben machen.«

»Oder er wollte nicht«, überlegte Große Jäger laut.

Sie tauschten mit Stefan Dettinger noch ein paar Belanglosigkeiten aus. Dann half kein Zureden. Christoph musste mit der Weiterfahrt so lange warten, bis Große Jäger eine Zigarette geraucht hatte.

Sie fuhren noch einmal zur Villa von der Hardt. Feichtshofer machte ein ebenso erstauntes wie entrüstetes Gesicht.

»Ich dachte, für heute reicht es. Nun ist es aber allmählich genug. Oder muss ich es dulden, dass Sie Dauergast bei mir sind?«

»Wenn jemand Gast ist, dann Sie«, entgegnete Große Jäger. »Und nun dürfen Sie noch einmal Nico holen.«

»Ja, spinn ich denn?«

Große Jäger grinste Feichtshofer an. »Ja!«

»Sie und Nico haben uns vorhin verschwiegen, dass es gestern ein sogenanntes Komasaufen an der Seebrücke gab. Dabei ist ein Minderjähriger zu Schaden gekommen. Nun müssen wir Sie beide noch einmal verhören.«

Feichtshofer hob abwehrend beide Hände. »Davon weiß ich nichts. Ich war nicht dabei. Und der Typ da oben hat nichts erzählt. Aber das erklärt, weshalb er den ganzen Tag besoffen in seiner Bude gehockt hat.« Dann trottete er los, um Nico zu holen.

Diesmal blieb das laute Palaver zwischen den beiden Männern aus. Es drangen keine lautstarken Auseinandersetzungen aus dem Obergeschoss herunter.

Feichtshofer hatte sich still in eine Ecke gesetzt. Gemeinsam warteten sie auf Nico, der nach zehn Minuten erschien.

Christoph warf ihm vor, an den Exzessen des Vorabends beteiligt gewesen zu sein.

»Na und? Ist das verboten? Wir haben da geschimmelt.«

»Was heißt das?«

Nico lachte in sich hinein. »Keine Ahnung, aber einen auf Bulle machen. Herumhängen heißt das. Und dann hatte ich 'nen Paar Kurvenschuhe an.«

»Können Sie Hochdeutsch mit uns reden?«

»Mensch. Ich war stockbesoffen. Hab aber keinem was getan. Und gefahren bin ich auch nicht. Meine Kiste stand beim Cellulitezentrum.«

»Damit meint er das Schwimmbad«, erklärte Große Jäger zwischendurch.

»Sie sind volljährig und haben geduldet, dass ein Dreizehnjähriger so viel Alkohol getrunken hat, dass er jetzt im Krankenhaus liegt.«

»Ich hab ihn nicht eingeladen. Und wenn er das nicht abkann, soll er es bleiben lassen. Sprechen Sie doch mit seinen Alten. Die sollen besser aufpassen.«

»So einfach kommen Sie nicht davon. Das wird ein Nachspiel haben.«

Nico verzog als Antwort das Gesicht zu einer Grimasse.

»War Jan auch dabei?«

»Fragen Sie ihn doch selbst.«

»Das würden wir gern. Aber er ist verschwunden.«

»Ist das mein Problem?«

»Wir wissen immer noch nicht, wer heute Nacht auf der Eiderbrücke ums Leben gekommen ist.«

Nico tippte sich heftig gegen die Stirn. »Und da glaubt ihr, das ist Jan? Ich seid doch nicht ganz dicht.«

»Wir können noch mehr glauben«, sagte Große Jäger. »Zum Beispiel, dass Sie ihn zur Brücke gebracht haben. Im Vollrausch! Als Mutprobe!«

»Jetzt reicht es mir aber. So einen Schwachsinn muss ich mir nicht anhören.« Nico war so erregt, dass er unbeabsichtigt eine feuchte Aussprache bekam. »Mensch, ich war so besoffen, dass ich weder Patrick noch Jan mitgekriegt habe. Ich weiß nicht einmal mehr, wie ich nach Hause gekommen bin. Ja! Jan war auch dabei. Was aus dem geworden ist – ich habe nicht die Bohne einer Ahnung.«

»Dann können Sie sich auch nicht daran erinnern, dass Sie mit

Jan nach Friedrichstadt gefahren sind und ihn ans Gleis gefesselt haben?«

Nico lehnte sich zurück und verschränkte trotzig die Arme vor der Brust. »Ich unterhalte mich doch nicht mit euch Idioten. Ihr könnt mit meiner Mutter sprechen.« Er sah Feichtshofer an. »Die wird sowieso aufräumen, wenn die erfährt, dass diese wandelnde Hormonkiste jedes Weib flachlegt, das ihm vor seinen Eumel kommt.«

Der Fitnesstrainer wollte aufspringen, aber Große Jäger hielt ihn zurück. »Ganz ruhig. Schließlich sind Sie unser zweiter Verdächtiger. Es klingt unglaubwürdig, wenn Sie nicht gehört haben wollen, dass Nico volltrunken heimgekommen ist. Auch wenn Sie beide uns hier nichts als belügen, werden wir die Wahrheit ans Licht bringen. Wir werden Nicos Auto durch die Spurensicherung auseinandernehmen lassen. Dann werden wir wissen, wer zuletzt damit gefahren ist. Und ob Jan mit dem Wagen seine letzte Reise angetreten hat.« Der Oberkommissar zeigte mit dem ausgestreckten Zeigefinger auf Feichtshofer. »Und damit Sie nicht glauben, wir würden etwas vergessen, gilt das auch für den BMW, den Frau von der Hardt Ihnen zur Nutzung überlassen hat.«

Der Fitnesstrainer war blass geworden. Er zog es vor, nicht zu antworten.

Vom Auto aus forderte Christoph die Spurensicherung an. Dabei stieß er bei den Flensburgern nicht auf Begeisterung.

»Der alte Harms verhält sich merkwürdig. Es hat den Anschein, als würde er sich keine Sorgen um seinen Sohn machen. Ich wäre beunruhigt, wenn mein Filius außer Haus wäre und ich nicht wüsste, wo er steckt.«

»Ich stimme dir zu«, sagte Christoph. »Wenn wir von der Vermutung ausgehen, dass der Tote Jan Harms ist. Aber vielleicht weiß sein Vater, wo Jan steckt, und will es uns nicht wissen lassen, weil er fürchtet, das Trinken bis zur Besinnungslosigkeit hätte nachteilige Folgen für seinen Nachwuchs und für sich.«

»Du meinst, wegen Verletzung der Aufsichtspflicht?«

»Die rechtlichen Konsequenzen müssen wir hier nicht erläutern. Was für einen Grund gibt es, Jan Harms zu ermorden? Wenn der

Junge ebenso betrunken war wie der Dreizehnjährige, dann wäre das eine Erklärung dafür, dass er seinem Mörder widerstandslos zur Eisenbahnbrücke gefolgt ist.«

»Ich wäre geneigt, dir zuzustimmen«, brummte Große Jäger.

Christoph warf dem Oberkommissar einen spöttischen Blick zu. »Wenn du dich so gestelzt ausdrückst, hast du im Allgemeinen Zweifel. Wir können uns im Augenblick kein Motiv vorstellen, weshalb Nico seinen Freund ermordet haben sollte. Und wenn der junge von der Hardt mitgetrunken hat …«

»Dafür spricht, dass er sein Auto hat stehen lassen und heute ziemlich zerknittert aussah«, unterbrach ihn Große Jäger.

»Richtig. Wenn Nico auch betrunken war, wird er kaum imstande gewesen sein, Jan zur Brücke zu fahren, ihn dort zu fesseln, wieder nach St. Peter-Ording zurückzukehren und seinen Wagen auf dem Parkplatz abzustellen. Warum sollte er so handeln? Er hätte dann in der Nacht noch durch den ganzen Ort bis nach Hause laufen müssen.«

»Und? Wie ist er von der Seebrücke zum mütterlichen Haus gelangt?«

Christoph zuckte die Schultern. »Da bin ich ratlos. Vielleicht hat ihn jemand gefahren. Entweder kann sich Nico nicht mehr daran erinnern, weil er zu benebelt war, oder er will es uns nicht verraten.«

»Seine Mutter war nachweislich nicht im Ort. Wenn es nicht der große Unbekannte war, bleiben nur zwei übrig. Feichtshofer und der alte Harms.«

»Der Bodybuilder hätte mit Sicherheit die Kraft, sein Opfer auch gegen dessen Willen auf die Schienen zu binden, zumal wenn es angetrunken ist. Er hätte sich auch unbemerkt davonschleichen können, während Nico im eigenen Bett seinen Rausch ausschlief. Aber welches Motiv sollte Feichtshofer haben?«

»Das ist alles graue Theorie. Aber was wäre, wenn Jan ihn mit Rebecca erwischt hat? Oder vielleicht sogar Zeuge war, als Feichtshofer dem Mädchen die Hand zertrümmert hat?«, überlegte Große Jäger laut.

Als er eine Weile keine Antwort von Christoph erhielt, fragte er nach: »Hast du gehört, was ich gesagt habe?«

»Das schon. Aber ich habe keine Idee, wie das alles zusammen-
hängt. Vielleicht ist der Tote ja gar nicht Jan, sondern ein anderer.
Ein Unbekannter.«

»Ich werde noch einmal Stefan Dettinger anrufen. Er soll sich in
St. Peter umhören, ob jemand einen der beiden jungen Männer gesehen hat. Vielleicht hat auch irgendwer bemerkt, dass Nicos Auto
zwischendurch nicht auf dem Parkplatz am Hallenbad stand.«

Große Jäger rief den Leiter der Polizeistation des Kurortes an.
Der Rest der Fahrt ins heimische Husum verlief schweigend.

VIER

Der ganze Raum wirkte dunkel. Es war das dunkle Holz, die massive Bauart von Schrank, Bett und altertümlich wirkender Kommode, die das Zimmer wenig behaglich erscheinen ließen. Vor Jahrzehnten mochten die Möbel in ihrer soliden Fertigungsweise das stolze Werk handwerklicher Kunst gewesen sein, doch heute ging etwas Bedrückendes von den Einrichtungsgegendständen aus. »Fühlst du dich in dieser Düsternis wohl?«, hatte Anna Christoph einmal gefragt. Doch was hätte er ändern können? Die kleine Wohnung unter dem Dach des Siedlungshäuschens hatte er möbliert gemietet. Es sollte nur eine vorübergehende Bleibe sein, damals, als er nach Husum versetzt wurde. Ein Aufenthalt, der nach seiner damaligen Vorstellung nur kurzfristig sein konnte, da die Versetzung gegen seinen Willen erfolgte.

Inzwischen hatte er sich an Husum, die Arbeit und an die Kollegen gewöhnt. Die Aufgabe machte ihm trotz aller Belastungen Spaß, und er konnte sich nicht vorstellen, wieder an einen Schreibtisch in der Polizeiverwaltung zurückzukehren. Dabei war er bis heute nur als kommissarischer Leiter tätig, da die Position des Leiters der Kripo eigentlich eine Stelle für den höheren Dienst war. Und Christoph erfüllte nicht die Voraussetzungen für eine Beförderung zum Kriminalrat.

Hoffentlich kommt niemand auf die Idee, den derzeitigen Zustand ändern zu wollen, dachte er. Ganz waren die Befürchtungen aber nicht zu verdrängen. Und weil er nicht sicher sein konnte, für immer in Husum bleiben zu können, hatte er sich bis heute nicht nach einer anderen Unterkunft umgesehen. Selbst wenn er sich stets bemühte, seiner betagten Vermieterin aus dem Weg zu gehen, so gehörte auch die alte Dame mit ihrer aufdringlichen, aber liebevoll gemeinten Bemutterung zu seinem »neuen Leben« an der Westküste. Die Distanz zu seiner Zeit in Kiel war größer als die tatsächlichen Kilometer, die Husum von der Landeshauptstadt entfernt lag.

Christoph schob geistesabwesend seine Kleidung über die Garderobenstange. Nach einer Weile stutzte er und besann sich, weshalb er vor dem Kleiderschrank stand.

So geht es häufig den Frauen, schoss es ihm durch den Kopf. Die stehen vor ihrer Garderobe und fragen sich: Was soll ich anziehen? Er schmunzelte still in sich hinein und entschloss sich, einen blauen Blazer und eine dunkelgraue Hose auszuwählen, dazu ein blaues Hemd und eine rotblau gestreifte Klubkrawatte. Christoph konnte sich nicht erinnern, wann er das letzte Mal einen Schlips getragen hatte. Heute gab es allerdings einen besonderen Anlass. Polizeidirektor Grothe hatte seinen letzten Tag.

Ohne Eile nahm Christoph danach sein Frühstück ein, bevor er sich auf den Weg ins Büro machte.

Mommsen sah auf, als Christoph ins Zimmer trat, unterließ es aber, dessen Kleidung zu kommentieren.

Nach der ersten Tasse Tee rief Christoph bei der Polizei in St. Peter-Ording an.

»Wir haben bisher nichts herausgefunden«, erklärte Stefan Dettinger. »Niemand will etwas bemerkt haben. Nur das Saufgelage an der Seebrücke ist aufgefallen.«

»Wie viele waren daran beteiligt?«

Dettinger lachte hell auf. »Ein Zeuge meint, es wäre ein einsamer Trinker gewesen, während ein anderer beschwören möchte, dass dort ein Dutzend junger Männer herumgegrölt hätte. Aber wir bleiben am Ball und werden uns heute weiter umhören.«

Mommsen war aufgestanden. »Wir müssen«, mahnte er und verließ als Erster den Raum.

Aus dem Besprechungsraum am Ende des Flurs drang gedämpftes Stimmengemurmel. Es brach auch nicht ab, als Christoph den Raum betrat. Sein »Moin« wurde von den Anwesenden erwidert.

Christoph ließ sich am Kopfende des langen Tisches nieder. »Alles okay?«, fragte er in die Runde. Die Antwort bestand zum überwiegenden Teil aus einem stummen Kopfnicken. Zu Christophs Überraschung saß Große Jäger im Raum, obwohl er zuvor nicht an seinem Arbeitsplatz gewesen war.

Das Ritual der »Frühbesprechung« war den Mitarbeitern der

Husumer Kripo vertraut. Christoph berichtete zuerst vom aktuellen Stand der Ermittlungen im Mordfall Ina Wiechers und zum Überfall auf Rebecca zu Rantzau. Die Exkursion nach St. Peter-Ording vom Vortag erwähnte er nur mit einem Halbsatz.

»Wie geht es Hilke?«, fragte ein Beamter dazwischen.

»Den Umständen entsprechend. Sie wird wahrscheinlich heute das Krankenhaus verlassen und nach Hause fahren. Für den Dienst fällt sie sicher eine Weile aus.«

»Soll ich mich um die beiden Jugendlichen kümmern, die wir beim Ladendiebstahl im Kaufhaus erwischt haben?«, fragte Antje Vollmer, die von Große Jäger wegen der Namensgleichheit mit einer Politikerin und – zumindest was den Vornamen betraf – mit dem langjährigen Maskottchen des Norddeutschen Rundfunks nur »das grüne Walross« genannt wurde.

»Das wäre gut«, sagte Christoph. »Was ist eigentlich aus den Anfragen besorgter Eltern in Mildstedt geworden?«

»Da war nichts dran«, erklärte die stämmige Polizistin. »Ein älterer Herr, selbst Opa, ist zu Besuch bei seiner Tochter und den Enkeln. Er hat den Kindern freundlich zugelächelt und vielleicht auch mal ein nettes Wort verloren. Daraus haben einige Eltern den Schluss gezogen, in ihrem Dorf würde jemand den Kleinen nachstellen.«

»Es ist gut, wenn die Bürger vorsorglich reagieren. Und eine Auflösung wie in diesem Fall ist die beste, die wir uns wünschen können.« Christoph sah die beiden »Gifties« an. Die »Drogisten« bearbeiteten die Fälle, die der Laie als »Rauschgiftkriminalität« bezeichnen würde.

»Wir sind einem alten Bekannten auf der Spur, der möglicherweise mit dem Apothekeneinbruch in Verbindung steht«, erklärte der Größere der beiden.

Christophs Augen wanderten zum Nächsten. Kriminalhauptmeister Schöller würde dem Chef in drei Monaten in den Ruhestand folgen. Er war der dienstälteste Beamte der Husumer Kripo und hatte intern den Ruf eines alten Schlachtrosses.

»Wie sieht es bei dir aus, Werner?«, fragte Christoph.

Schöller strahlte. »Ich habe gestern das Geständnis von dem Mann bekommen, den wir der Körperverletzung bezichtigen. Du erinnerst dich? Der Streit unten am Hafen.«

»Schön. Dann wäre das auch abgeschlossen. Woran arbeitest du jetzt?«

Nachdem der Beamte berichtet und sich niemand weiter zu Wort gemeldet hatte, war Mommsen an der Reihe.

»Erinnert ihr euch an Christophs ersten Fall in Husum? Der zunächst Verdächtige war wegen Sexualdelikten vorbestraft, hatte aber seine Strafen verbüßt. In seinem Heimatdorf hat man ihn und seine Familie gemobbt und fälschlicherweise eines Doppelmordes bezichtigt. Das Ganze endete tragischerweise damit, dass er am Ende selbst zum Täter wurde. Gestern haben wir von der Justizvollzugsanstalt Flensburg gehört, dass der Mann dort von Mithäftlingen zusammengeschlagen wurde. Das K1 mit der Kollegin Dobermann hat die Ermittlungen aufgenommen. Vermutlich ist ein Streit eskaliert, nachdem man ihn dort erneut als Kindermörder und -vergewaltiger beschimpft hat. Er liegt mit einem schweren Schädel-Hirn-Trauma im Flensburger Krankenhaus.«

Betroffenheit machte sich in den Gesichtern der Beamten breit. Große Jäger holte tief Luft, aber Christoph kam ihm zuvor. »Lass lieber, Wilderich. Niemand im Raum hat Zweifel daran, was du jetzt sagen möchtest. Erzähle uns lieber, was du für die Verabschiedung vom Chef geplant hast. Die wird in zwei Stunden stattfinden.«

Der Oberkommissar fuhr sich erschrocken mit der Hand an den Mund. »Wieso ich?«

»Du wolltest etwas organisieren.«

»O Schreck. Daran habe ich überhaupt nicht mehr gedacht.«

Christoph schüttelte den Kopf. »Das ist eine schöne Blamage für uns. Wir alle haben dem Chef viel zu verdanken. Da kann es doch nicht sein, dass du zunächst zusicherst, du würdest dich um unseren Beitrag kümmern, und dann trotz mehrfacher Erinnerung darüber hinweggehst. Da fehlt mir jegliches Verständnis.« Während Große Jäger schuldbewusst den Kopf senkte, sah Christoph in die Runde. »Können wir noch etwas retten? Hat jemand eine Idee?«

Antje Vollmer räusperte sich. »Ich könnte ein Blumengesteck besorgen«, schlug sie vor.

Christoph nickte.

Nachdem sich niemand mehr zu Wort gemeldet hatte, kehrten die Beamten in ihre Büros zurück.

Als Nächstes rief Christoph die Kriminaltechnik in Kiel an. Bevor Frau Dr. Braun ihm ihr Leid über die hohe Arbeitsbelastung klagen konnte, säuselte er ins Telefon:»Moin. Darf ich vorsichtig fragen, ob Sie schon wieder oder immer noch im Büro sind? Mich würde es bei den Anforderungen, die die gesamte Landespolizei an Sie stellt, nicht wundern, wenn Sie gar keine Gelegenheit mehr haben, zwischendurch eine Mütze Schlaf zu nehmen.«

»Ach, Herr Johannes«, stöhnte die Wissenschaftlerin.»Ich fürchte, Sie sind der einzige Kollege, der Verständnis für uns hat. Die Anforderungen werden von Jahr zu Jahr mehr. Und dabei baut man ständig Personal ab. Aber niemand hört auf mich.«

Christoph nutzte eine kurze Pause, in der Frau Dr. Braun Luft holte, um zu behaupten:»Ich habe gehört, dass die oberste Polizeiführung sehr wohl um die Bedeutung Ihrer Abteilung weiß. Dort hat man auch mit Anerkennung festgestellt, dass Sie uns schon Einzelheiten zu den Morden an der Lehrerin und auf der Eisenbahnbrücke geben können.«

»So? Das überrascht mich, dass das bis dort durchgedrungen ist.« Christoph konnte sich bildlich vorstellen, wie die Frau am Telefon eine straffe Haltung annahm. Dann hörte er Papier rascheln. Das hingemurmelte»Wo hab ich bloß meine Brille?« war nicht für ihn bestimmt.»Ach. Hier. Fangen wir mit dem Besenstiel an. Es sah aus, als hätte ihn jemand übers Knie abgebrochen. Zumindest war der Stiel zersplittert. Es gab eine Reihe von Fingerabdrücken. Bisher haben wir allerdings nur die des Hausmeisters zuordnen können, die uns zu Vergleichszwecken zugestellt wurden. Wie heißt der Mann noch gleich?«

»Harry Trochowitz«, sagte Christoph.

»Richtig. Die anderen Spuren haben wir nicht in der Datei gefunden. Dafür gab es aber kurz unterhalb der Bruchstelle Mikrofasern. Wir vermuten – nein –, sind uns fast sicher, dass sie von einer Jeans stammen.«

»Können Sie dazu weitere Details aufzeigen?«, unterbrach Christoph.

»Aber Herr Johannes. Den Zauberlehrling hat Goethe leider

nicht in Kiel auftreten lassen. Dann war da noch der Draht, der für das Mordwerkzeug, den Drosselknebel, verwendet wurde. Wir konnten anhand der Schnittfläche unter dem Mikroskop eindeutig feststellen, dass er von dem Begrenzungszaun an der Schule stammt.«

»Dann hat der Täter sich den Knebel, mit dem Ina Wiechers ermordet wurde, aus Teilen des Besenstiels und aus dem Draht in der Nähe des Kanuanlegers gebastelt«, sagte Christoph mehr zu sich selbst.

»Bitte? Das habe ich jetzt nicht verstanden. Aber es gibt noch einen zweiten Draht. Der kommt aus St. Peter-Ording. Der ist von …«

»Den haben wir am Hause der Familie von der Hardt gefunden«, half Christoph.

»Mag sein. Also … Auch da gibt es eine Schnittkante. Die passt zur linken Hand, mit der das Mordopfer auf der Eisenbrücke an das Gleis gefesselt war. Die linke Hand war, betrachtet aus der Fahrtrichtung des Zuges, an die rechte Schiene gefesselt. Das andere Drahtende passt wiederum zur Fessel der anderen Hand.«

Christoph stellte sich die örtlichen Gegebenheiten vor. »Das bedeutet, das Opfer hat Richtung Husum geguckt, also dem Zug entgegengesehen.«

»Ich war nicht vor Ort.« Dr. Braun schaffte es immer wieder, in ihre Stimme einen Hauch Pikiertheit zu tragen, so als wäre sie ständig beleidigt darüber, dass man sie nur im Labor arbeiten ließ.

»War das Opfer bei Bewusstsein, als es vom Zug erfasst wurde?«

»Das kann ich nur raten. Ich glaube nicht, dass der Mann sich ruhig seiner Nachtruhe hingegeben hat.«

»Ich meinte konkret, ob der Tote alkoholisiert war?«

»Genaue Laborergebnisse können Sie noch nicht erwarten. Der Schnelltest ergab aber, dass der Mann nüchtern war. Auch von Drogen oder anderen Betäubungsmitteln haben wir bis jetzt nichts feststellen können.«

Christoph atmete tief aus.

»Was ist mit Ihnen?« Dr. Braun klang tatsächlich eine Spur besorgt.

»Mir fiel gerade ein kleiner Stein vom Herzen. Wir hatten Befürchtungen, den Toten zu kennen. Es hätte ein Siebzehnjähriger aus St. Peter sein können.« Damit waren zunächst auch Nico von der Hardt und Simon Feichtshofer entlastet, überlegte er für sich.

»Zur Identität des Toten konnte die Rechtsmedizin bisher nur feststellen, dass es sich um ein männliches Wesen handelt. Relativ jung. Schätzungsweise um die zwanzig. Er …« Sie unterbrach ihre Ausführungen. »Wieso erzähle ich Ihnen das alles? Ich denke, für die Ermittlungen ist das K1 aus Itzehoe zuständig. Sie sind doch als Kripostelle gar nicht mit dem Mordfall betraut.« Erneut hörte Christoph ein Rascheln. »Wir haben den Bericht nach Itzehoe geschickt. Kein Wunder, dass wir überlastet sind, wenn wir jeden Fall mehrfach irgendwem erläutern müssen.«

»Wir sind doch nicht irgendjemand. Außerdem haben Sie uns damit sehr geholfen. Sie wollten aber noch etwas zum Toten ausführen.«

»Das weiß Itzehoe.« Es schien, als wäre Dr. Braun fast ein wenig bockig.

Christoph säuselte fast in den Hörer, was auf Große Jägers Gesicht ein breites Grinsen hervorrief. »Liebe Frau Dr. Braun. Nun haben Sie ein so überzeugendes Beispiel Ihrer fantastischen Arbeit geliefert, dass mich aus purer Neugierde auch der Rest interessiert.«

»Nun – Dr. Diether von der Rechtsmedizin meint, dass das Opfer ethnisch kein Mitteleuropäer ist.«

»Was denn?«

»Darüber schweigt er sich aus.«

»Könnte es ein Orientale gewesen sein?«

Dr. Braun schwieg einen Moment. Dann hörte er ein leichtes Kichern und war überrascht, dass die Wissenschaftlerin zu solchen Gefühlsäußerungen fähig war. »Also. Da ist etwas vom *männlichen* Körper so unversehrt geblieben, dass die Pathologen eindeutig feststellen konnten, dass dieser Mann nicht aus unseren Kulturkreisen stammt.«

»Sie sprechen manchmal in Rätseln. Aber ich habe Sie verstanden.«

»Das verschafft Ihnen einen kleinen Einblick in unsere Arbeit. Wir bekommen nur Bruchstücke geliefert und sollen daraus – möglichst in Stundenfrist – den kompletten Tathergang ableiten. Übrigens passt auch die DNA der Zahnbürste, die Sie uns nachgereicht haben, nicht zum Toten von der Brücke.«

Damit war eindeutig nachgewiesen, dass es sich nicht um Jan Harms handeln konnte, dessen Zahnbürste Große Jäger am Vorabend noch vom Vater des Jungen besorgt hatte.

»Übrigens bestand auch keine Schwangerschaft«, riss Dr. Braun Christoph aus seinen Gedanken.

»Das überrascht mich nicht«, lachte er. »Ich habe noch nie von einem Mann gehört, der ein Kind erwartet.«

Einen Moment war es ruhig in der Leitung. »Ich glaube, Sie wollen mich doch veräppeln«, beschwerte sich die Wissenschaftlerin. »Natürlich meine ich nicht den Mann, sondern die tote Frau aus dem Kanu.«

Christoph bedankte sich bei Frau Dr. Braun und berichtete seinen Kollegen von den neuen Erkenntnissen.

»Zum einen teile ich deine Erleichterung, dass das Mordopfer nicht Jan Harms war. Und wenn Ina Wiechers nicht schwanger war, entfällt auch dieses Motiv.«

»Meine Freude darüber, dass der junge Harms nicht ermordet wurde, ist begrenzt«, sagte Christoph. »Ich habe einen schrecklichen Verdacht, dass wir den Toten von der Brücke kennen.«

»Ich kann mir vorstellen, an wen du denkst.« Große Jäger zündete sich eine Zigarette an, bevor er weitersprach. »Du hast dich heute zurechtgemacht, als würdest du in der Mittagspause einen Kleinkredit beantragen wollen.«

Überrascht zuckte der Oberkommissar zusammen, als Christoph ihn anfuhr. »Ich finde deine Verhaltensweise merkwürdig. Zuerst verschweigst du deinen Aufenthalt in Friedrichstadt und dass du vor der Wohnung Fouad al-Sharas herumgelungert hast. Dann bist du eifrig bemüht gewesen, uns von der Idee abzubringen, dass der Libanese in irgendeiner Weise in die Vorgänge verwickelt sein könnte.«

»Wie kommst du darauf?« Der Oberkommissar wirkte aufgebracht.

»Auch andere in dieser Dienststelle machen sich Gedanken«, antwortete Christoph ausweichend.

Zornig drehte sich Große Jäger zu seinem Schreibtisch um. »Das kann doch nicht wahr sein«, stieß er erregt hervor. Dann ließ er mit einem lauten Krachen seine Füße in die herausgezogene Schublade fallen.

Bevor Christoph etwas erwidern konnte, klingelte Mommsens Telefon. Der junge Kommissar hörte einen Moment still zu, dann sagte er: »Ich verbinde Sie mit unserem Chef.«

»Hallo, Christoph«, meldete sich eine vertraute Stimme. »Hier ist Thomas.«

Hauptkommissar Thomas Vollmers war der Leiter der Kieler Mordkommission, wie das K1 im Volksmund genannt wurde.

»Dein junger Kollege hatte uns um Amtshilfe gebeten. Ihr wollt wissen, wie es dem jungen Mädchen geht, das hier in der Uniklinik liegt.«

»Rebecca Ehrenberg zu Rantzau«, sagte Christoph.

»Genau. Der Kollege Horstmann war im Krankenhaus. Leider haben wir nichts in Erfahrung bringen können. Die junge Dame wird hermetisch abgeschirmt. Das Krankenhauspersonal hat uns jeden Kontakt untersagt. Wir haben auch keine Informationen über den Gesundheitszustand erhalten. Du weißt, dass Frank Horstmann ein altes Schlitzohr ist.«

»Ich glaube, ein solches Schlachtross hat wohl jede Dienststelle im Lande. Ich habe auch so einen Oberkommissar im Stall.«

Vollmers lachte laut auf. »Ich fürchte, deiner ist im ganzen Land bekannt. Unter uns Dienststellenleitern kursiert das Gerücht, dass es eine Strafe der Behördenleitung ist, Große Jäger ertragen zu müssen.«

»So kann man nur sprechen, wenn man ihn nicht kennt. Es gibt wohl nur wenig so engagierte Polizisten, auch wenn seine Methoden bisweilen sehr unkonventionell sind.«

»Von dieser Sorte gibt es noch andere. Ich habe neulich in einem Fall mit einem Kriminalrat vom Staatsschutz zusammenarbeiten müssen, den ich auch nicht als Vorgesetzten haben möchte.«

»Wie heißt der?«

»Lüder Lüders. Schon mal gehört?«

»Nein«, gestand Christoph ein. »Aber wenn wir schon einmal über die Kollegen lästern … Ihr habt in Kiel das Ohr immer ein bisschen näher an der Gerüchteküche. Heute wird unser Chef pensioniert. Wir wissen immer noch nicht, wer die Nachfolge antritt. Da hüllt man sich in Schweigen.«

Christoph hörte ein Stöhnen in der Leitung. »Personalentscheidungen werden nicht mit uns vom Fußvolk abgestimmt. In der Latrine wird ein gewisser Doktor aus Flensburg *stark* gehandelt.«

»Diese Befürchtungen sind auch bis zu uns durchgedrungen.«

»Wann kommst du wieder nach Kiel zurück? Deine Mission sollte nur vorübergehend sein.«

»Ich habe meinen Koffer schon gepackt«, spottete Christoph.

»Ab Montag sollst du die Husumer Kripo übernehmen. Dann kehre ich zum LKA zurück.«

Christoph vernahm einen gespielten Aufschrei des Kieler Kollegen. »Gott bewahre. Das wäre ja wie bei Pater Braun. Der wurde auch immer strafversetzt.«

Wie gut, dass keiner von euch weiß, wie schön es hier ist, dachte Christoph. Sonst würdet ihr mir den Posten in Husum noch streitig machen. Er wünschte Vollmers alles Gute und dankte ihm für die Unterstützung.

Als Christoph aufgelegt hatte, drehte sich Große Jäger zu ihm um, grinste ihn übers ganze Gesicht an und hielt den Zeigefinger mit dem Trauerrand unter dem Fingernagel in die Höhe. Unverkennbar war die Erleichterung im Gesicht des Oberkommissars zu lesen. Natürlich hatte er das über ihn ausgeschüttete Lob mitbekommen. Ihm war deutlich anzumerken, dass ihn die Auseinandersetzung mit Christoph zuvor doch zu schaffen gemacht hatte.

»Wir sind unterbrochen worden, als wir die Möglichkeit erörterten, dass Fouad al-Shara das Mordopfer von der Eisenbahnbrücke sein kann«, sagte Große Jäger.

»Manches deutet darauf hin. Wir sollten bei der Mutter in Friedrichstadt etwas besorgen, aus dem das LKA einen DNA-Abgleich durchführen kann. Dann hätten wir Gewissheit. Eine Identifizierung kann man beim Zustand des Opfers wohl niemandem zumuten. Wir sollten auch versuchen, vielleicht mit Unterstützung von Nachbarn, herauszufinden, wie der junge Libanese zuletzt gekleidet war. Und ob es andere signifikante Anhaltspunkte gibt. Uhr. Schmuck. Körpermerkmale.«

Mommsen stand auf. »Ich kümmere mich darum. Soll ich die Sachen direkt nach Kiel bringen?«

Christoph überlegte einen Moment. »Das wäre vielleicht das Beste.« Dann hob er entschuldigend die Schultern. »Das ist jetzt ein unglücklicher Moment, wenn du bei der Verabschiedung vom Chef nicht dabei bist.«

»Ist schon gut«, sagte Mommsen und verließ den Raum. Christoph musste ihm nicht erklären, wie die Prioritäten gelagert waren, auch wenn Mommsen sich gern selbst von Polizeidirektor Grothe verabschiedet hätte.

Danach rief Christoph im Eidergymnasium an. Missmutig erklärte der Schulleiter, dass weder Nico von der Hardt noch Jan Harms heute zum Unterricht gekommen waren. Auch Vater und Tochter Hauffe waren der Schule ferngeblieben.

»Wenn wir uns ziemlich sicher sind, dass Jan Harms nicht das Mordopfer von der Eisenbahnbrücke ist, sollten wir uns noch einmal in St. Peter umhören, ob der Junge inzwischen wieder aufgetaucht ist«, sagte Christoph. Große Jäger folgte ihm wortlos.

Der Oberkommissar schwieg auch während der Fahrt an die Spitze Eiderstedts. Entgegen seiner sonstigen Gewohnheit kritisierte er weder Christophs Fahrstil, nachdem er ihm widerstandslos das Lenkrad überlassen hatte, noch gab er Kommentare zum Verhalten der anderen Verkehrsteilnehmer ab.

Im Zentrum des Kurortes herrschte reges Treiben. Urlauber schlenderten mit aller Gelassenheit dieser Welt durch St. Peter, als hätten sie die Beschaulichkeit selbst erfunden. Es wirkte, als würden Stress und Belastungen des Alltags der Feriengäste am Ortseingangsschild zurückbleiben. Wem es sonst in der Schlange im Supermarkt nicht schnell genug gehen konnte, der stand mit seinen Kindern an der Hand geduldig vor dem Eisstand an. Ein bedächtig auf der engen Fahrbahn rangierender Rentner löste kein wütendes Hupen der hinter seinem Fahrzeug wartenden Autos aus, und selbst die zweite Suchrunde über den engen Parkplatz brachte niemanden aus der Ruhe.

»Merkwürdig, welche Verwandlung mit den Menschen vorgeht, wenn sie ihr Urlaubsdomizil an unserer Küste erreicht haben«, sagte Christoph, als sie nur wenig schneller als im Schritttempo durch die hübsche Straße von St. Peter-Bad nach St. Peter-Dorf rollten.

»Das scheint sich aber irgendwann zu geben«, brummte Große Jäger. »Jedenfalls ist die Bedachtsamkeit bei dem überdrehten Nico und dem Anabolikapaket abhandengekommen.«

Wenig später hielten sie vor der Villa von Wilken F. Harms. Der Mann öffnete ihnen persönlich die Tür.

»Moin«, sagte er freundlich und trat bereitwillig zur Seite. »Kommen Sie rein. Ich hab mir gedacht, dass Sie noch mal reinkieken. Ist wegen gestern, nä?« Sie waren noch nicht im Hausflur, als er Christoph ansprach: »Was woll'n Sie trinken? Ihr Kollege – das weiß ich. Der will bestimmt 'nen Weizen.«

»Danke, wir möchten beide nicht«, sagte Christoph.

»O! Scheint ja 'nen büschen ernst zu sein.« Harms schaffte es, einen bekümmerten Gesichtsausdruck anzunehmen. »Aber Platz kann ich Ihnen doch anbieten.«

Er zeigte im geräumigen Wohnzimmer auf die Esszimmermöbel. »Oder sitzen Sie lieber auf'n Sofa?«

Christoph hatte am Esstisch Platz genommen. Den Tisch mit einer über Eck gelegten weißen Tischdecke zierte eine Blumenvase, aus der Gerbera herausragten. Über ihren Köpfen pendelte eine balkenähnliche Lampe mit vier Glühbirnen, die durch geriffeltes gelbes Glas umfasst wurden. Wie bei früheren Besuchen staunte Christoph erneut über den konservativen Einrichtungsstil. Es hätte ihn nicht gewundert, wenn plötzlich die Großmutter um die Ecke gebogen wäre und gestrahlt hätte: »Habe ich nicht ein gemütliches Heim für mein Kind geschaffen?«

Bevor Christoph seine erste Frage stellen konnte, begann Harms zu erzählen. »War 'nen büschen dümmerich von mir. Gestern. Aber Jan war so dun gewesen, dass ich ihn nicht der Öffentlichkeit präsentieren konnte. Ist schon peinlich genug, dass 'ne Reihe von Leuten hier im Dorf wissen, wie die Knaben gesoffen haben.«

»Sie hätten uns viel Arbeit erspart, wenn Sie uns nur einen kleinen Hinweis gegeben hätten.«

»Kann sein. Ich hab ja nicht viel Erfahrung mit der Polizei. Mit so was komm' wir sonst nicht in Berührung. So hab ich gedacht, dass Sie mein' Jung vielleicht was anhängen wollen wegen der Eskapaden – drüben an der Brücke.«

»Welche Brücke meinen Sie?«, mischte sich Große Jäger ein.

Harms sah den Oberkommissar erstaunt an. »Na – die weiße Brücke, wie wir Alten ganz früher gesagt haben. Ich hatte gehört, dass man Patrick Wittenbrink nach Tönning gebracht hat. Mensch, der Jung ist erst zwölf – oder so. Das gibt doch Ärger. Ich kenn sein' Vater. Der macht Terz. Da können Sie sicher sein. Da wollt ich Jan raushalten. Das müssen Sie doch verstehen. Ist ja nicht gut für den Ruf der Restfamilie Harms. Die Leute zerreißen sich sowieso schon das Muulwerk, weil wir beide hier friedlich ohne Frau leben. Und dann sind da noch die Neider, die uns das gute Leben nicht gönnen tun.«

»Wo war Ihr Sohn?«

Harms wies mit dem Zeigefinger gegen die Zimmerdecke. »Da. Das hätt aber nix gebracht, wenn Sie gestern mit ihm gesprochen hätten. Der war voll wie 'ne Strandhaubitze.« Er lächelte nachsichtig, bevor er zu sich selbst sagte: »War 'ne schöne Schweinerei, das alles wegzumachen, was der vollgespuckt hat. Hoffentlich war ihm das 'ne Lehre.« Er sah Verständnis suchend die beiden Polizisten an. »Manchmal hast du es nicht leicht als alleinerziehender Vater.«

»Wie ist Jan nach Hause gekommen?«

»Das weiß er selbst auch nicht mehr. Ich hab ihn gehört, als er gegen die Haustür gefallen ist. Als ich öffnete, lehnte er sich gerade gegen den Rahmen und leerte seinen Mageninhalt aus. Ich hab vielleicht gezittert, dass mich keiner von den Nachbarn sieht, als ich hinterher den Eingang geschrubbt habe.«

Der Mann ist ein Naturtalent als Schauspieler, dachte Christoph, als Harms die beiden Beamten mit einem treuen Dackelblick ansah. »Noch böse?«, fragte Jans Vater.

Christoph fiel es schwer, ernst zu bleiben.

»Wir lassen uns nicht gern an der Nase herumführen«, sagte Große Jäger.

Harms verlieh seinem Gesicht einen bekümmerten Ausdruck. »Kommt nicht wieder vor«, versprach er. »Beides nicht. Auch nicht, dass sich Jan so volllaufen lässt. Na? Wie ist's? Wollen Sie jetzt 'nen Weizen?«

Als Christoph erneut verneinte, vermied er es, dabei Große Jäger anzusehen. Er war sich nicht sicher, ob der Oberkommissar der Versuchung widerstehen konnte, obwohl es erst Vormittag war.

Wenig später klingelten sie an der Haustür von Isabelle von der Hardt. Aus dem Gebäude drang das schrille Geräusch eines Staubsaugers. Nach dem zweiten Versuch erstarb das Sausen, und eine Frau, sie mochte Ende fünfzig sein, öffnete ihnen.

»Moin. Ist Frau von der Hardt im Hause?«, fragte Christoph.

Die Frau schüttelte den Kopf und fuhr sich mit dem Unterarm über die Stirn. »Die ist nicht da.«

»Und Herr Feichtshofer? Oder Herr von der Hardt?«

»Beide.«

»Was, beide?«

»Beide sind da.«

»Können wir mit ihnen sprechen?«

Die Frau sah Christoph ratlos an. »Beiden?«

»Herrn Feichtshofer«, sagte Christoph, bevor die Frau sie weiter in ein Frage-und-Antwort-Spiel verwickelte.

»Moment.« Die Haustür schloss sich wieder, und es dauerte fünf Minuten, bis die Frau wieder erschien.

»Er fragt, was Sie wollen.«

Große Jäger schob Christoph sanft zur Seite. »Schluss mit dem Geplänkel. Wir sind von der Polizei und wollen die beiden Herren abholen, wenn sie sich nicht augenblicklich sputen und mit uns plaudern.«

Die Frau schluckte heftig und stürmte dann zurück ins Haus. Diesmal ließ sie die Tür offen. Kurz darauf kam Feichtshofer zum Eingang getrottet.

»Wird das eine Dauerveranstaltung mit Ihnen?«

»Hör mal zu, du Knackarsch.« Große Jäger war sichtlich verärgert über die Behandlung, die ihnen widerfuhr. »Wenn wir dich eingebuchtet haben, hast du vierundzwanzig Stunden am Tag mit Leuten wie uns zu tun.«

Deutlich sah Christoph das Erschrecken in Feichtshofers Augen. »Ist schon gut. Was wollen Sie denn?«

»Nicht dumm vor der Tür stehen.«

»Kommen Sie.« Feichtshofer führte die beiden Beamten in ein kleines Zimmer, das wie ein intimes Zweitwohnzimmer aussah. Ein kunterbunter Zweisitzer, ein niedriger Tisch, zwei leichte Sessel und ein lichtes Regal aus Stahlrohr und Glas bildeten die Einrichtung, die durch Grafiken an den Wänden und einen Flatscreen ergänzt wurde. Die Bose-Anlage stand auf dem Fußboden, die drei Lautsprecher des Systems waren im Raum verteilt. Es sah noch unfertig aus. Dafür sprach auch, dass das Regal kaum mit Utensilien bestückt war.

Frau von der Hardts Liebhaber ließ sich in einen der Sessel fallen, ohne den Besuchern Platz anzubieten. Christoph setzte sich auf den Zweisitzer, während Große Jäger den zweiten Sessel ganz nah an Feichtshofer heranschob und sich gegenüber platzierte, sodass sich ihrer beider Beine an den Knien berührten. Der Fitnesstrainer rückte ein Stück zurück, aber Große Jäger folgte ihm mit seinem Stuhl.

»Wissen Sie, dass Juristen nicht an der Uni, sondern beim Repetitor studieren?«, fragte Große Jäger.

Feichtshofer sah ihn ratlos an. Er hatte nichts verstanden.

»Die lernen durch ständiges Wiederholen. Aber selbst das scheint nicht bei jedem zu wirken. Nun möchte ich Ihnen noch rechtlich auf die Sprünge helfen.« Große Jäger war wieder zum Siezen übergegangen. »Wir wiederholen jetzt unsere Lektion von gestern. Und zwar so lange, bis wir zu einem Happy End kommen. Ist das klar?«

Der Mann nickte vorsichtshalber, obwohl ihm anzusehen war, dass er den Sinn der Ausführungen des Oberkommissars nicht begriffen hatte.

»Lektion eins: Wie sind Sie in den Besitz von Ina Wiechers Handy' gekommen?«

Feichtshofer sah zu Christoph herüber, als würde er von ihm Hilfe erwarten. Als keine Reaktion erfolgte, blickte er seitlich an Große Jäger vorbei auf den Fußboden, der aus hellen Dielenbrettern bestand.

»Gut. Ich habe Ihre Antwort deutlich vernommen. Sie haben die Frau ermordet und sich dann das Handy angeeignet.«

»Das stimmt doch nicht. Ich habe Ina nicht umgebracht«, rief der Mann aufgebracht. Sein Kopf war puterrot angelaufen, die Schläfenadern traten deutlich hervor. »Ich habe das Handy doch gar nicht in Händen gehalten.«

»Bei unserem letzten Besuch haben Sie aber noch gestanden, das Mobiltelefon an Nico weitergegeben zu haben.«

»Das habe ich nur so gesagt. Weil … weil … Ach, ich weiß es nicht mehr.« Er schnaufte tief durch die Nase. »Sie haben mich so durcheinandergebracht, dass ich nicht mehr wusste, was ich erzählt habe.«

»Ob Ihre Chefin weiß, wie konfus Sie sind?«, lästerte Große Jäger. Doch Feichtshofer ging nicht darauf ein. Er tippte sich mit dem Zeigefinger gegen die Wange.

»Ich bin einfach zu blöd, weil ich den Scheißtyp nicht reinreißen wollte.«

»Und da haben Sie sich selbst des Diebstahls bezichtigt?«

Der Mann winkte ab. »Wo bin ich da nur reingeraten«, stöhnte er. »Isabelle stellt sich unheimlich an mit ihrem Nico. Wenn dem *lieben Kleinen* etwas querläuft, ist sie schlecht drauf. Meistens muss ich als Prellbock dafür herhalten.«

»Wofür werden Sie eigentlich von Frau von der Hardt bezahlt? Es ist doch richtig, dass die Dame des Hauses Sie aushält.«

»Typisch Spießer«, keifte Feichtshofer in Große Jägers Richtung.

Der Oberkommissar grinste. »Kann man vermuten, dass Sie für gelegentliche Eiweißspenden honoriert werden?«

Der Fitnesstrainer sah Große Jäger ratlos an. »Hä?«, fragte er.

Bevor sein Kollege das Gespräch auf dieser Ebene weitertreiben konnte, mischte sich Christoph ein. »Sie behaupten, das Handy nicht in Besitz gehabt zu haben. Ihr erstes Geständnis haben Sie abgegeben, um Nico zu schützen.«

Feichtshofer atmete tief durch. »Ja, so ist es«, stöhnte er gedehnt.

»Sie haben uns viel Mühe bereitet mit Ihren widersprüchlichen Aussagen«, sagte Christoph.

Große Jäger beugte sich vor und tippte mit beiden Zeigefingern auf die Knie des Mannes. »Schon mal was von der Echternacher Springprozession gehört?«

»Was soll das sein?«

»In dem Stück kommen Narren vor. Daher dachte ich, Sie wüssten davon. Im Übrigen wäre es in manchen Situationen günstiger, über etwas mehr Allgemeinbildung zu verfügen, als in den Beipackzetteln von Hormonpräparaten vermittelt wird.«

Feichtshofer war durch das Verhör so weit angeschlagen, dass er Große Jägers Spitze gar nicht mehr registrierte.

»Nun erzählen Sie uns noch einmal, was vorgestern Abend geschehen ist«, forderte Christoph den Mann auf.

Der rückte mit seinem Stuhl ein weiteres Stück von Große Jäger ab. Diesmal folgte ihm der Oberkommissar nicht.

»Ich war hier. Allein. Das kommt oft vor, dass ich keine Ahnung hab, wo sich Nico rumtreibt. Ich habe ein Video geguckt, als ich hörte, wie er nach Hause kam. Erst krachte die Haustür gegen die Wand, dann torkelte Nico durch die Diele und riss den Messingschirmständer um. Ich bin raus aus dem Zimmer und wollte ihm was erzählen. Aber das hat er gar nicht mitgekriegt, so voll war er. Er hatte sich die vollgekotzte Hose an der Treppe ausgezogen und ist dann nach oben verschwunden.«

»Was ist mit der Hose geschehen?«

»Das war eine Sauerei. Ich habe das Dreckding in den Müll geworfen.«

»War es eine Jeans?«

»Ja. Wieso?«

»Die Hose ist noch in der Mülltonne?«

»Nee. Heute war Abfuhr. Man weiß nie, wann Isabelle von ihren Reisen wieder zurückkommt. Ich wollte nicht, dass sie den Stall sieht. Wie gesagt – dann wär sie ausgeflippt.«

»Und warum haben Sie uns das nicht gleich erzählt? Immerhin hätten Sie sich damit ein, wenn auch fragwürdiges Alibi verschafft, als wir Sie fragten, wo Sie den Abend zugebracht haben.«

»Ich war ja zuerst an der Schule. Aber dann bin ich hierher.« Feichtshofer schlug mit der linken Faust in die rechte offene Handfläche, dass es klatschte. »Mit dem Alibi … Darüber hab ich nicht nachgedacht. Wenn schon. Wer hätte mir was nachweisen können. Die Polizei hätte bestimmt rausgekriegt, dass ich nix getan habe.«

»Ihr Vertrauen ehrt uns. Trotzdem ist es nicht richtig, uns in die Irre zu führen.«

»War vielleicht nicht in Ordnung von mir. Aber dem da oben gönne ich die Pest an den Hals. Dem würde ich gern eins auswischen.«

»Haben Sie nach dieser Aktion das Haus noch einmal verlassen?«

»Warum denn? Wo sollte ich hin?«

Sie hatten im Augenblick keine weiteren Fragen an Feichtshofer. Christoph bat den Mann, Nico zu holen.

Der erschien eine Weile später und lehnte sich lässig in den Türrahmen. Die bloßen Beine, die unter den Bermudashorts hervorguckten, hatte er über Kreuz verschränkt. Ein schwarzes T-Shirt mit einem Totenkopf auf der Brust trug er lose über dem Hosenbund. In der linken Hand hielt er einen Aschenbecher, in den er die Asche der Zigarette aus der anderen Hand abstreifte.

»Ich hab null Bock auf diese ewige Quatscherei. Sind unsere Bullen so bescheuert, dass sie sich immer wieder neue Fragen einfallen lassen?«

»Ich möchte Sie noch einmal bitten, sich uns gegenüber zivilisiert zu verhalten.«

Nico zog an seiner Zigarette und blies kunstvoll Ringe in die Luft. »Ach nee. Und was ›zivilisiert‹ bedeutet, bestimmen die Bullen. Toller Polizeistaat.«

Große Jäger war aufgesprungen. »Nun hör mal zu, du Ziegenbart. Du trägst diese Versuchsanordnung von Mickerhaaren am Kinn doch nur deshalb, weil man dich unter der Dusche sonst nicht als Mann erkennen würde. Und deshalb kommt zwischen deinen Lippen nur halb garer Mist hervor.«

Der Junge ließ ein verächtlich klingendes Lachen hören. »Nun lach ich mir 'nen Ast. Der Unterpolyp meldet sich zu Wort.«

Christoph mischte sich ein. »Herr von der Hardt. Kennen Sie Maike Hauffe näher?«

»Was meinen Sie damit?«

Immerhin hat er mich nicht geduzt, registrierte Christoph.

»Haben Sie ein Verhältnis mit dem Mädchen?«

Nico bog sich vor Lachen, konnte aber nicht darüber hinwegtäuschen, dass es sehr künstlich klang. »Sag mal, tickt ihr nicht sauber? Verhältnis! Das ist etwas für euch Gruftis. Frag doch den Wichser«, dabei zeigte er mit der Spitze seiner Zigarette auf Feichtshofer. »Ein Dschi-Dschi flachlegen ist doch kein Verhältnis.«

»Was ist ein Dschi-Dschi?«

»Geiles Girl. Mann! Seid ihr bekloppt.«

»Sie geben zu, mit Maike intime Beziehungen gehabt zu haben?« Christoph ließ sich durch die Aggressivität des jungen Mannes nicht beirren.

»Das geht euch 'nen feuchten Kehricht an.«

»Immerhin ist Maike schwanger.«

»Na und? Das weiß ich schon lange.«

»Sind Sie der Vater? Das lässt sich durch eine DNA einfach nachweisen.«

»Nix DNA. Maike ist sechzehn. Und ich bin volljährig. Hat sie behauptet, vergewaltigt worden zu sein? Siehste. Wer sie bestückt hat, interessiert die Bullerei überhaupt nicht. Ist das klaro?«

Leider hatte der Junge recht. In diesem Punkt waren sie machtlos, obwohl es vielleicht für die Ermittlungen von Interesse gewesen wäre.

»Ist Maikes Vater auch dieser Auffassung?«, hakte Christoph nach.

»Fragen Sie ihn doch selbst. Diese Fehlfarbe …«

»Sparen Sie sich diese rassistischen Bemerkungen!«

»Wollt ihr mich nicht ausreden lassen? Der Typ hat doch Dynamit im Blut. So jähzornig, wie der ist. Ich glaube, der braucht keine Bullen, um die Sache allein zu klären.«

»Und nun fürchten Sie sich vor ihm? Genauso wie vor Ina Wiechers, die Ihre schulische Karriere zu zerstören drohte.«

»Vor Hauffe, diesem Schisser? Den mach ich doch platt, bevor der atmen kann.«

Große Jäger hatte sich Nico von der Hardt nahezu unmerklich genähert. Jetzt stand er direkt vor ihm. »Hör mal, du Flachwichser. Wenn du Arschgeige meinst, wir Gruftis können nur wie Goethe schwadronieren, dann hast du dich getäuscht. Ich spreche Deutsch in Varianten, von denen so eine Hohlladung wie du nicht den Hauch einer Ahnung hat. Ich kann mir nicht vorstellen, dass eine

Zweitausgabe von Maulheld wie du jemals von einem vernünftigen Girlie auch nur auf Geruchsnähe herangelassen wird. Du – und Vater? Du musst doch aufs Damenklo, weil dich als Mann niemand ernst nimmt. Hast du eine Ahnung, wie das ist, wenn die wirklich harten Jungs dir das Labskaus rektal füttern, nachdem wir dich eingebuchtet haben? Und das ist noch harmlos. Was meinst du, wie du im Knast stinken wirst, weil du dich während der ganzen Zeit vor lauter Furcht nicht nach der Seife bücken wirst? Ist das klar?«

Nico hatte sich vom Türrahmen gelöst und war einen Schritt zurückgewichen. »Ist schon gut, Mann«, stöhnte er. »Ich hatte ja keine Ahnung, dass Sie so humorlos sind.«

Christoph sah, wie Große Jäger nur mühsam ein breites Grinsen unterdrücken konnte. Der Oberkommissar hatte es in seiner unnachahmlichen Art wieder einmal geschafft, eine vermeintlich harte Festung zu knacken. Nicos Kapitulation war deutlich daran zu erkennen, dass er Große Jäger siezte.

»Maike ist ein prima Mädchen«, sagte der Junge trotzig. »Wir verstehen uns gut. Und mehr sage ich nicht dazu.«

»Wir wissen inzwischen, dass Sie das Handy nicht von Herrn Feichtshofer bekommen haben. Wollen Sie uns endlich sagen, wie Sie in den Besitz des Geräts gelangt sind? Es könnte die Schlussfolgerung gezogen werden, dass der Mörder von Ina Wiechers sich am ehesten das Handy aneignen konnte.«

Nico schluckte heftig. »Ehrlich. Mit dem Mord habe ich nichts zu tun. Okay. Ich habe die alte Schabracke nicht leiden können. Aber deshalb bringe ich sie doch nicht um. Die Sache mit der Schule – das hätte meine Mutter schon zurechtgebogen. Irgendwie.«

Er schob sich eine neue Zigarette zwischen die Lippen und suchte vergeblich nach Feuer. »Scheiße. Ich habe keinen Taschendrachen an Bord.«

Große Jäger reichte ihm sein Feuerzeug.

Nachdem Nico einen tiefen Zug genommen hatte, fuchtelte er mit seiner Hand in der Luft herum, als würde er die Rauschschwaden vertreiben wollen. »War saublöd von mir«, gestand er ein. »Ich war im Sekretariat. Die Papiermieze hat seit einiger Zeit Faulfieber. So sagen wir, wenn jemand nicht wirklich krank ist und nur blaumachen will. Also – kurz gesagt: Da lag das Ding. Ich habe es mit-

gehen lassen. War Scheiße. Sonst klaue ich nicht. Habe ich nicht
nötig. Ich sage es meiner Mutter, und schon ist das Ding gefrüh-
stückt.«

»Lag dort noch mehr herum?«

»Natürlich. Die Bude ist doch voll mit Kram.«

»Haben Sie dort ein Notebook gesehen?«, fragte Christoph.

»Nee. Das war da nicht. Bestimmt.«

»Da haben Sie sich einiges ans Bein gebunden. Den Diebstahl
werden wir nicht unterdrücken können. Die Sache mit dem Komasaufen an der Seebrücke wird auch noch Folgen haben. Wie Sie das
Ihrer Mutter erklären wollen, wird Ihre Sache sein.«

Zum ersten Mal machte der junge von der Hardt keinen aggres-
siven, sondern eher einen unglücklichen Eindruck.

Es war ein frostiger Abschied, als die beiden Beamten das Haus
verließen.

Vom Auto aus riefen sie Mommsen an.

»Ich bin auf dem Weg nach Kiel«, berichtete der junge Kommissar. »Es war nicht einfach, die Mutter zu überzeugen, dass wir etwas Persönliches von ihrem Sohn benötigen. Ein Nachbar hat beim
Dolmetschen geholfen. Nicht nur die Mutter, sondern auch andere
Bewohner des Hauses waren sehr aufgeregt. Sie haben mich bedrängt
und wollten wissen, wo Fouad ist. Das Ganze ging einher mit Vor-
würfen der Ausländerdiskriminierung gegen alles und jeden. Dann
ist da noch etwas.«

Mommsen legte eine Kunstpause ein. »Ich habe mir die Armbanduhr und die vermutlich letzte Bekleidung des Libanesen beschreiben lassen. Anschließend habe ich mit der Spurensicherung
gesprochen.« Erneut folgte eine kurze Pause. »Es scheint, als gäbe
es da Übereinstimmungen. Ich halte es für sehr wahrscheinlich, dass
wir das Opfer von der Eisenbahnbrücke identifiziert haben.«

»Wir sollten das K1 aus Itzehoe informieren«, schlug Christoph
vor.

»Ist schon geschehen«, sagte Mommsen. »Die Kriminaltechnik
hat aber noch etwas festgestellt. Ihr erinnert euch, dass an der Leiche von Ina Wiechers Mikrospuren einer Jeans entdeckt wurden?
Vermutlich von derselben Hose sind Spuren an einem Klettver-

schluss hängen geblieben, mit dem Fouad al-Shara seine Handytasche am Hosengürtel befestigt hatte.«

»Wie haben die das herausbekommen? Von dem Opfer war, nachdem der Zug es überrollt hatte, nicht mehr viel übrig«, staunte Christoph.

»Das kann ich dir auch nicht sagen«, erwiderte Mommsen.

»Unser Kind ist ein pfiffiges Kerlchen«, brummte Große Jäger anerkennend, nachdem Christoph das Gespräch beendet hatte. »Und damit stehen wir vor einem Problem. Wo liegt die Verbindung zwischen diesen beiden Morden? Es gibt wohl kaum noch einen Zweifel, dass wir es mit demselben Mörder zu tun haben. Die Jeansspuren und die ›Drahtmethode‹. Außerdem bringen diese Spuren noch eine andere Tatsache ans Tageslicht.« Versonnen lächelnd sah er Christoph an. »Hast du im Ernst geglaubt, ich könnte in Verbindung mit dem Tod des Libanesen stehen?«

»Du hattest vor Zeugen gedroht, al-Shara alle machen zu wollen.«

»Da war ich zornig, weil der Kerl Hilke übel zugerichtet hat.«

»Dein Verhalten war merkwürdig. Du hast verheimlichen wollen, wo du dich in der Nacht aufgehalten hast, als der Libanese ermordet wurde. Außerdem wurde dein Auto vor dessen Haus gesehen. Was würdest du in einem solchen Fall denken?«

»Nun, ja. Wahrscheinlich hätte ich die gleiche blöde Idee, die dir im Kopf herumgeisterte«, gab Große Jäger zu. »Aber das ist doch völlig abwegig. Hast du eigentlich den Quatsch geglaubt, den du von dir gegeben hast? Ich hatte ein schlechtes Gewissen, weil …«

Christoph lachte spöttisch. »Du mit deinem guten Herzen.«

Große Jäger sah ihn treuherzig an. »Ich habe geglaubt, dass mich die Schuld trifft, als man Hilke tätlich angegriffen hat. Wenn ich sie nicht allein auf dem Marktplatz zurückgelassen hätte, wäre das nicht geschehen. Das wollte ich wiedergutmachen, indem ich den Täter ergreife. Und die ungeplante Sauferei mit dem Hausmeister – das war dumm.«

Christoph klopfte dem Oberkommissar kameradschaftlich auf den Oberschenkel. »Du bist zwar ein alter Querkopf, aber eine Gewalttat hätte ich dir mit Sicherheit nicht zugetraut. Nun lass uns aber einen Gedanken daran verschwenden, welche Motive es für die beiden Morde gibt.«

»Wenn Ina Wiechers, die kein Kind von Traurigkeit war, nun auch eine erotische Beziehung mit dem Libanesen hatte? Niemand hat uns weismachen wollen, dass die Frau ein Keuschheitsgelübde abgelegt hat. Vielleicht ist Fouad deshalb immer um die Schule herumgeschlichen. Und ein anderer Lover der Lehrerin war eifersüchtig.« Große Jäger kratzte sich an seinen Bartstoppeln. »Oder bei seiner Schnüffelei auf dem Schulgelände hat Fouad etwas gesehen, das den Täter verraten würde«, sagte Große Jäger.

»Grundsätzlich ist das nicht auszuschließen. Dagegen spricht aber, wie die Tat ausgeführt wurde. Wenn nur ein lästiger Zeuge beseitigt werden soll, betreibt der Täter nicht einen solchen Aufwand, indem er den Libanesen zur Brücke schleppt und festbindet. Der Junge muss grauenvolle Stunden verbracht haben, weil ihm bewusst war, was ihm droht, wenn der erste Zug kommt. Ich mag mir diese Situation nicht vorstellen. Die Handlungsweise des Täters ist fern jeder Menschlichkeit. Selbst wenn man einen abgrundtiefen Hass gegen einen anderen hegt, denkt man sich nicht ein solches Vorgehen aus. Das war die grausamste Hinrichtung, von der ich je gehört habe. Man muss Zweifel haben, ob hier ein geistig gesunder Mensch gehandelt hat.«

Große Jäger schwieg eine Weile betreten, bevor er antwortete. »Die Spurensicherung sprach immer von Jeans. Und von Feichtshofer haben wir gehört, dass Nico von der Hardt eine angeblich vollgespuckte und verdreckte Jeans in den Hausmüll geworfen hat. Dieser Spur müssen wir unbedingt folgen.«

»Stopp«, warf Christoph ein. »Die Jeans hat nicht Nico entsorgt, sondern Feichtshofer. Der Bodybuilder hat gesagt, dass er die Hose in den Müll geworfen hat. Logisch betrachtet entlastet das Nico, da er ein mögliches Beweisstück nicht selbst beiseitegeschafft hat.«

»Und wenn uns die beiden mit ihrer vorgeblichen Animosität nur etwas vorgespielt haben und gemeinsame Sache machen?«

»Auszuschließen ist grundsätzlich nichts.«

»Mensch, da gibt es so viele schöne und verantwortungsvolle Berufe, bei denen du nicht immer nur vor einem Berg von Fragen stehst. Stell dir vor, du bist Vorstandsprecher einer großen Bank. Da steht kein Fragezeichen hinter der Überlegung, wie viel Geld du dir jeden Monat einstecken darfst.«

Christoph schüttelte den Kopf. »Du und deine krausen Gedanken. Deshalb bin ich Polizist geworden, damit ich nie in die Situation geraten kann, dir als Verdächtiger gegenüberzustehen.«

Große Jäger nahm Kontakt zur Dienststelle auf und bat Kriminalhauptmeister Schöller, sich darum zu bemühen, Nicos Jeans vor der endgültigen Entsorgung durch die Müllabfuhr zu retten.

»Werner war hellauf begeistert von dieser Aufgabe«, sagte der Oberkommissar, nachdem er das Gespräch mit Husum abgeschlossen hatte. Bevor er weiterberichten konnte, rief Oberkommissar Dettinger von der Polizei St. Peter-Ording an.

»Ich habe einen Zeugen gefunden, der mit seinem Hund Gassi gegangen ist. Das war kurz vor elf. Der Mann kann sich an diese Uhrzeit erinnern, weil er jeden Abend nach den Tagesthemen seinen Hund nach draußen führt.«

»Armer Köter«, fuhr Große Jäger dazwischen. »Dem Vieh platzt am Freitag und Sonntag die Blase. An diesen Tagen kommen die Tagesthemen immer später.«

»Was meint ihr?«, fragte Dettinger dazwischen.

»Der Kommentar war nicht für die Öffentlichkeit«, sagte Christoph.

»Die Zeugenaussage stimmt auch zeitlich mit dem anderen Einsatz überein. Ich war um elf Uhr an der Seebrücke, als ich dorthin gerufen wurde, und habe den hilflosen Patrick Wittenbrink gefunden. Zu der Zeit waren die beiden Jungs schon Richtung Dorf unterwegs. Der Zeuge …«

»Der Mann mit dem Hund«, warf Große Jäger ein.

»Genau. Der hat beobachtet, wie sich einer der beiden Jugendlichen auf der Straße übergeben hat. Ich bin zur angegebenen Stelle gefahren. Dort sieht man immer noch die Überreste. Ich war mir nicht sicher, ob ich eine Probe nehmen soll. Solche Entscheidungen liegen bei euch von der Kripo.«

»Wir kümmern uns darum.«

»Außerdem waren an dem Gelage noch zwei weitere Jugendliche beteiligt. Ich kenne auch die Namen. Ein Siebzehnjähriger und ein sechzehnjähriges Mädchen. Die beiden sind aber nicht bis zum Schluss geblieben und waren anscheinend auch nicht so betrunken wie die drei anderen Beteiligten.«

»Danke, Stefan«, schloss Große Jäger und fuhr, zu Christoph gewandt, fort: »Damit dürften Jan Harms und Nico von der Hardt als Täter ausscheiden. Ich traue keinem von beiden zu, dass sie die Trunkenheit so vollkommen gespielt haben, nur um sich ein Alibi zu verschaffen.« Der Oberkommissar stöhnte theatralisch. »Das vereinfacht die Sache ungemein. Jetzt kommen nicht mehr alle zweiundachtzig Millionen Bundesbürger als Tatverdächtige infrage.«

Zu Recht behaupten viele Menschen, das Paradies auf Erden hätte der liebe Gott mit ihrer Heimat geschaffen. An diesem Tag trug Petrus aber zusätzlich sein Scherflein dazu bei, dass der Born der Lebensfreude in Nordfriesland zu finden war. Ein strahlend blauer Himmel, ein sanfter Hauch, der die würzige Seeluft vom Wasser herübertrug, und die lässige Beschaulichkeit, die man sonst nur den kleinen Hafenorten rund um das Mittelmeer zuschreibt, waren Balsam für die Seele.

Ob der Chef das auch so empfindet?, dachte Hilke, als sie in der Ludwig-Nissen-Straße aus dem Auto ihres Mannes stieg. Gegen seinen Protest hatte sie darauf bestanden, an der Abschiedsfeier für Polizeidirektor Grothe teilzunehmen.

Langsam schlenderte sie über den Parkplatz auf den Eingang des Hotels Altes Gymnasium zu, das für sich in Anspruch nahm, zu den renommiertesten des Landes zu gehören. Zur rechten Hand erstreckte sich der Neubau mit den komfortablen Zimmern. Sie umrundete den Teich vor dem wuchtigen Portal mit dem geschwungenen Baldachin und trat in das prachtvolle Foyer des unter Denkmalschutz stehenden Backsteingebäudes.

Große Kronleuchter an der dunklen Holzbalkendecke gaben dem Entree heute ein anderes Ambiente als zu jener Zeit, in der Rudolf Eucken an der Husumer Gelehrtenschule als Lehrer tätig war. Kaum jemand weiß heute noch, dass der Mann der zweite Deutsche ist, der mit dem Nobelpreis für Literatur ausgezeichnet worden ist. Überhaupt ist es interessant, dass das Schaffen fast der Hälfte der deutschen Preisträger mit Schleswig-Holstein verbunden ist, wenn man Thomas Mann und Günter Grass mit einbezieht, dachte Hilke.

Gleich am Eingang sah sie die große Hinweistafel. »Empfang PD Grothe – Historische Aula – 1. Etage.« Hilke wollte den Raum durchqueren, als sie Ruth Fehling bemerkte. Die langjährige Sekretärin des Chefs, wie immer stilvoll in einem eleganten Kostüm gekleidet, trat auf sie zu.

»Frau Hauck. Das ist schön, dass Sie gekommen sind. Da wird sich der Chef freuen. Wie geht es Ihnen?«

Hilke wehrte ab. »Danke. Gut. Es sind nur noch ein paar kleine Wehwehchen. Das wird schon wieder.«

Frau Fehling zeigte auf die Treppe im Hintergrund. »Dort geht es hinauf.«

Mühsam erklomm sie die Stufen. Sie mochte sich nicht anmerken lassen, dass ihr körperliche Anstrengungen immer noch Mühe bereiteten, auch wenn ihre beiden Töchter darauf wenig Rücksicht nahmen. Die Hausfrau und Mutter hatte immer zu »funktionieren«.

Aus der Aula drang gedämpftes Stimmengewirr. Sie betrat den beeindruckenden Raum mit den restaurierten Ornamentfenstern und Fresken und ließ das schlichte, aber beeindruckende Interieur einen Moment auf sich wirken.

Dann entdeckten sie Kollegen von der Polizeidirektion. Sie musste eine Reihe von Händen schütteln und immer wieder erneut bekunden, dass es ihr den Umständen entsprechend gut gehen würde. Sie hielt vergeblich Ausschau nach Christoph, Große Jäger oder Mommsen.

Einer der »Drogisten« kam auf sie zu.

»Christoph und der Onkel sind unterwegs. Harm ist auf dem Weg ins LKA. Und Werner Schöller flucht wie ein Rohrspatz. Er sitzt auf der Dienststelle und versucht, die Müllabfuhr zu stoppen«, erklärte der Kollege. »Mehr weiß ich nicht. Im Augenblick geht es ziemlich rund.« Er wurde ernst. »Ich habe auch noch nichts davon gehört, dass man den Typen, der dich so zugerichtet hat, erwischt hat.«

»Früher oder später fassen wir ihn«, sagte Hilke tapfer und nahm einem Kellner ein Glas Orangensaft ab, nachdem sie den angebotenen Sekt verschmäht hatte. Sie entdeckte Polizeirat Christiansen im Gewühl und drückte ihm die Hand. Dann sah sie Dr. Starke aus Flensburg. Der braun gebrannte Kriminaldirektor balancierte lässig ein Sektglas zwischen Daumen und Zeigefinger und bemühte sich, eine kleine Gruppe von Männern in ein Gespräch zu verwickeln. Hilke schlug einen Bogen um die Ansammlung und zog sich in eine Ecke zurück, in der sie einen Mann mit grauem Bürstenhaarschnitt und einer gestreiften Fliege entdeckte.

»Hallo, Peter«, grüßte sie den ehemaligen Kollegen, den sie aus ihrer Zeit bei der Schleswiger Kripo kannte.

Sie wechselten ein paar belanglose Worte, und sie musste erneut ihre Geschichte wiederholen, bevor der Schleswiger seine Stimme senkte.

»Hast du Dr. Starke schon entdeckt?«

Hilke nickte.

»Weißt du von dem Gerücht, dass er Nachfolger von Grothe werden soll?«

Entsetzt sah Hilke den Mann an. Sicher wurden solche Vermutungen schon seit geraumer Zeit geäußert. Aber Peters Talent, früher als andere von kommenden Entwicklungen zu hören, kannte sie noch aus Schleswiger Zeiten.

»Sag bloß«, war ihr ganzer Kommentar.

Peter nickte heftig, dass die Fliege wackelte. »Doch. Ich hab es aus zuverlässiger Quelle.« Er zwinkerte mit dem rechten Auge. »Du weißt schon. Ist ja nicht unbekannt, dass Dr. Starke karrieregeil ist. Er will mit Macht nach oben. Sieht so aus, als müsste er dabei noch eine Zwischenstation bei euch in Husum einlegen.«

Das war in der Tat eine wenig erfreuliche Nachricht. Einen Moment wünschte sich Hilke, sie wäre zu Hause geblieben.

»Das ist aber noch nicht alles«, wisperte Peter. »Die Leitung der Kripostelle Husum ist eine Position des höheren Dienstes, also Kriminalrat.«

»Und? Sie wird kommissarisch durch Christoph Johannes wahrgenommen.«

»Ja. Man erzählt sich, dass der ungern und nur unter Protest nach Husum gekommen ist. Jetzt soll er wieder zurück. Nach Kiel. Ins LKA.«

197

»Das kann ich mir nicht vorstellen. Christoph hat sich gut eingelebt und fühlt sich pudelwohl bei uns.«

»Mag ja alles sein. Trotzdem wird ein Neuer gehandelt. Vielleicht sagt dir der Name etwas?«

Peter tat geheimnisvoll und wartete darauf, dass Hilke nachfragte.

»Wer soll es sein?«

»Lüders heißt der. Kriminalrat in der Abteilung drei. Staatsschutz.«

»Nie gehört.«

»Soll ein merkwürdiger Kerl sein. Zyniker. Einzelgänger. Aber versteht wohl etwas vom Geschäft.«

Sie wurden durch eine Gruppe von Männern unterbrochen, die die Aufmerksamkeit der Anwesenden im Saal auf sich zog. Angeführt vom Landrat folgten der Bürgermeister und ein dritter Mann im dunklen Anzug.

»Das ist der Leiter der Polizeiabteilung im Innenministerium«, raunte Peter ihr ins Ohr. Kurz darauf betrat der Landespolizeidirektor die Aula. Nicht nur Dank der zwei goldenen Sterne und des Eichenlaubs war er eine imposante Erscheinung. Der Mann war in der Landespolizei eine Institution, auch wenn er sich nach der Polizeireform »nur noch« Leiter des Landespolizeiamtes nennen konnte. Wie ein königlicher Hofmarschall schritt der oberste Polizist zur Stirnseite der Aula voran, in angemessenem Abstand gefolgt vom Chef.

Anhaltender Beifall begleitete Polizeidirektor Johannes Grothe, der in seiner Uniform mit den drei goldenen Sternen all denen, die ihn vom Dienst her kannten, fast ein wenig unwirklich erschien. Ohne Hosenträger und vor allem ohne brennende Zigarre wirkte er fast fremd, auch wenn die Uniformjacke vor dem Bauch mächtig spannte.

Wilderich würde jetzt wahrscheinlich eine Wette anbieten, ob die Knöpfe die Veranstaltung über halten, überlegte Hilke.

Bei Grothe hatte sich eine kleine rundliche Frau eingehakt. Mit ihren frisch frisierten Haaren und dem pastellfarbenen Kleid, das fast bis zur Mitte der Wade reichte, wirkte sie unsicher, als sie schutzsuchend neben ihrem Mann durch das Spalier schritt. Frau

Grothe, die ebenso bodenständig war wie ihr Mann und das Leben im überschaubaren Wesselburen liebte, trug ihre Verlegenheit deutlich zur Schau. Die Bernsteinkette und die cremefarbene Handtasche in der rechten Armbeuge erinnerten ein wenig an die englische Königin. Nur in der kräftigen Statur zeigten sich deutliche Unterschiede.

Das Ehepaar Grothe nahm in der ersten Reihe Platz, eingerahmt von den anderen Würdenträgern oder denen, die sich selbst dafür hielten.

Peter stieß Hilke an, als sich Dr. Starke beinahe unsanft an anderen Leuten vorbeidrängelte, um ebenfalls einen Stuhl zu ergattern, mit entrüstetem Gesicht aber nur einen Platz in der zweiten Reihe fand.

Der Beamte aus dem Innenministerium eröffnete die Veranstaltung mit einem Grußwort des Ministers und betonte die bedeutende Rolle, die Johannes Grothe während seiner Zeit bei der schleswig-holsteinischen Polizei gespielt hatte. Es waren aber eher austauschbare Worte – ein Manuskript –, in das jeder andere beliebige Name hätte eingefügt werden können.

Im Unterschied dazu fand der Landespolizeidirektor sehr persönliche Worte. Man hatte den Eindruck, als müsse er heute von einem lieben Freund beruflich Abschied nehmen anstatt von einem verdienstvollen Polizeibeamten.

Der Landrat würdigte Grothes Verdienste für die Region. Natürlich klang es so, als wäre es dem Chef allein zu verdanken, dass sich die Bürger an der Nordspitze Deutschlands sicher vor den Auswüchsen der Kriminalität fühlen konnten. Es ließ sich nicht vermeiden, dass auch der Bürgermeister eine Lobeshymne loswerden wollte.

Nach Hilkes Auffassung wurde es wieder persönlicher, als der Vorsitzende des Personalrats dem Chef im Namen aller Mitarbeiter der Polizeidirektion dankte. Er fand die richtigen Worte, um das auszudrücken, was wohl alle dachten.

»Chef«, schloss er seinen Beitrag, »wir werden Sie vermissen. Das sei Ihnen versichert.«

Grothe wischte sich verstohlen die Augenwinkel. Er fiel ihm sichtlich schwer, seine Rührung zu verbergen. Nordfriesland – das war *sein* Land gewesen. Hier hatte er die Aufgabe gefunden, die sein Lebensinhalt gewesen war.

Mit zunächst stockenden Worten, dann aber immer flüssiger, ließ der Chef noch einmal seine langen Jahre bei der Polizei Revue passieren. Kurz vor dem Ende seiner Ausführungen hielt er abrupt inne, griff sich an die Brust und förderte sein Zigarrenetui aus der Innentasche der Uniform zutage. Unter dem tosenden Applaus der Anwesenden entzündete er eine seiner dicken Zigarren, blies aus vollen Wangen mit einem schelmischen Lachen den Rauch in die Luft und sagte: »Damit ihr mich nie vergesst.« Dann zog er seine Frau gegen deren Widerstand vor die Versammlung, nahm sie zärtlich in den Arm und flüsterte ihr zu: »Ohne dich, meine Grete, wäre das alles nicht machbar gewesen.«

Der Beifall währte minutenlang. Und niemand bemerkte zunächst, wie sich die große Tür der Aula behutsam geöffnet hatte und plötzlich mit fröhlichem Geschrei eine kunterbunte Kinderschar den Festsaal stürmte, gefolgt von Karlchen, der in seiner schrillen Aufmachung jedes Kind in den Schatten stellte.

Die Kinder gruppierten sich zu einem Chor und sangen mit unverdorbener Inbrunst und durch kleine spaßige Einlagen und Kunststücke unterbrochen heimatliche Folklore. Eine Sechsjährige mit deutlich sichtbaren Zahnlücken rezitierte Theodor Storms »Graue Stadt am Meer«. Niemanden störte es, dass die Kleine zahlreiche Texthänger hatte und Karlchen soufflierte. Und bei der abschließenden Hymne der Küstenbewohner »Wo die Nordseewellen« stimmten alle Anwesenden ein.

Während die Abschiedsgeschenke an den Chef überreicht wurden und er sich besonders über den Humidor aus Riozedernholz freute, für den die Mitarbeiter der Polizeidirektion gesammelt hatten, tauchte Ruth Fehling neben Hilke auf. »Warum muss der Mensch einem immer solche Schrecken einjagen?«

Hilke sah die Sekretärin des Chefs verständnislos an. »Wer? Herr Grothe?«

»Nein«, lachte Frau Fehling. »Ihr Kollege Große Jäger. Seit Wochen habe ich gezittert, weil ich nichts von ihm gehört habe. Er hatte versprochen, sich um das Rahmenprogramm für die Verabschiedungsfeier zu kümmern. Er hätte doch nur ein Wort verlauten lassen können, dass er alles mit dem Lebenspartner von Herrn Mommsen abgestimmt hat. Karlchen – so sagen Sie doch – hat den Auftritt der Kinder von langer Hand vorbereitet.« Frau Fehling schüttelte heftig ihren Kopf. »Also. So was.«

Was sollte Hilke darauf erwidern? Sie reihte sich in die Schlange derer ein, die dem Chef ein letztes Mal ein paar persönliche Worte sagen und ihm die Hand drücken wollten. Dann schlich sie unbemerkt zum Ausgang. Vor der Tür des Hotels griff sie zu ihrem Handy und wählte Christophs Nummer, um ihn zu informieren.

Der dünne Rauchfaden kräuselte sich gen Himmel. Versonnen sah Große Jäger dem blauen Dunst nach, der von seiner Zigarette aufstieg. Er lehnte gegen das Autodach, inhalierte und lauschte mit einem Ohr ins Wageninnere.

Christoph hatte den Lautsprecher auf Mithören gestellt, so bekam der Oberkommissar Hilkes Bericht über die Abschiedsfeier des Polizeidirektors mit.

»Jetzt hast du dich ganz umsonst fein herausgeputzt«, lästerte Große Jäger und musterte Christoph, der immer noch seinen Blazer und die Krawatte trug. Er war – wie jeden Tag – mit seiner abgewetzten Jeans, dem Holzfällerhemd und der fleckigen Lederweste bekleidet.

»Du hast die arme Frau Fehling ganz schön an der Nase herumgeführt. Ich habe bisher noch nie erlebt, dass sie die Fassung verloren hat, aber die Überraschung, die du für den Chef zum Abschied organisiert hast, hättest du zumindest ihr ankündigen können.«

Große Jäger zeigte seine nikotingelben Zähne. »Wäre es dann noch eine Überraschung gewesen? Gottlob ist Karlchen ausgesprochen verschwiegen und diskret und hat auch gegenüber Harm nichts verraten.« Er lächelte versonnen in sich hinein. »Nun ja. Du erzählst deiner Ehefrau ja auch nicht alles. Im Übrigen hatte ich zunächst die Idee, dass deine Anna einen Bauchtanz aufführen sollte. Das wäre bei den alten Männern aus Kiel sicher gut angekommen. Ich fürchtete aber, dass ich von ihr einen Korb bekommen hätte. Dann hatte ich überlegt, ob ich Blödmann ein paar Kunststücke beibringe und als Hundedompteur auftrete. Aber da war nichts zu machen. Der verflixte Köter hat seinen eigenen Willen.« Er wollte sich eine weitere Zigarette anzünden, aber Christoph hielt ihn davon ab.

»Wir sollten jetzt gehen«, sagte er und stieg aus. Missmutig trottete Große Jäger hinter ihm auf den Eingang des Eidergymnasiums zu. Die Tür war verschlossen, aber wie auf Kommando erschien der Hausmeister.

»Moin, Harry«, begrüßte ihn Große Jäger jovial. »Ist dein Boss noch da?«

Trochowitz zeigte auf ein älteres Herrenrad, das deutliche Gebrauchsspuren aufwies. »Müsste eigentlich. Sein Drahtesel steht da noch.«

»Dann lass uns mal rein.«

»Wie ich euch kenne, wollt ihr zuerst in meinen Werkraum gucken. Da habt ihr immer so gemacht«, sagte der Hausmeister.

»Heute nicht, Harry. Ich glaube, die Bierkiste, die dort stand, ist inzwischen leer.«

Trochowitz senkte das Haupt wie ein ertappter Schüler. Plötzlich blieb Christoph stehen und zeigte auf das Schild an der Tür eines Klassenraumes. »Ist das die Zehnte?«

»Von Beethoven?«, lästerte Große Jäger. »Toll. Endlich haben wir sie gefunden. Bisher waren nur neun bekannt. Und die letzte hat der Alte auch nicht zu Ende gekriegt.«

Trochowitz starrte den Oberkommissar mit offenem Mund verständnislos an.

»Klassenlehrer der 10 a ist doch Herr Hauffe?«

»Ja«, antwortete der Hausmeister und zog das »a« dabei kunstvoll in die Länge. »Warum?«

»Wo halten die Lehrer sich auf, wenn sie in einer Freistunde oder nach dem Unterricht noch Arbeiten in der Schule zu erledigen haben?«

»Im Lehrerzimmer. Ist doch logisch«, erklärte Trochowitz. »Der Klassenraum ist voll. Da sitzen die Schüler.«

»Ich meine, nachmittags, wenn die Kinder nicht mehr im Hause sind.«

Der Hausmeister grinste breit. »Dann sind die Lehrer auch weg.«

»Nehmen wir an, sie haben noch etwas in der Schule zu erledigen.«

Jetzt zuckte der Mann im grauen Kittel die Schultern. »Keine Ahnung. Vielleicht im Lehrerzimmer. Ich weiß es wirklich nicht.« Christoph probierte die Türklinke. Der Klassenraum war verschlossen.

»Das ist wegen der Sachen, die da drin sind«, erklärte Trochowitz. »Hier wird wie sonst was geklaut.«

Christoph erinnerte sich an die Aussage Nico von der Hardts, der unbemerkt Ina Wiechers' Handy aus dem unbesetzten Sekretariat hatte entwenden können.

»An dem Tag, als Rebecca Ehrenberg zu Rantzau überfallen wurde, waren doch Herr van Oy und zwei Lehrer in der Schule.«

»Ich glaube.«

»Frau Wieslmayr und Herr Hauffe.«

Trochowitz sah Christoph mit großen Augen an.

»Sie haben damals gesagt, der libanesische Junge wäre um die Schule herumgeschlichen. Das hat auch Herr Hauffe bestätigt. Wo haben Sie den Jugendlichen gesehen?«

»Na – vorne. Auf dem Schulhof vorm Haus.«

Christoph zeigte auf die Tür des Klassenraumes. »Können Sie die bitte einmal öffnen?«

Der Hausmeister kramte sein Schlüsselbund hervor, suchte und murmelte vor sich hin: »Hier ist der Generalschlüssel.«

Christoph trat ein. Das Zimmer sah wie tausend andere Unterrichtsräume aus. Die Tische standen in Hufeisenform, und da der Platz nicht ausreichte, waren in der Mitte weitere Tische aufgestellt. In die hintere Ecke drückte sich ein Blechschrank, der rund um das Schloss zahlreiche Kratzspuren aufwies. Es sah aus, als hätten ganze Schülergenerationen versucht, ihn zu öffnen.

Die Wände waren mit Kratzern und Farbspuren übersät. Von der Decke blätterte die Farbe ab, und in den Fensternischen hatten sich dunkle Flecken von der eindringenden Feuchtigkeit gebildet. Die Tafel an der Stirnseite war oberflächlich gewischt. Schwach konnte Christoph noch englische Vokabeln darauf erkennen.

Den Schülern zugewandt stand der Tisch des Lehrers etwas abseits. Christoph nahm auf dem Drehstuhl Platz und betrachtete die Tischplatte, die noch intensiver zerkratzt war als die Pulte der Schüler. Offensichtlich hatten die Kinder über die Jahrgänge hin-

203

weg ihr Vergnügen daran gefunden, Sprüche und Schimpfwörter in den Lehrerarbeitsplatz zu ritzen.

Große Jäger und der Hausmeister standen am Eingang und sahen ihm schweigend zu. Es war still im Raum. Während des Unterrichts wird der Pädagoge diese Ruhe kaum genießen können, überlegte Christoph und ließ seinen Blick aus dem Fenster schweifen.

Im Hintergrund sah man die Treene, Friedrichstadts Hausfluss, obwohl der Ort damit warb, dass er an der Eider lag. Hier mündete die Treene. Früher war sie die Grenze zwischen der dänischen und der niederdeutschen Besiedlung, die sächsischen Ursprungs war. Zu Zeiten der Wikinger diente sie als Teil des Schifffahrtsweges zwischen Nord- und Ostsee. Jetzt schimmerte das Wasser zwischen dem dichten Reet, das die Ufer säumte. Dahinter erstreckte sich die Marsch, die an dieser Stelle aber nicht landwirtschaftlich genutzt wurde. Es musste ein Paradies für viele Tierarten sein, die sich in diesem feuchten Areal tummeln konnten.

Christoph zeigte aus dem Fenster. »Hält sich dort manchmal jemand auf?«

»Nee. Eigentlich nicht. Da kriegen Sie nasse Füße. Manchmal erwische ich Schüler, die sich in der Pause hinters Haus schleichen, um dort eine durchzuziehen. Aber dahinten – nö. Da latscht keiner längs«, erklärte Trochowitz eifrig.

Christoph stand auf. »Danke.«

»Ach. Dafür nicht«, sagte der Hausmeister und schloss hinter ihnen ab. Man sah ihm an, dass er die Aktion nicht verstanden hatte, aber sich auch nicht traute, Fragen zu stellen.

Kurz darauf traten sie ins Zimmer des Schulleiters. Van Oy sah irritiert auf. »Guten Tag, die Herren. Sie sehen mich überrascht.«

»Manchmal erscheinen wir mit Tatütata, ein anderes Mal auf leisen Sohlen«, erklärte Große Jäger. »Wir haben noch ein paar Fragen an Sie.«

Van Oy sah übernächtigt aus. Die Augen lagen tief in den Höhlen, und dunkle Schatten umrahmten sie. Die gesunde braune Gesichtsfarbe war einem grauen Schleier gewichen.

Es bedurfte mehrerer Anläufe, um Trochowitz dazu zu bewe-

204

gen, das Büro des Schulleiters zu verlassen. Erst nachdem van Oy ihn energisch zurechtgewiesen hatte, zog sich der Hausmeister zurück.

»Es gibt eine Reihe offener Fragen, zu denen Sie uns etwas sagen können. Ich darf Sie diesmal aber bitten, bei der Wahrheit zu bleiben«, sagte Christoph.

Der Schulleiter holte tief Luft. »Sie wollen mir doch nicht unterstellen, dass ich lüge«, entrüstete er sich.

»Sie haben uns mehr als einmal angelogen.«

»Wie verhält es sich mit Ihren Ansprüchen an die christliche Ethik, die Sie als Schild vor sich hertragen?«, fuhr Große Jäger dazwischen.

»Das sind unqualifizierte Anwürfe, die Sie vorbringen.« Wie bei ihrem früheren Besuch begann van Oy zu schwitzen. Feine Perlen erschienen auf seiner Stirn.

»Sie haben uns weiszumachen versucht, dass Sie nicht genau wissen, wo Ina Wiechers wohnte. Dabei ist es erwiesen, dass Sie die Frau in ihrer Wohnung in Garding besucht haben.«

»Das stimmt nicht«, protestierte der Schulleiter heftig.

»Sie sollten kooperativer werden. Ihr Leugnen kostet uns nur Zeit und zusätzlichen Aufwand. Wir nehmen Sie mit auf unsere Dienststelle und führen eine Gegenüberstellung durch. Es gibt Zeugen, die Sie einwandfrei identifiziert haben. Ich fürchte, Sie unterschätzen die Polizei.«

Van Oy blickte gehetzt zwischen Christoph und Große Jäger hin und her. Dann wischte er sich verstohlen mit einem Taschentuch die schweißnasse Stirn.

»Schön«, sagte er kaum wahrnehmbar. »Ich war einmal vor dem Haus von Ina Wiechers.«

»Nur einmal?«

»Es kann auch zwei- oder dreimal gewesen sein.«

»Was wollten Sie da?«

»Frau Wiechers war in unserem Kollegium. Sie hat manche Dinge sehr kritisch beurteilt. Das wollte ich mit ihr besprechen.«

»Sie fürchteten, die Frau würde der Schulaufsicht mitteilen, dass an dieser Schule offensichtlich nicht alles mit rechten Dingen zugeht und manchem Schüler – sagen wir – hilfreiche Unterstützung

205

gewährt wird, wenn die Eltern durch Spenden die Qualität der schulischen Ausstattung verbessern.«

»So können Sie das nicht sagen. Kein Lehrer an dieser Schule ist bestechlich.«

»Wie nennen Sie es denn?«

»Die Kolleginnen und Kollegen haben keine Mühe gescheut, auch schwächeren Schülern hilfreich unter die Arme zu greifen.«

»Das wird durch die Schulaufsicht weiter untersucht werden«, sagte Christoph. »Uns interessiert, ob Ina Wiechers diese Günstlingswirtschaft so weit gestört hat, dass sie dafür sterben musste.«

»Um Himmels willen. Nein!« Es war fast ein Aufschrei.

»Darüber hinaus haben Sie versucht, die Kollegin auch privat zu bedrängen.«

Van Oy sah Christoph entsetzt an. »So etwas würde ich nie im Leben tun.«

»Ina Wiechers war ungebunden, lebenslustig und einem gelegentlichen Flirt durchaus nicht abgeneigt.«

»Davon habe ich bis eben nichts gewusst. Ich bin für die Schule verantwortlich. Das schließt das Kollegium mit ein, beschränkt sich aber auf die dienstlichen Belange. Was der Einzelne in seiner Freizeit macht, berührt mich nicht.«

»Sie sind mit der Gestaltung Ihrer eigenen Freizeit hinreichend ausgelastet.«

Erneut tupfte sich van Oy die Stirn. Er wartete auf eine Erklärung zu Christophs Vorwurf.

»Weiß Ihre Frau, dass Sie nachts unterwegs waren?«

»Ich?«

»Im Augenblick unterhalten wir uns mit Ihnen.«

»Wieso sollte ich die Nacht über nicht in meiner Wohnung gewesen sein?«

»Das fragen wir uns auch. Wo waren Sie in der Nacht zu Donnerstag?«

»Daheim. Allerdings allein. Mich hat niemand besucht. Sie können meine Frau fragen. Wir haben spätabends noch miteinander telefoniert.«

»Das war kurz vor elf Uhr.«

»Kann sein. Vielleicht auch später.«

206

»Vom Festnetz?«

»Ja.«

»Das ist nicht möglich, weil Sie kurz darauf Ihre Wohnung verlassen haben. Sie waren volle vier Stunden außer Haus.«

»Das stimmt nicht«, protestierte der Schulleiter und wurde dabei leichenblass.

»Mensch, welches Fach unterrichten Sie eigentlich? Allgemeine Lebenskunde mit dem Spezialgebiet: ›Wie lüge ich am effektivsten‹?« Große Jäger hatte seine Stimme erhoben, sodass seine Frage dröhnend auf van Oy niederprasselte. Der zuckte wie unter einem Hieb zusammen.

»Das ist alles so schlimm. Die vielen unerklärlichen Ereignisse ... Zuerst der Mord an Frau Wiechers. Dann der Überfall auf Rebecca zu Rantzau. Ich habe genug Baustellen, die mich belasten.«

»Das ist aber keine Entschuldigung dafür, uns permanent anzulügen«, warf ihm Christoph vor. »Erklären Sie mir bitte, weshalb Sie uns die Unwahrheit gesagt haben, als wir nach der Adresse von Ina Wiechers fragten.«

Der Schulleiter griff zu einer Wasserflasche, die neben dem Schreibtisch stand, füllte sich ein Glas zu einem Drittel voll und trank. Dabei zitterte seine Hand so heftig, dass ein Teil der Flüssigkeit aus dem Mund hinaus- und am Kinn hinablief. Er wischte es mit dem Taschentuch, das er schon eine ganze Weile zerknüllt in der anderen Hand hielt, ab.

»Ich war so erschrocken über die Ermordung, dass ich spontan versucht habe, meinen Besuch in Garding zu verschweigen.«

»Weil Sie befürchteten, wir würden dann intensiver nachhaken?«

Van Oy nickte schwach.

»Gibt es einen triftigen Grund, weshalb wir das nicht wissen sollten?«

»Nun ja ... Also!« Er schluckte heftig. »Eigentlich nicht.«

»Sie wissen, dass wir dringend Handy und Notebook des Mordopfers suchen. Das Handy haben wir inzwischen gefunden.«

Der Schulleiter sah Christoph mit weit aufgerissenen Augen an.

»Das erleben wir oft, dass der Laie staunt, was die Polizei alles herausbekommt«, lästerte Große Jäger zwischendurch. »Was meinen Sie, warum die Aufklärungsquote bei Tötungsdelikten so hoch ist?« Er klopfte sich gegen die eigene Brust. »Bei uns in Husum liegt sie bei über einhundert Prozent.«

Van Oy war so verstört, dass er den Widerspruch in dieser Aussage gar nicht bemerkte.

»Die beiden Sachen hat ein Schüler gefunden.«

»Nennen Sie uns seinen Namen.«

»Patrick Wittenbrink aus St. Peter.«

Christoph und Große Jäger wechselten einen raschen Blick. »Wissen Sie, dass Patrick mit einer Alkoholvergiftung im Tönninger Krankenhaus liegt?«

Der Schulleiter nickte zur Bestätigung.

»Ich denke einmal laut«, warf Große Jäger ein. »Am Komasaufen an der Seebrücke waren aus Ihrer Schule auch Nico von der Hardt und Jan Harms beteiligt. Kann es sein, dass Nico einen ausgegeben hat auf das Handy?«

»Ich weiß es nicht«, jammerte van Oy.

»Wo hat Patrick die beiden Dinge gefunden?«

»Nach eigener Aussage im Gestrüpp. Auf halbem Weg zu den Kanus.«

»Warum haben Sie uns das nicht gemeldet? Sie haben dadurch die Ermittlungsarbeiten erheblich behindert.«

»Als das Telefon weg war – da habe ich mich fürchterlich erschrocken. Dabei kam es mir gar nicht auf das Handy an.«

»Wir wissen Bescheid. Viel wichtiger war das Notebook.«

Der Schulleiter nickte zustimmend. »Richtig.«

»Auf dem befindet sich belastendes Material. Ina Wiechers hat ihre Beobachtungen notiert und zu einem Bericht zusammengefasst, den sie an die Schulaufsicht weiterleiten wollte.«

Van Oy senkte den Kopf. Er musste durch keine Geste bestätigen, dass dieser Verdacht richtig war.

»Wo ist das Notebook?«

»Bei mir zu Hause.«

»Mit dem Bericht?«

Er schüttelte traurig den Kopf. »Den habe ich gelöscht.«

Große Jäger lachte auf. »So was. Da hätten Sie den jüngsten Ihrer Schüler fragen können. Das lässt sich ganz einfach rekonstruieren.

Wie kommen Sie bloß auf die Idee, dass wir das nicht herausfinden? Dann fahren wir jetzt zu Ihrer Wohnung und holen das Gerät.«

»Das geht doch nicht. Meine Frau ist zu Hause.«

»Na und? Glauben Sie im Ernst, dass sich alles unter den Teppich kehren lässt, was Sie verzapft haben?«, sagte Große Jäger, als würde er zu einem ungehörigen Schüler sprechen.

Van Oy tat einen tiefen Seufzer. Er öffnete die Schublade seines Schreibtisches, kramte darin herum und zog drei bedruckte Blätter hervor, die er Christoph übergab. »Hier. Das ist der Bericht von Ina Wiechers.«

Belustigt tippte sich Große Jäger an die Stirn. »So etwas Blödes habe ich selten erlebt. Da druckt der Mensch das aus, bevor er es auf dem Computer löscht. Nun aber zur letzten Frage. Und da wollen wir endlich die Wahrheit hören. Wo sind Sie nachts gewesen?«

»Ich war wirklich nicht weg«, jammerte der Schulleiter und blieb trotz weiterer Nachfragen bei dieser Behauptung.

Christoph hatte es dem Oberkommissar überlassen, van Oy in die Zange zu nehmen, während er – scheinbar geistesabwesend – aus dem Fenster auf den Pausenhof und den Zugang zum Schulgelände blickte.

Als sie sich vom Direktor des Eidergymnasiums verabschiedeten, hatte dieser immer noch nicht eingestanden, die Wohnung in der Nacht, als der junge Libanese auf der Eiderbrücke sterben musste, verlassen zu haben. Christoph trug Ina Wiechers' Bericht.

»Warum hast du so hingebungsvoll aus dem Fenster gestarrt?«, fragte Große Jäger, als sie zum Auto gingen.

»Mir ist aufgefallen, dass man von van Oys Büro aus den Schulhof und den Eingang zum Schulgelände überblicken kann. Im Unterschied zu Hauffes Klassenraum. Da sieht man nur die Treene und die feuchte Marsch. Was ist, wenn Fouad al-Shara um die Schule geschlichen ist, um sich an Rebecca zu Rantzau heranzumachen? Ich kann mir vorstellen, dass er bei den einheimischen Mädchen auf Ablehnung gestoßen ist. Für die nötige Distanz haben zudem Leute wie Nico von der Hardt gesorgt. Wir haben das selbst miterlebt. Vielleicht hat Fouad geglaubt, bei einem asiatischen Mädchen – er kannte ja nicht die Zusammenhänge – eher Erfolg zu haben. Und nachdem er auch da einen Korb erhalten hatte, rächte er sich, indem er Rebecca überfiel und ihre Hand verstümmelte.«

»An diesem Gedanken könnte etwas dran sein«, brummte Große Jäger zustimmend.

»Und das hat *unser* Täter mitbekommen und seinerseits Fouad al-Shara durch Mord *bestraft*. Es war ja eine besonders grauenhafte Methode, mit der der Libanese getötet wurde.«

»Und du hast schon einen Verdacht? Warum hättest du sonst die Überlegungen angestellt, von welchem Platz aus man al-Shara hätte entdecken können?«

»Kannst du dir vorstellen, was Rebeccas Vater unternommen hätte, wenn er herausgefunden hätte, dass das Leben seiner Tochter quasi vor den Augen der Lehrer des Eidergymnasiums zerstört worden ist? Du hast selbst erlebt, wie sich der Herr Professor in unserem Büro aufgeführt hat.«

»Da ist es denkbar, dass van Oy in seinen Bestrebungen, noch etwas für die Schule zur retten, ausgerastet ist. Schließlich hat er für die Mordnacht kein Alibi. Hm! Warum haben wir ihn nicht verhaftet?«

»Weil es im Augenblick nur eine Theorie ist, wir es aber nicht beweisen können. Und ein Motiv, Ina Wiechers zu töten, hat er auch. Wir haben noch keinen Nachweis dafür, dass …«

»… er der Frau an die Wäsche wollte«, unterbrach Große Jäger.

»Du und deine direkte Ausdrucksweise. Also – das haben wir noch nicht beweisen können. Immerhin hätte er auch einen weiteren Grund. Hier.« Christoph hielt den Bericht hoch, den der Schulleiter von Ina Wiechers' Notebook abgezogen hatte. »Nun verrate mir zunächst einmal, wie sich die Aufklärungsquote bei Tötungsdelikten von über einhundert Prozent errechnet, mit der du dich vorhin gerühmt hast?«, fragte Christoph.

»Ist doch ganz einfach«, sagte Große Jäger lachend. »Es kommt schon mal vor, dass wir einen Falschen verhaften, bevor wir den Richtigen erwischen. Das ergibt rechnerisch eine Quote von über einhundert.«

»Übrigens scheint Nico von der Hardt endgültig vom Mordverdacht entlastet zu sein. Fouad al-Shara wurde auf die Schienen gebunden, als Nico volltrunken war. Und den Mord an Ina Wiechers wird er auch kaum begangen haben. Es macht keinen Sinn,

dass er Handy und Notebook zunächst wegwirft, das Mobiltelefon aber später aus dem Sekretariat entwendet, um es recht tollpatschig in Heide an den Schüler zu verkaufen.«
Große Jäger stimmte Christoph zu.
Sie hatten das Auto erreicht und setzten sich hinein. Neugierig beugte sich der Oberkommissar zu Christoph hinüber und las mit.

»*Erfahrungsbericht über meinen Einsatz am Eidergymnasium Friedrichstadt*

Vor drei Jahren wurde ich von Bad Oldesloe an diese Schule versetzt. Ich bin Klassenlehrerin der 7b und unterrichte als Fachlehrerin Mathematik und Französisch.

Im Unterschied zu den Schulen, an denen ich bisher tätig war, habe ich den Eindruck, dass das Kollegium am Eidergymnasium nahezu kollektiv resigniert hat. Dem Einzelnen ist nicht abzusprechen, dass er seine Arbeit verrichtet, aber mir scheint, als würde das Engagement über die Vermittlung der notdürftigsten Grundlagen des Lehrplans nicht hinausgehen.

Die Ursache dafür vermute ich in der inhomogenen Zusammensetzung der Schüler. Im Unterschied zu Schulen in sozialen Brennpunkten fand ich an dieser Lehrstätte überdurchschnittlich viele Kinder aus wirtschaftlich gut gestellten Familien vor.

Es scheint sich seit geraumer Zeit eingebürgert zu haben, dass leistungsschwächere Schüler, die an anderen Gymnasien das Klassenziel nicht erreichen würden oder denen die Reife nicht attestiert werden kann, mit ausgesprochenem Wohlwollen durchgeschleppt werden. Zwar habe ich keine Bestätigung dafür, dass einzelnen Kollegen oder gar der Schulleitung persönliche Vorteile (Bestechung) zuteilgeworden sind, aber viele Eltern unterstützen über einen Förderverein die Infrastruktur des Hauses in außergewöhnlich großzügiger Weise. Dadurch erhalten auch einige andere Eltern Anreize, ihre Kinder am Eidergymnasium anzumelden. Insgesamt genießt die Schule in der Region aber keinen guten Ruf. Das haben Sie, sehr geehrter Herr Dr. Wöhrmann …«

»Wer ist das?«, fragte Große Jäger.
»Ich glaube, ich habe den Namen schon in der Zeitung gelesen.
Es müsste der Schulrat sein.« Dann lasen sie weiter.

»Das haben Sie, Herr Dr. Wöhrmann, mir bei unserem letzten Gespräch auch vertraulich angedeutet. Es ist allgemein bekannt, dass der Fortbestand des Eidergymnasiums aufgrund zu geringer Anmeldezahlen zur Disposition steht. Deshalb unternimmt Studiendirektor van Oy alles, um die Eltern der angehenden Fünftklässler von den Vorzügen dieser Schule zu überzeugen. Ich habe den Eindruck, dass er sogar Teile der Mittel aus dem Topf des Fördervereins an ›kooperationswillige Grundschulen‹ verteilt. Darunter versteht er, dass die Lehrerschaft dieser Schulen auf die Eltern einwirkt, ihre Kinder zum Eidergymnasium und nicht nach Husum zu schicken, da sonst unweigerlich die Schließung der relativ kleinen Schule droht. Hiergegen stemmen sich die Kolleginnen und Kollegen mit vereinten Kräften und sehen in neuen Lehrern Eindringlinge in ihre Welt. Leider ist es mir in den drei Jahren nicht gelungen, Kontakt zu dieser eingeschworenen Clique – so kann man fast sagen – zu gewinnen. Man schirmt sich ab und bemüht sich mit Mitteln, die ich nahezu schon als Mobbing bezeichnen möchte, Außenstehenden keinen Zugang zum inneren Zirkel zu gewähren. Das Ganze wird im Wesentlichen durch den Schulleiter getragen, der am meisten um seine Position fürchtet. Für mich selbst sehe ich an dieser Schule keine Perspektiven und bitte um Versetzung. Gern bin ich bereit, Ihnen weitere, auch pikante, Details in einem persönlichen Gespräch vorzutragen, die Ihnen mit Sicherheit als Entscheidungshilfe für die Überlegungen, das Eidergymnasium nicht fortbestehen zu lassen, von Nutzen sein könnten.«

Die beiden Beamten sahen sich an.
»Das ist starker Tobak«, sagte Große Jäger. »Wer das liest, kann nachvollziehen, dass van Oy die Weitergabe dieses Textes verhindern wollte. Der Mann verliert nicht nur seinen Job an seinem Wohnort, sondern läuft auch noch Gefahr, dass sein Verhalten von der Schulaufsicht näher beleuchtet wird. Möglicherweise ergeben

sich daraus Konsequenzen für die Dienstaufsicht, wenn man ihm
Begünstigung im Amt nachweisen kann.«

»Du wirst Leute wie Isabelle von der Hardt oder Wilken Harms
nicht dazu bewegen können, als Zeugen gegen die Lehrerschaft
auszusagen. Schließlich haben die vom ›System van Oy‹ profitiert.«

»Dafür aber auch bezahlt.«

Christoph schmunzelte. »Das sind für die Leute doch nur Pea-
nuts. Die glauben, sich ein Stück Papier wie das Reifezeugnis für
ihren Nachwuchs mit Geld kaufen zu können. Du hast doch Nicos
Mutter selbst sagen hören, dass ihr Sohn unbedingt den gymnasia-
len Schulabschluss haben soll. Und wenn der nicht durch Intelligenz oder ein positives Lernverhalten des Kindes zu erreichen ist,
dann besorgt man sich ihn eben *anders*. Nach deren Auffassung haben beide Seiten davon profitiert, denn die Mehrheit der Lehrer
hat sich den stressigen Anforderungen, die an anderen Schulen an
sie gestellt würden, entzogen. Und nun droht das alles zu platzen,
weil eine Zugereiste wie Ina Wiechers nicht mitmachen wollte.«

»Und dafür musste sie sterben?«, überlegte Große Jäger laut.
»Und der Übergriff von Fouad al-Shara auf Rebecca stört auch die
heile Welt, die man sich hier geschaffen hat.«

»Denkbar«, murmelte Christoph. »Aber noch fehlen uns Beweise. Dass wir uns eine Theorie zurechtgelegt haben, dürfte keinen Richter überzeugen. Wir müssen van Oy dazu bewegen, dass
er seine nächtliche Abwesenheit eingesteht.«

»Wir haben die Aussage der Nachbarin.«

»Ob die bei ihrer Behauptung bleibt, wenn sie von einem Rechtsanwalt in die Mangel genommen wird, ist fraglich. Denk doch an
die merkwürdige Wandlung, die sich plötzlich vollzogen hat, als sie
mit uns sprach.«

»Wir könnten van Oy in die Mangel nehmen. Er wäre nicht der
Erste, dem wir ein paar dunkle Geheimnisse entlocken können.
Schließlich wissen wir von ihm, dass er fortwährend lügt und nur
unter Druck tröpfchenweise mit der Wahrheit herausrückt.«

»Es passt vieles zusammen. Aber an mir nagt ein letzter Zweifel.
Ich möchte lieber noch einmal sehen, ob wir nicht auch noch Füll-
material für die Fugen in unserem Puzzle finden.«

»Du kannst deine Herkunft vom Schreibtisch nicht verhehlen«, spottete Große Jäger, zog die Nase hoch, runzelte die Stirn und schob hinterher: »Du bist und bleibst eben ein Kieler.« Dann lachte er herzhaft, als sich Mommsen am Telefon meldete und sagte: »Ich bin jetzt in Kiel.«

»Noch so einer.«

»Das verstehe ich nicht. Ich fürchte, das musst du mir erklären«, bat Mommsen.

»Ach Quatsch. Kinder müssen nicht alles wissen. Was hast du für Neuigkeiten?«

»Ich war zunächst beim LKA. Dort hat man mir gesagt, dass das K1 aus Itzehoe die Identität des Opfers von der Eiderbrücke festgestellt hat. Es ist der libanesische Jugendliche.«

»Das wissen wir auch«, brummte Große Jäger. »Wie sind die Itzehoer darauf gekommen?«

»Keine Ahnung. Man wusste in Kiel nur, dass das Opfer einwandfrei identifiziert werden konnte. Und dann war ich mit Hauptkommissar Vollmers in der Uniklinik. Wir konnten kurz mit Rebecca sprechen, allerdings nur wenige Minuten. Mehr hat uns der Arzt nicht erlaubt. Das Mädchen sagt, sie wäre auf dem Flur der Schule von hinten überfallen worden. Der Täter hat ihr etwas über den Kopf gestülpt und sie dann in einen Raum gezerrt. Dort hat er auf ihre Hand eingeschlagen. Sie kann nicht sagen, womit.«

»Hat sie etwas erkennen können?«

»Nein. Leider nicht. Das Einzige, woran sie sich noch vage zu erinnern glaubt, ist, dass der Täter Jeans getragen hat.«

»Diese vermaledeiten Jeans verfolgen uns. Angeblich hat Nico von der Hardt eine solche Hose in den Müll geworfen. Werner Schöller versucht im Augenblick, den Müllwagen ausfindig zu machen. Verrate mir aber, wie ihr an Rebeccas wildem Vater vorbeigekommen seid.«

»Der Arzt meinte, Professor Ehrenberg zu Rantzau hätte seine Zustimmung erteilt, dass seine Tochter in Anwesenheit eines Arztes mit der Polizei sprechen dürfte. Er war davon ausgegangen, dass wir dort vorstellig würden.«

»Dann sieh zu, dass du schnell wieder nach Husum kommst,

sonst ist kein Stück Kuchen mehr für dich übrig vom Abschied deines Chefs«, lästerte Große Jäger.

Er hatte das Gespräch gerade beendet, als sich Frau Fehling meldete. »Mit Ihnen habe ich noch ein ernsthaftes Wort zu wechseln«, schalt sie den Oberkommissar. »Aber jetzt benötige ich dringend Herrn Johannes.«

»Sie möchten bitte sofort nach Husum kommen«, bat sie Christoph, als der das Telefonat übernommen hatte.

»Das ist im Augenblick ungünstig. Wir sind in den Ermittlungen.«

»Es sei Ihnen versichert, dass ich Sie nicht angerufen hätte, wenn es nicht wirklich wichtig wäre.«

»Schön. Wir kommen«, gab Christoph nach.

»Nur Sie. Vielleicht kann Herr Große Jäger inzwischen allein vor Ort tätig werden.«

Der Oberkommissar atmete tief durch, nachdem Christoph seine Rückkehr nach Husum zugesagt hatte. »Wir wollen ohnehin zurück ins Büro.«

»Ich möchte hier noch etwas erledigen. Da gibt es einen weiteren offenen Punkt, den ich geklärt wissen möchte«, widersprach Christoph.

»Schön. Dann setzt du mich am Marktplatz ab. Dort ist das Café Hinrichs. Das ist bekannt für seine Torten. Ich gönne mir eine kleine Pause.« Versonnen strich er sich über seinen Schmerbauch.

Kurz darauf war Christoph auf dem Weg nach Husum.

Die Fahrt hatte mehr Zeit in Anspruch genommen, als er gehofft hatte. Auf der Bundesstraße herrschte lebhafter Verkehr. Da pendelten nicht nur die Arbeitnehmer, die traditionell das frühe Arbeitsende am Freitag zur Heimfahrt nutzten, an den auswärtigen Kennzeichen waren auch die zahlreichen Besucher zu erkennen, die das Wochenende an der Küste oder auf einer der Inseln verbringen wollten. Und vielen von ihnen begegnete man am Sonnabend beim Bummel durch Husum wieder.

Christoph parkte hinter dem Haus der Polizeidirektion. Unterwegs hatte ihn ein weiterer Anruf Frau Fehlings erreicht. Die Sekretärin des Chefs hatte ihn gebeten, direkt in Grothes Büro zu kommen. So erklomm er mit großen Schritten die Stufen zur zweiten

Etage. Die wie immer elegant gekleidete Frau empfing ihn voller Ungeduld.

»Sie können gleich durchgehen.«

Aus dem Büro des Polizeidirektors klang lautes Stimmengewirr. Christoph klopfte an, aber niemand reagierte. Vorsichtig öffnete er die Tür einen Spalt. Durch die schmale Öffnung drang dichter blauer Rauch.

»Ah, mein Junge, da sind Sie ja«, hörte er aus dem Dunst die Stimme Grothes. »Kommen Sie herein.«

Christoph konnte sich nicht erinnern, vom Chef jemals in dieser Weise begrüßt worden zu sein. Er sah sich um. Der Landespolizeidirektor hatte vor dem Schreibtisch gesessen, stand jetzt auf und gab Christoph die Hand. Grothe zeigte auf die einzige Frau in der Runde. »Meine Gattin«, stellte er vor. Aus dem Hintergrund trat Dr. Starke hervor. Der Kriminaldirektor machte kein glückliches Gesicht. Er hielt sich mit der linken Hand das Sakko zu, während er Christoph die Hand reichte. »Guten Tag, Herr Johannes«, kam es dünn über seine Lippen. Der Leiter der Bezirkskriminalinspektion hatte Mühe, seinen Hustenreiz zu unterdrücken, während der oberste Polizist des Landes und die Frau des Chefs den Eindruck erweckten, als wären sie Grothes Überfälle mit der qualmenden Zigarre gewohnt.

Das wird ab morgen Vergangenheit sein, dachte Christoph und bemühte sich, den Anflug von Wehmut nicht zu zeigen.

»Wir haben gehört, dass Sie und Ihre Mitstreiter durch wichtige Ermittlungen verhindert waren, vorhin unsere kleine Runde zu komplettieren«, sagte der Polizeidirektor.

Dr. Starke hüstelte. »Welchen Fall meinen Sie?«, fragte er.

Doch Grothe tat, als hätte er die Frage des Flensburgers überhört. Christoph registrierte, wie ein Lächeln über das Antlitz des Landespolizeidirektors huschte.

»Mir liegt am Herzen, Ihnen noch einmal persönlich für Ihren Einsatz bei uns in Husum zu danken. Ich gebe zu, skeptisch gewesen zu sein, als Sie uns von Kiel angekündigt wurden. Sie haben nicht nur mich und die Mitarbeiter unserer Dienststelle durch Ihre Leistungen überzeugt, sondern Ihre hervorragende Arbeit ist bis zur obersten Führung vorgedrungen. Dafür möchten Ihnen …«

Grothe unterbrach seine Ausführungen, weil er mittlerweile selbst lachen musste, nachdem er eine Weile im Wechsel das heitere Mienenspiel des Landespolizeidirektors und den finsteren Gesichtsausdruck Dr. Starkes verfolgt hatte. »Also, Sie wissen, mein Junge, ich bin Dithmarscher. Wir sind bekannt dafür, keine langen Reden zu halten. Der Ministerpräsident, mein alter Freund und Weggefährte«, Grothe zeigte mit der Spitze seiner Zigarre auf den Landespolizeidirektor, »und noch ein paar andere höhere Besoldungsklassen sind der Überzeugung, Sie sollten sich künftig mit einer anderen Amtsbezeichnung schmücken.« Grothe reichte ihm die Hand und drückte sie. Die anderen schlossen sich an, wobei Dr. Starke es vermied, Christoph in die Augen zu sehen.

»Die Urkunde habe ich auch irgendwo«, erklärte Grothe und begann, in seiner Schreibtischschublade zu kramen.

Es war die typische Art des Chefs, etwas mitzuteilen. Wobei er heute in der Tat erstaunlich beredsam schien. In Christophs Laufbahn des gehobenen Dienstes hatte er nun die höchste Position erreicht, die zu vergeben war. Er war jetzt Erster Kriminalhauptkommissar. Das war zweifellos das Abschiedsgeschenk des Chefs an ihn, dachte Christoph, und in Zeitraffer liefen noch einmal die Bilder seiner Zeit mit Grothe vorüber, die erste Begegnung, die Unterstützung bei schwierigen Missionen, Grothes unnachahmliche Art der Menschenführung … Das Leben war ein ständiger Wandlungsprozess und immer im Fluss, aber der Abschied vom Chef ging Christoph doch näher, als er sich das früher hätte vorstellen können.

»Vielen Dank, Chef«, sagte er. Bei der Anrede, die alle Husumer Mitarbeiter wie selbstverständlich verwandten, zuckte es lebhaft um Dr. Starkes Mundwinkel. »Auch ich möchte Ihnen im Namen aller Kolleginnen und Kollegen für …«

Mit einer Handbewegung unterbrach Grothe ihn. »Keine weiteren Reden heute, mein Junge. Mein Freund und Weggefährte«, erneut zeigte die Zigarrenspitze auf den Landespolizeidirektor, »und seinesgleichen haben schon genug erzählt. Und ab jetzt muss ich auch noch meine Grete täglich ertragen. Nun bildet euch – hier in Husum – bloß nicht ein, dass ich euch vermissen werde. Das Einzige, was mir fehlt, ist die Ruhe, die ich in diesem Zimmer hier während der Dienstzeit genießen konnte. Und nun … raus an die Front. Sie werden schließlich nicht für Plauderstündchen vom Innenminister bezahlt, schon gar nicht, wo Ihre Arbeit das Land jetzt noch ein bisschen mehr kosten wird.«

Grothe wandte sich ab, wie es immer seine Art gewesen war. Es war still im Zimmer. Niemand sagte einen Ton. Und der Mann mit dem roten Kopf, der immer ein wenig an einen angriffslustigen Dithmarscher Stier erinnerte, versuchte vergeblich, seine Rührung zu verbergen.

Christoph deutete eine leichte Verbeugung an und verließ auf leisen Sohlen das Büro Grothes. Der Abschied war ein Spiegel der Art und Weise, wie sie beide in den Jahren der Zusammenarbeit miteinander umgegangen waren. Vielleicht war es klug, überlegte Christoph, wenn man den Husumern den Namen von Grothes Nachfolger noch vorenthielt, denn mit Sicherheit vermochte keiner die menschliche Lücke zu schließen, die durch die Pensionierung des Chefs entstanden war.

Langsam ging Christoph die Treppe zur ersten Etage hinunter. Dort befanden sich die Räume der Kriminalpolizeistelle. Er war irritiert. Die Beförderung hatte ihn völlig überrascht. Der Chef hatte im Vorhinein keine Andeutung verlauten lassen. So war Christoph immer noch ein wenig abwesend, als Frau Fehling ihm gratuliert hatte.

Er betrat Werner Schöllers Büro. Der Kriminalhauptmeister sah auf. »Das ist eine dankbare Aufgabe für den Freitagnachmittag«, stöhnte Schöller. »Hast du dich schon einmal mit dem Innenleben der Abfallwirtschaft beschäftigt? Vielleicht ist das gar nicht so schwierig, wenn es nicht der Freitagnachmittag wäre. In Deutschland endet an diesem Werktag das öffentliche Leben zur Mittagsstunde.«

Schöller trank einen Schluck Kaffee und verzog das Gesicht. »Ist auch schon wieder kalt.« Dann drehte er sich zu Christoph um, der auf der anderen Seite des Schreibtischs Platz genommen hatte.

»Müll ist eine einfache Sache. Ich stelle die Tonnen am Tage der Abfuhr vor den Gartenzaun. Meine Frau schiebt sie nach der Leerung wieder zurück. Bleibt mir nur noch, mich über die hohen Gebühren zu ärgern.« Er griff unter einen Schreibblock, der vor ihm lag, hob ihn ein paar Zentimeter in die Höhe und ließ ihn wieder fallen. »Manchmal liest man ja etwas über die Müllabfuhr in Nordfriesland. Aber wenn ich ehrlich bin ... Ich blättere da immer drüber weg.«

»Werner, sei mir nicht böse, aber ich habe es eilig. Wilderich wartet in Friedrichstadt auf mich. Wir haben noch einen dringenden Termin.«

»Da hättest du zur Abfallwirtschaft gehen müssen. Die sind alle schon im Wochenende.« Schöller lehnte sich zurück, streckte die Arme in die Höhe und verschränkte die Hände ineinander über dem Kopf. »Der Dreck wird von einem Privatunternehmer eingesammelt.«

»Den kenne ich. Die Firma ist in ganz Nordfriesland tätig.«

»Dann wird das Zeug nach Ahrenshöft gekarrt. Dort ist der zentrale Anlieferungspunkt für unseren Kreis, zumindest für das Festland. Die Inseln haben Sonderregeln.«

»Was geschieht dann?«, fragte Christoph ungeduldig.

»Du musst zwischen Entsorgung und Verwertung unterscheiden«, erklärte Schöller. »Verwertung bedeutet, dass ...«

»Ich kann es mir vorstellen. Werner, bring es bitte auf den Punkt. Wo finden wir den Müll, der heute Morgen aus St. Peter-Ording abgeholt wurde?«

Schöller wirkte fast ein wenig beleidigt. »Was glaubst du, was ich hier seit Stunden herauszufinden suche? Was ich dir eben erzählt habe, gilt nicht für die Restmülltonne. Die Müllwagen kippen die Abfälle – zumindest aus der Region Eiderstedt – auf einen großen Haufen in Katharinenheerd. Und weil Freitag ist, bleibt der Dreck liegen, bis er irgendwann unsortiert zur Verbrennung nach Neumünster geschafft wird. Und wie ich dir zu erklären versuchte, habe ich keinen mehr erreichen können, der sich kompetent fühlt, mir zu sagen, wo die Fuhre aus St. Peter gerade ist. Vorne? Links? Rechts? Oben? Oder besser gesagt: sein könnte. Denn festlegen will sich niemand.«

»Dann lass dir die Namen und Anschriften der Müllleute geben. Vielleicht ist jemandem eine Jeans aufgefallen.«

Schöller sah Christoph mit einem nahezu mitleidigen Lächeln

an. »Mal ehrlich. Wenn du diesen für uns alle wichtigen Job der Müllabfuhr erledigen würdest – könntest du dich an eine alte Jeans erinnern? Ich glaube nicht, dass die Männer in jede einzelne Tonne sehen, um festzustellen, was die Nachbarn entsorgen.«

Christoph atmete tief durch. »Wahrscheinlich hast du recht, Werner. Trotzdem dürfen wir nichts unversucht lassen. Vor allem müssen wir unsere ganzen Bemühungen dokumentieren.«

»Was glaubst du, wie lange ich schon bei diesem Verein dabei bin?«

»Sorry, Werner. Falls du weiterkommen solltest, kannst du mich übers Handy erreichen. Auf jeden Fall sollten wir verhindern, dass der Müll ohne unsere Zustimmung abgeholt wird. Ich möchte nicht, dass die Jeans durch Unaufmerksamkeit unwiderruflich entsorgt wird. Sie könnte ein wichtiges Indiz sein.«

Sie wurden durch ein hartnäckiges Klingeln der Telefonanlage unterbrochen. Schöller sah auf das Display. »Das ist für dich. St. Peter.«

»Dettinger«, meldete sich der Leiter der Polizeistation des Nordseebades. »Wir hatten eben einen Einsatz am Immenseeweg.«

»Da wohnt doch die Familie von der Hardt?«

»Deshalb rufe ich an. Frau von der Hardt hat uns alarmiert.«

»Wieso ist die in St. Peter?«

»Das kann ich nicht sagen. Sie behauptet, heute aus Hamburg zurückgekehrt zu sein. Vor der Tür stand ein dunkelblauer BMW, ich nehme an …«

»Den kenne ich«, unterbrach Christoph. »Ein Dreier-Cabrio.«

»Nein. Ein M6 Coupé. Obwohl ich als Polizist mir sicher nie so ein Auto leisten werde, kann ich sie unterscheiden. Die Frau war zunächst sehr aufgebracht. Es dauerte eine Weile, bis sie zusammenhängend berichten konnte, was geschehen war. Nach ihrer Aussage war sie von einer Geschäftsreise zurückgekehrt. Während ihrer Abwesenheit haben sich im Hause ihr Sohn und ein Angestellter aufgehalten.«

»Angestellter ist gut«, schob Christoph dazwischen. »Das ist ihr Lover.«

»*War* ihr Liebhaber«, korrigierte Stefan Dettinger. »Denn der Mann ist flüchtig. Sein Name ist …«

»Wir kennen ihn. Simon Feichtshofer.«

»Stimmt. Feichtshofer ist mit einem BMW-Cabrio …« Dettinger unterbrach seine Ausführungen für einen Moment. »Könnte das der Wagen sein, den du gemeint hast? Ich habe auch das Kennzeichen.«

»Das brauchen wir jetzt nicht.«

»Mit diesem Fahrzeug ist Feichtshofer geflohen.«

»Warum? Was ist geschehen?«

»Nun mal langsam. Frau von der Hardt erzählte, dass die beiden Männer sie mit einer ganzen Reihe von unglaubwürdig klingenden Geschichten überfallen haben. Dabei hat ein Wort das andere gegeben. Der Sohn und der andere Mann haben sich gegenseitig der Lüge bezichtigt, bis Feichtshofer – nach Aussage der Frau – über Nico hergefallen ist und den jungen Mann brutal zusammengeschlagen hat.«

»Wie geht es ihm?«

»Er ist nach Tönning ins Krankenhaus gebracht worden. Mehr kann ich dazu im Augenblick nicht sagen. Ich habe gefragt, ob der Flüchtige den BMW gestohlen hat, aber Frau von der Hardt wollte dazu weder eine verbindliche Aussage machen noch Strafanzeige erstatten. Das gilt auch für den tätlichen Angriff auf ihren Sohn. Sie wollte das Ganze zuvor mit ihrem Anwalt besprechen.«

»Hat sie den Namen des Anwalts genannt? Ist in diesem Zusammenhang der Name Professor Ehrenberg zu Rantzau gefallen?«

»Sie sprach nur von ihrem Anwalt. Wie der heißt, hat sie nicht gesagt.«

»Hat sie sonst noch etwas verlauten lassen, einen Grund für den Übergriff auf ihren Sohn genannt?«

»Nachdem sich ihre erste Erregung gelegt hatte, war sie sehr verschlossen und wollte keine weiteren Aussagen machen, weder zum wahrscheinlichen Motiv Feichtshofers noch zur Auseinandersetzung nach ihrer Rückkehr. Ich habe leider nicht herausbekommen, aus welchem Grund sich die Männer geprügelt haben. Wobei – hm – das offenbar keine richtige Schlägerei, sondern eine ziemlich einseitige Angelegenheit war.«

»Ist Nico mit irgendeinem Gegenstand niedergeschlagen worden?«

»Nein. Ganz bestimmt nicht. Feichtshofer hat dazu nur seine Fäuste benutzt. Aber das hat offenbar ausgereicht. Der junge von der Hardt sah nicht gut aus – um das dezent zu umschreiben –, als ich eintraf. Was soll nun geschehen? Löst ihr eine Fahndung nach Feichtshofer aus?«

»Wir werden ihn sicher zur Fahndung ausschreiben«, sagte Christoph zum Abschluss. »Merkwürdig ist allerdings, dass die Mutter von sich aus nichts unternehmen will.«

»Als Frau von der Hardt sich beruhigt hatte, wirkte sie nach meiner Auffassung sehr unberührt. Viel zu cool für eine Mutter, deren Sohn gerade arg zugerichtet worden ist. Ich habe mich gewundert, dass sie Nico anfuhr, er solle sich zusammenreißen, als der junge Mann zwischendurch vor Schmerzen aufstöhnte. Mein lieber Mann – die möchte ich trotz ihres ganzen Geldes nicht als Mutter haben. Schön. Sobald ich Neues in Erfahrung bringen kann, melde ich mich wieder.«

Werner Schöller hatte dem Telefonat aufmerksam gelauscht. »Mir scheint, da geht es richtig rund. Was ist, wenn wir die Jeans finden und damit eine Beweislage schaffen, weil die Mikrofasern identisch sind mit denen aus Friedrichstadt und von der Eisenbahnbrücke?«

»Ich gehe davon aus, dass Nico von der Hardt für die beiden Morde nicht infrage kommt. Und um meine These zu beweisen, suchen wir die Hose.«

»Ich nehme an, der Junge hat noch mehr Jeans. Vielleicht hat er eine der anderen getragen.«

Christoph legte Schöller vertraulich die Hand auf die Schulter. »Es würde uns die Sache sicher vereinfachen, wenn wir alle Jeans aus dem Einzugsbereich einsammeln könnten, in dem wir den Mörder vermuten. Stell dir vor, wie man in Süddeutschland über uns spotten würde, wenn die Bildzeitung als Titelzeile schreibt: Husumer Polizei lässt die männlichen Bürger Nordfrieslands nackt herumlaufen.«

»Jetzt sprichst du schon wie Große Jäger«, stellte Werner Schöller fest. »Gut, ich werde mich weiter bemühen. Was soll geschehen, wenn wir den derzeitigen Lagerort des Mülls aus St. Peter kennen?«

»Wir werden sehen«, antwortete Christoph ausweichend und musste unwillkürlich noch einmal an den Chef denken, der in der darüberliegenden Etage seine letzten Stunden im Polizeidienst verbrachte. Bis gestern wäre er zu Grothe gegangen. Der Polizeidirektor hätte mit seinen Verbindungen eine Lösung gefunden, und wenn die Einsatzhundertschaft aus Eutin quer durch das Land angerückt wäre, um die Abfallberge zu durchstöbern. Und jetzt?, dachte Christoph. Wir wissen immer noch nicht, wer die Nachfolge Grothes antreten wird. Jedenfalls war es kein gutes Omen, dass Dr. Starke vorhin an Christophs Beförderungszeremoniell teilgenommen hatte.

Christoph ging in sein Büro und suchte im Computer nach dem BMW M6 Coupé, von dem Stefan Dettinger gesprochen hatte. Der Wagen war erst drei Monate alt und auf Isabelle von der Hardt zugelassen. Warum ließ die Frau Feichtshofer gewähren und ermöglichte ihm die Flucht mit ihrem Auto, dem Dreier-BMW? Es schien Christoph, als würde Nicos Mutter durch ihre Zurückhaltung etwas verbergen wollen.

Christoph fuhr zurück nach Friedrichstadt. Er wunderte sich, dass Große Jäger sich zwischendurch nicht voller Ungeduld gemeldet hatte.

Auf der Bundesstraße kam ihm eine nicht abreißende Kolonne von Autos entgegen, deren Insassen das schöne Septemberwochenende an der Küste genießen wollten. Auch hatten zahlreiche Touristen den Weg nach Friedrichstadt gefunden und schlenderten durch die malerische Altstadt des Idylls zwischen Eider und Treene.

Christoph fand einen Parkplatz im Zentrum des Ortes und erklomm die Stiege zum Obergeschoss des Cafés, von dem aus man einen Blick auf die Große Brücke, die Gracht und die Kleine Brücke hatte, an der sie die tote Ina Wiechers gefunden hatten. Zwischen den Kronen der mächtigen Bäume am Burggraben konnte man das Wohnhaus der Hauffes sehen.

Große Jäger saß an einem Fensterplatz und sah auf, als Christoph eintrat. »Da freue ich mich aber, dass du mich nicht völlig vergessen hast«, sagte er zur Begrüßung. »Ich weiß jetzt auch, weshalb du dich heute so in Schale geworfen hast.«

223

»Ich wollte dem Chef zum Abschied meine Referenz erweisen.«
Der Oberkommissar lachte laut auf, dass die Leute vom Nachbartisch neugierig herübersahen. »Wenn man mich zum General befördern würde, würde ich meine Hose auch vorher bügeln.« Er reichte Christoph seine Hand über den Tisch. »Herzlichen Glückwunsch. Du hast es wirklich verdient.« Große Jäger hüstelte, dann zwinkerte er vertraulich mit dem linken Auge. »Ich habe auch lange um deine Beförderung kämpfen müssen, aber Peter Harry wollte sich nicht überzeugen lassen. Als Nordfriese ist er der Überzeugung, dass Kieler nun einmal nicht in Spitzenpositionen gehören. Diese Meinung teile ich übrigens. Andererseits – es wäre unfair, dich persönlich für den genetischen Defekt deiner Herkunft verantwortlich zu machen.«

»Na ja«, sagte Christoph lachend, »ihr Einheimischen müsst zusammenhalten. Besonders du bist der Urtyp des Küstenbewohners. Das beginnt bei deinem landestypischen Namen und …« Christoph winkte ab. »Woher hast du diese Neuigkeit? Der Flurfunk scheint ja gut zu funktionieren.«

Der Oberkommissar spitzte die Lippen. »Nö, eigentlich nicht. Aber heute Abend treffen sich Harm, Karlchen, Anna und ich im Dragseth. Übrigens bist du auch eingeladen. Viele Grüße von den anderen und – du sollst deine Kreditkarte nicht vergessen. Dafür lade ich dich jetzt ein.«

Christoph genoss das Kännchen Kaffee, während Große Jäger ihn über den Rand seiner Tasse anblinzelte. »Was ist von dem Gerücht zu halten, dass wir einen neuen Kripochef nach Husum bekommen?«

»Ich habe auch nur diese vage Vermutung gehört. Wenn du auf Kriminalrat Lüders anspielst … Ich bin nicht der richtige Adressat deiner Frage. Ebenso wenig kann ich deine nächste Frage beantworten, die ich dir von der Nasenspitze ablese. Es ist kein Wort darüber gefallen, wer die Nachfolge des Chefs antritt.«

Als Große Jäger die Rechnung verlangte, registrierte Christoph, dass der Oberkommissar während der Wartezeit drei Kännchen Kaffee und zwei Stück Eierlikörtorte zu sich genommen hatte.

»Du stellst dich auch jeder Herausforderung«, lästerte Christoph.

Versonnen strich sich Große Jäger über den Schmerbauch. »Ich hätte ja noch einmal eine Observation in diesem Städtchen vornehmen können. Aber bei meinem ersten Anlauf hat das in keiner Weise dein Wohlgefallen gefunden. Welche Vorhaltungen würdest du mir machen, wenn ich die Zeit genutzt hätte, den Bürgermeister zu beobachten, und morgen wäre er tot? Hättest du dann wieder mich verdächtigt? Übrigens …« Der Oberkommissar zeigte auf Hauffes Haus, »da ist während der Zeit, die ich mich hier aufgehalten habe, keiner hineingegangen oder herausgekommen.«

»Willst du mir weismachen, dass du zwischendurch nicht eine einzige biologische Pause eingelegt hast?«

Große Jäger griente übers ganze Antlitz. »Natürlich war ich mal pinkeln.« Er hatte so laut gesprochen, dass ihm die Aufmerksamkeit zweier älterer Damen vom Nachbartisch zuteilwurde. Der Oberkommissar zeigte mit ausgestreckter Hand auf die Frauen. »Und die Deerns waren zwischendurch auch auf Klo. Nicht wahr, Mädels?«

Christoph war nicht überrascht, dass die anderen Gäste Große Jägers Gruß bei der Verabschiedung nicht erwiderten.

Vor der Tür empfing sie die würzig-frische Luft. Ein leichter Wind trug den unnachahmlichen Geschmack der Nordsee herüber. Es war die fehlende Industrie, das verhältnismäßig geringe Verkehrsaufkommen und die ständige Luftbewegung, die das Atmen in dieser Region leichter erscheinen ließ als in den großen Zentren des Landes.

Große Jäger wandte sich nach rechts.

»Halt!«, rief ihm Christoph hinterher.

»Wieso? Zur Prinzenstraße geht es hier entlang.«

»Das ist unwidersprochen.«

»Wollen wir nicht zu van Oy? Ich hätte großes Vergnügen, mir eine weitere Lügengeschichte aus seinem großen Repertoire anzuhören. Außerdem ist er uns noch eine Antwort schuldig: Wo war er in der Nacht, als Fouad al-Shara ermordet wurde?«

»Das ist unser Stichwort«, erwiderte Christoph ernst. »Wir haben noch eine traurige Pflicht zu erfüllen.« Er berichtete, dass die Identität des Toten auf der Eisenbahnbrücke einwandfrei festgestellt worden war. »Wir haben mit den Itzehoer Kollegen vereinbart, dass wir die Nachricht vom Tod des Sohnes überbringen.«

Statt einer Antwort kratzte sich Große Jäger nur die Bartstoppeln. »Wo steht dein Wagen?«, fragte er.

Christoph zeigte auf den Parkplatz. »Dort drüben, direkt neben dem Marktbrunnen.«

Während der kurzen Fahrt zum heruntergekommenen Haus am Stadtrand wechselten die beiden Beamten kein Wort. Als sie ihr Fahrzeug vor dem Gebäude parkten, unterbrach die muntere Schar der spielenden Kinder ihr Treiben und musterte die Neuankömmlinge mit neugierigen Augen.

Im Treppenhaus empfing sie die merkwürdige Geruchsmischung aus Muff und orientalischen Gewürzen, die Christoph schon bei früheren Besuchen aufgefallen war. Sie klopften an die Tür, die zur Wohnung al-Sharas führte. Es blieb still. Auch als Große Jäger sein Ohr gegen das Holz legte, war kein Laut zu vernehmen.

»Ich kann mir nicht vorstellen, dass die Frau shoppen gegangen ist«, sagte der Oberkommissar. »So langsam bekomme ich ein schlechtes Gefühl. In diesem Fall sind zu viele Merkwürdigkeiten geschehen.«

»Vielleicht ist Fouads Mutter im Garten. Dort habe ich sie schon einmal beim Wäscheaufhängen angetroffen.«

Große Jäger widersprach nicht, obwohl die Skepsis aus seinem Gesicht nicht gewichen war.

Sie umrundeten das Haus. Die Kinder flüchteten vor den Polizisten wie ein Fischschwarm und beobachteten aus sicherer Entfernung, wie die beiden sich ratlos im Garten umsahen. Ein kleiner Junge mit dunklen Haaren und pechschwarzen Augen zeigte sich besonders mutig, als Große Jäger ihm zuwinkte. Halb hinter der Hausecke verborgen, streckte ihm der Knirps die Zunge entgegen. Als der Oberkommissar mithilfe beider Hände dem Kind »eine lange Nase« zeigte, fing der Bursche an zu kichern und versuchte, die Geste zu imitieren.

Christoph hatte seinen Blick an der rückwärtigen Hausfront entlangschweifen lassen. Die Fenster, von denen er vermutete, dass sie zur Wohnung der al-Sharas gehörten, waren verschlossen. Zugezogene Vorhänge versperrten den Blick, obwohl man vom Garten aus nicht viel mehr hätte entdecken können.

»Ich würde gern wissen, was hinter diesen Fenstern ist«, sagte Große Jäger. Ihm war die Ungeduld deutlich anzumerken.

»Wir können dort nicht eindringen. Dafür gibt es keinen Grund.«

»Ich mache mir Sorgen um die Frau. Teilst du nicht meine Auffassung, dass Gefahr im Verzug ist?«

In diesem Moment bog der Mann um die Ecke, der ihnen schon früher in diesem Haus begegnet war. An jedem Hosenbein hing eines der Kinder, die vorhin vor den Polizisten geflüchtet waren. Der Rest der Schar trottete wie eine Entenfamilie in sicherer Entfernung hinter dem Hausbewohner hinterher.

»Was suchen Sie hier schon wieder?«, fragte der Mann. Seine Stimme klang zornig. »Warum bespitzelt uns die Polizei?«

»Wir möchten zu Frau al-Shara«, antwortete Christoph.

»Wenn sie nicht aufmacht, will sie nicht mit Ihnen reden. So einfach ist das.«

»Nun mal langsam, Ali Baba«, mischte sich Große Jäger ein. Und als der Mann einen drohenden Schritt in Richtung der Polizisten machte, trat ihm der Oberkommissar entschlossen entgegen. Sie standen sich jetzt dicht an dicht gegenüber.

»Wer beleidigt mich?«, sagte der Bärtige.

»Ich. Wilderich Große Jäger ben Salat. Und wenn ich einen Schnöf habe, bin ich auch ein Hatschi.«

Christoph schob den Oberkommissar zur Seite. »Mein Kollege hatte nicht die Absicht, Sie zu beleidigen. Er entschuldigt sich dafür in aller Form. Wir möchten mit Frau al-Shara sprechen.«

»Geht es um Fouad? Warum soll seine Mutter helfen, ihren Sohn an die Polizei auszuliefern?«

»Es geht um Fouad. Wir möchten dem jungen Mann nichts anhaben. Es wäre aber wichtig, mit seiner Mutter zu sprechen.«

»Und Sie wollen Fouad wirklich nicht verhaften?«

»Sie glauben nicht, wie gern wir das machen würden«, sagte Große Jäger. »Ich bin mir sicher, dass auch seine Familie eine solche Lösung für besser halten würde.« Er streckte dem Mann versöhnlich die Hand hin. Der übersah sie jedoch.

»Kommen Sie«, sagte er zu Christoph und ignorierte die Anwesenheit des Oberkommissars. »Fouads Mutter ist in der Wohnung.«

Dann stapfte er voran. Vor dem Hauseingang sagte er etwas auf Arabisch zu den Kindern, die daraufhin folgsam vor der Tür zurückblieben.

Der Mann klopfte energisch gegen die Wohnungstür und rief etwas in seinem kehlig klingenden Arabisch. Kurz darauf öffnete sich die Tür millimeterweit, und das Gesicht von Fouads Mutter erschien im Spalt. Im diffusen Licht des dunklen Flures war es nur undeutlich zu erkennen. Dazu trug sicher auch das tief in die Stirn heruntergezogene Kopftuch bei.

Der Araber sprach leise auf die Frau ein. Es dauerte eine Weile, bis die Frau die Tür ein wenig weiter öffnete, ohne die Besucher jedoch in die Wohnung zu bitten.

»Was wollen Sie?«, fragte der Nachbar.

»Wir würden es Frau al-Shara gern selbst sagen«, erwiderte Christoph.

»Nein. Sie möchte nicht mit Ihnen reden. Außerdem versteht sie zu wenig Deutsch. Sagen Sie es mir, dann werde ich es übersetzen.«

»Das ist ein leidiges Problem«, klagte Große Jäger. »Da hoffen die Menschen auf ein Bleiberecht bei uns, können sich aber selbst in den einfachsten Dingen nicht mit ihrer Umwelt verständigen.«

»Was wissen Sie von uns?«, antwortete der Nachbar mit harter Stimme. »Diese Frau ist allein mit ihrem Sohn hierhergekommen, um Schutz zu suchen. Sie weiß nicht, wo ihr Mann und die anderen drei Söhne sind. Fouad ist das Einzige, was ihr geblieben ist. Und jetzt verfolgt ihn die Polizei.«

»Hören Sie, Herr …«.

Doch der Nachbar ging nicht auf Christophs Frage ein. Er verschwieg seinen Namen.

»Warum lässt man uns nicht in Frieden? Vor zwei Tagen war ein anderer Mann hier und wollte Fouads Mutter sprechen. Er sagte, er wolle ihr helfen.«

»Wer war der Mann?«

Der Araber hob die Schultern in die Höhe und drehte beide

Handflächen nach oben. »Was weiß ich. Warum fragen Sie immer nach Namen?«

»Wie sah der Mann aus?«

»Er war schon älter. Vielleicht über fünfzig. Er hatte Haare, die über die Ohren gelegt waren.«

Die Beschreibung passte auf Maarten van Oy.

»Was wollte der Mann?«

»Wir haben ihn nicht angehört. Es klang so, als würde er Geld und andere Unterstützung bieten wollen.«

»Sie sprechen hervorragendes Deutsch. Darf ich fragen, wo Sie das gelernt haben?«

»An der Universität in Amman. Ich war Journalist. Aber das zählt nicht, wenn man auf der falschen Seite steht. Doch Sie wollten nicht mit mir reden, sondern mit Frau al-Shara.«

Fouads Mutter war dem ganzen Dialog stumm gefolgt. Ihre Augen huschten dabei zwischen den Männern vor ihrer Haustür hin und her.

Christoph räusperte sich, bevor er sich zur Frau umdrehte und sie direkt ansprach. »Frau al-Shara. Ich fürchte, wir müssen Ihnen eine schlimme Nachricht überbringen.«

Er war sich nicht sicher, ob die Frau den Inhalt seiner Worte verstanden hatte oder ob es das instinktive Gefühl einer Mutter war, als sie ihn mit weit aufgerissenen Augen ansah und plötzlich laut zu schreien begann.

Die beiden Beamten standen hilflos vor der Tür, während Fouads Mutter die Oberarme hängen ließ und im Ellenbogengelenk die Unterarme und Hände rhythmisch fallen ließ und sich beim Hochheben mit den flachen Händen ins Gesicht schlug. Dabei stieß sie laute Wehklagen aus.

Instinktiv wollte Große Jäger einen Schritt auf die Frau zumachen. Es sah aus, als wollte er sie tröstend in den Arm nehmen. Doch er wurde durch den Nachbarn daran gehindert, der den Oberkommissar an den Schultern packte und forsch zurückriss.

»Du fasst die Frau nicht an«, zischte der Mann böse. »Niemand fasst eine Frau an. Hast du das gehört?«

Erschrocken wich Große Jäger zurück. Christoph sah ihm an, dass er arglos Beistand leisten wollte, ohne dabei die kulturellen

Unterschiede zwischen sich und der klagenden Mutter bedacht zu haben.

»Hat Frau al-Shara verstanden, was ich gesagt habe?«, fragte Christoph den Nachbarn.

»Mütter benötigen keine Dolmetscher. Aber vielleicht sagen Sie mir, was geschehen ist.«

Christoph war erleichtert. Fouads Mutter war nicht ansprechbar.

»Der Junge ist bei einem Unfall ums Leben gekommen«, erklärte Christoph vorsichtig.

»Was für ein Unfall?«

»Er ist von der Eisenbahn überfahren worden.«

»Das ist unwahr. Fouad würde sich niemals auf die Schienen stellen.«

Christoph wich dem strengen Blick aus den dunklen Augen seines Gegenübers für einen Lidschlag aus, bevor er zögerlich einräumte: »Das war auch nicht freiwillig. Wir gehen davon aus, dass …«

»Sie wollen damit sagen, dass Fouad ermordet wurde?«

»Davon gehen wir aus.«

»Wir werden den Mörder finden«, erklärte der Mann.

»Davon sollten Sie bei allem Schmerz Abstand nehmen. Das ist Aufgabe der Polizei.«

Der Araber schüttelte den Kopf. »Ihre Art der Gerechtigkeit ist nicht die unsere.«

»Unsere Ermittlungen stehen kurz vor dem Abschluss. Wir sind uns ziemlich sicher, wer die Tat vollbracht hat.«

Fouads Mutter war dem Gespräch nicht weiter gefolgt. Sie stand immer noch da und schlug sich die Hände ins Gesicht. Dabei stieß sie weiterhin ihren fremdartigen Singsang aus.

»Niemand wird uns daran hindern, Fouads Blut zu rächen. Das sind wir seiner Mutter schuldig.«

»Und Allah?«, fragte Große Jäger dazwischen, erntete aber nur einen bösen Blick des Mannes.

»Ich rate Ihnen davon ab. Bei uns liegen Recht und Gesetz nur in den Händen des Staates.«

Statt einer Antwort traf Christoph ein langer Blick des Mannes, der nichts Gutes verhieß.

»Wir werden sicher Weiteres von Ihnen hören«, sagte er nach einer Weile. »Wo ist Fouad jetzt, damit wir ihn morgen beerdigen können?«

»Er befindet sich noch in der Rechtsmedizin in Kiel. Es sei Ihnen versichert, dass die Behörden alles unternehmen werden, um die Würde des Jungen zu wahren.«

»Sie haben keine Vorstellungen davon, was Würde ist«, zischte der Mann. »Und nun gehen Sie.«

Schweigend verließen die beiden Beamten das Haus.

»Hätten wir nicht fragen sollen, ob die Mutter einen Arzt benötigt?«, fragte Große Jäger auf dem Weg zum Auto.

»Der hätte genauso wenig Zugang zu der Frau gefunden wie wir.«

Große Jäger kratzte sich nachdenklich den Stoppelbart am Kinn. »Die Orientalen wollen sich einfach nicht unserer Kultur öffnen.«

»Das ist eine einseitige Betrachtung. Hast du jemals versucht, dich in die Gedankenwelt dieser Menschen zu versetzen?«, fragte Christoph.

»Da gibt es Unterschiede«, brummte Große Jäger. »Ich würde dem Nachbarn, der sich beharrlich weigerte, seinen Namen zu nennen, gern einmal etwas von dem Land erzählen, dessen Schutz er gesucht hat.«

»Und dessen Schutz bei Fouad al-Shara versagt hat«, erwiderte Christoph.

Sie hatten das Auto erreicht und stiegen ein.

»Schön, dann fahren wir jetzt zu van Oy und schließen diesen Fall ab«, sagte der Oberkommissar. Christoph sah, dass die Begegnung mit der Mutter des Opfers nicht spurlos am Oberkommissar vorübergegangen war.

Christoph ließ den Dienstkombi vorsichtig durch die engen Straßen rollen. Große Jäger regte sich hier über die Fußgänger, die gemächlich durch die Stadt schlenderten, ebenso auf wie über die Autofahrer, die ihnen auf den wenigen Metern von der Asylbewerberunterkunft bis ins Zentrum begegnet waren.

»Nun musst du langsam Einhalt gebieten«, sagte Christoph.

»Wir sind so vielen Schwerverbrechern am Steuer begegnet, die du verhaften wolltest, dass kein Platz mehr für unseren Täter bleibt.«

»Da mache ich mir keine Sorge. Den falte ich so, dass der in meiner Schublade übernachten kann.«

»Das ist auch nicht möglich«, entgegnete Christoph lachend. »Da parken schon deine Füße.«

»Mich packt der heilige Zorn. Was sind wir in diesem Fall wieder für Leuten begegnet? Allein die von der Hardt. Die ist so berechnend, dass sie diesen lustwandelnden Hormonklumpen kalt lächelnd mit einem Fingerschnippen wieder in die Gosse zurückschickt. Ich kann mir gut vorstellen, dass Nico seiner liebreizenden Mutter als Erstes gesteckt hat, dass ihr Lover fremdgegangen ist. Nachdem die fürsorgliche und immer treue Mutter und Geliebte das erfahren hat, ist sie sauer geworden und hat Feichtshofer hinausgeworfen. Der hat sich bedankt, indem er die Petze Nico verprügelt hat. Wenn er sich dabei das Handgelenk gebrochen und die schöne Isabelle am Auge gestreift hätte, wäre ich der Überzeugung gewesen, dass der liebe Gott doch noch Gerechtigkeit walten lässt. Nun denn – wir haben noch ein Stück Arbeit vor uns. Irgendwie müssen wir aus van Oy, diesem notorischen Lügenbold, die Wahrheit herauskitzeln.« Große Jäger stutzte. »Nanu? Was willst du hier?«

Christoph hielt vor Hauffes Haus am Mittelburgwall. »Ich möchte noch ein paar Fragen loswerden.«

»Von mir aus«, brummte der Oberkommissar und hielt Christoph am Ärmel fest. »Mir fällt gerade ein, dass in jedem guten Krimi ein Polizeibeamter in den Verdacht gerät, der Täter zu sein, und deshalb suspendiert wird. Wieso hast du das eigentlich nicht mit mir gemacht?«

»Fantasiebeutel«, schmunzelte Christoph und stieg aus.

Nach mehrmaligem Klingeln öffnete ihnen Wulf Hauffe. Der Zustand des Lehrers hatte sich gegenüber ihrem letzten Besuch nicht gebessert. Hauffe sah übernächtigt aus. Die Augen lagen tief in den Höhlen, und die sonst kräftige Hautfarbe war einem bleichen Schimmer gewichen.

»Wir haben noch ein paar Fragen«, sagte Christoph.

»Das geht jetzt nicht. Meiner Frau und meiner Tochter geht es nicht gut. Und auch ich bin am Ende. Wir brauchen Zeit, uns von den Schrecken der letzten Tage zu erholen. Kommen Sie nächste Woche wieder.«

»Bei Ermittlungen in einem Mordfall können wir keine Wunschtermine vergeben. Auch für Zeugen nicht«, erklärte Große Jäger.

Widerwillig ließ Hauffe die beiden Beamten ins Haus und ging voraus in die erste Etage. In der Wohnung roch es abgestanden. Schaler Rauch und Alkoholdunst lagen in der Luft.

Der Lehrer führte sie ins Wohnzimmer. Auf dem Tisch standen eine angebrochene Grappaflasche und ein benutztes Glas. Kurz darauf erschien Renate Hauffe. Die ungekämmten Haare standen ihr zu Berge, das befleckte T-Shirt hing halb aus den Leggings heraus, die ein mehr als unvorteilhaftes Kleidungsstück für die Frau waren.

»Hallo«, sagte sie mit belegter Stimme. Die Unsicherheit ihres Gangs und die Alkoholfahne verrieten ihren Zustand. Sie setzte sich unaufgefordert zu den drei Männern an den Esstisch.

Hauffe wollte gegen die Anwesenheit seiner Frau aufbegehren, als aber auch noch Maike erschien und von ihrer Mutter mit »Komm her, meine Kleine« zur Teilnahme an der Runde aufgefordert wurde, unterdrückte Hauffe seinen Protest.

»Wir wissen jetzt, wer der Tote von der Eisenbahnbrücke ist.«

Der Lehrer stierte teilnahmslos in Richtung Fenster, während es den Anschein hatte, als hätte Renate Hauffe die Worte gar nicht wahrgenommen. Maike schaute die beiden Beamten an, traute sich aber nicht, nachzufragen.

»Unsere Ermittlungen stehen kurz vor dem Abschluss«, erklärte Christoph. »Uns fehlen nur noch die letzten kleinen Teile des Puzzles.«

»Da kann ich Ihnen nicht weiterhelfen«, gab Hauffe zurück. »Sie sehen ja, dass wir in dieser Familie genug Probleme haben.« Er zeigte auf seine Tochter. »Da lässt sich das Mädchen ein Kind andrehen.«

»Nun mäßige dich«, fuhr seine Frau dazwischen, aber Hauffe unterbrach sie. »Sei du leise. Du kommst doch aus dem Delirium nicht mehr heraus.«

233

»Anders kann man das Leben mit dir nicht ertragen«, antwortete Renate Hauffe mit schwerer Zunge und wollte erneut zur Flasche greifen, doch ihr Mann kam ihr zuvor.

»Hör endlich auf, dich um den letzten Funken Verstand zu trinken.« Er schrie seine Frau förmlich an.

»Nun hört endlich auf, euch ewig zu streiten«, rief Maike dazwischen und funkelte ihren Vater an. »Du bist immer der Super-
schlaue. Alles weißt du besser. Keiner kann dir etwas recht machen.
Du mit deinem Intelligenzquotienten …«

»Das interessiert mich jetzt – einfach außerhalb der Reihe«, sagte Große Jäger. »Sind Sie hochbegabt?«

Hauffe winkte müde ab, aber seine Frau lallte dazwischen: »Sie
müssen einmal mit meinem Mann Schach spielen. Der schlägt alle,
weil er seinen Gegnern immer ein paar Züge voraus ist. Ja – ich habe wirklich einen klugen Kopf als Ehemann.« Sie gluckste vergnügt
vor sich hin. »Leider ist das aber auch alles.«

»Mama hat recht«, mischte sich Maike ein. »Du hättest mit deiner Klugheit mehr aus dir machen können.«

»Haltet den Mund«, schrie Hauffe aufgebracht.

»Warum, mein Süßer?« Seine Frau griff erneut zur Schnapsfla-
sche. Diesmal hielt sie niemand davon ab, das Glas zu füllen. Sie
trank es in einem Zug aus. »Deine Tochter sagt doch die Wahrheit. Was hätte aus dir alles werden können. Und? Stattdessen
versteckst du dich hier in dieser Kleinstadt. Du schämst dich vor
dich – oder heißt das ›dir‹? Ist ja egal. Du schämst dich selbst, nur
weil dein Vater eine dunkle Hautfarbe hat.« Sie wedelte mit dem
leeren Glas in Christophs Richtung. »Haben Sie eine Ahnung,
wann wir das letzte Mal in Husum waren?« Nach einer Kunstpause fuhr sie fort: »Ich auch nicht.« Sie setzte das leere Glas an
die Lippen und ließ die letzten Tropfen in den Rachen laufen.
»Prost.«

»Frau Hauffe. Sie haben am Dienstagmorgen die Tote im Kanu
entdeckt und zunächst geglaubt, da würde jemand schlafen. Erst
nach über einer Stunde riefen Sie dann die Polizei.«

»Hab ich das?«, fragte die Frau. Dann schüttelte sie ihren Kopf
und wies mit dem Grappaglas in Richtung ihres Mannes. »Stimmt
nicht. Er hat die Frau zuerst gesehen.«

»Bei unserer ersten Vernehmung haben aber Sie und Ihr Mann übereinstimmend ausgesagt, dass Sie das Boot zuerst entdeckt hatten.«

»Kann nicht sein. Haben Sie eine Ahnung, was ich morgens zu tun habe, damit die beiden rechtzeitig loskommen?«

»Das ist doch nicht wahr«, rief Hauffe dazwischen. »Du hast zu mir gesagt: Sieh mal da. Da schläft jemand. Die ganze Zeit über.«

»Nee – nee, mein Süßer. Das warst du. Ich habe vielleicht ein' Lütten im Timpen, aber so doof bin ich doch nicht.«

Hauffe wandte sich an Christoph. »Sie sehen doch selbst, in welchem Zustand sich meine Frau befindet. Die ist doch nicht mehr zurechnungsfähig. Und so etwas muss ich täglich durchmachen. Wundert es Sie, dass ich mich nicht mehr unter die Leute wage? Wir leben hier in einer Kleinstadt. Da bleibt nichts vor den Augen der Nachbarn verborgen.«

»Auch nicht Ihr Verhältnis mit Ina Wiechers?«

Hauffe musterte Christoph aus funkelnden Augen. »Das glauben Sie doch selbst nicht. Ich bin verheiratet. Vielleicht nicht sonderlich glücklich. Aber ich mache mich doch nicht an Kolleginnen heran.«

»Sie wären nicht der Einzige. Wir haben inzwischen ermittelt, dass es jede Menge Männer gab, die mehr oder weniger erfolgreich um die Gunst von Ina Wiechers gebuhlt haben.«

»Mein Vater macht ja viel Mist, aber er ist ein Spießer. Das kann sich keiner vorstellen, dass er Frau Wiechers angebaggert haben soll«, mischte sich Maike ein.

»Wer hat dich gefragt?«, wies Hauffe seine Tochter zurecht. »Sieh zu, dass du den Raum verlässt.«

»Nun aber sutsche«, sagte Große Jäger. »Wir möchten, dass Maike bleibt. Seien Sie doch froh, dass Ihre Tochter Sie in Schutz nimmt.«

Maike nickte eifrig. »Die Wiechers hatte doch ganze andere Kerle als so einen wie dich. Du bist ja nicht einmal ein richtiger Neger, von dem vielleicht manche Frauen träumen.«

Hauffe sprang auf und wollte sich auf seine Tochter stürzen, aber Große Jäger packte ihn am Arm und hielt ihn fest. »Ganz ruhig. Das hatten wir doch schon einmal. Sie wollen doch weder Tochter noch Enkelkind schädigen? Das geziemt sich nicht für einen werdenden Großvater.«

Hauffe bückte sich, um den durch sein überhastetes Aufspringen umgekippten Stuhl wiederaufzurichten. Schwer atmend nahm er Platz.

»Vielleicht hatten Sie kein Verhältnis mit Ina Wiechers. Aber auch das könnte ein Motiv für Sie gewesen sein. Es wäre nicht das erste Mal, dass ein Mensch aus verletztem Stolz hat sterben müssen. Kann es sein, dass Ina Wiechers Ihren Werbeversuchen widerstanden hat und dabei beleidigend geworden ist?«

»Quatsch«, war Hauffes knapper Kommentar zu Christophs Frage.

»Es muss frustrierend sein, wenn man sieht, wie eine Frau scheinbar leichtsinnig Liebschaften mit anderen eingeht, denen man sich in jeder Hinsicht überlegen fühlt.«

Hauffe sah Große Jäger an. »Muss ich mich von Ihrem Kollegen beleidigen lassen? Das ist mehr als grobe Ehrverletzung, was Ihr Mitarbeiter von sich gibt.«

Der Oberkommissar lehnte sich entspannt zurück und verschränkte die Arme vor der Brust. »Das ist nicht mein Mitarbeiter, sondern mein Boss.« Große Jäger bohrte sich im Ohr und neigte den Kopf leicht zur Seite. Dann besah er sich die Fingerspitze. »Komisch. Da ist nichts im Gehörgang. Trotzdem habe ich nichts gehört, was Sie dem Ersten Hauptkommissar vorwerfen könnten.«

»Der hat doch recht, der Herr Erster Dingsbums«, lallte Renate Hauffe dazwischen.

»Außerdem wissen wir, dass Ina Wiechers gewisse Praktiken am Eidergymnasium nicht guthieß und diese an die Schulaufsicht melden wollte.«

»Sie schenken diesem absurden Geschwätz doch keinen Glauben. Ob wir Lehrer in Friedrichstadt oder an einem anderen Ort vor einer Klasse stehen – das macht doch keinen Unterschied.«

»Ich denke, schon. Ihre Frau hat vorhin ausgemalt, welchen Stellenwert diese kleine Stadt für Sie hat. Das hier ist Ihr unverrückbarer Lebensmittelpunkt.«

Christoph legte eine längere Pause ein. Er wollte seine Worte wirken lassen. Die Zeit nutzte Renate Hauffe, um das Glas erneut zu füllen. Niemand aus der Runde machte Anstalten, sie daran zu hindern.

»Ich habe eine Zwischenfrage«, wechselte Christoph das Thema. »Waren Sie schon einmal in St. Peter-Ording?«

»Sicher.«

»Auch im Hause der Familie von der Hardt?«

»Kann sein«, erwiderte Hauffe ausweichend.

»Beantworten Sie die Frage bitte eindeutig.«

»Ja. Ich habe mit der Mutter gesprochen. Es gab öfter Probleme mit Nico.«

»Haben Sie Vorschläge für ein Arrangement unterbreitet? Ein oder gar zwei zugedrückte Augen bei der Versetzung gegen eine weitere großzügige Spende für den Schulverein?«

»Wo denken Sie hin«, brauste der Lehrer auf. »Ich bin doch nicht bestechlich. Solche Machenschaften hat einzig der Schulleiter verfolgt.«

»Aha«, schob Große Jäger dazwischen.

Wulf Hauffe merkte, dass er sich entgegen seiner Absicht verplappert hatte.

»Aber Sie wussten davon?«

»Ja«, gestand er zähneknirschend ein. »Das wussten alle im Kollegium. Wir haben es vor Ina Wiechers eine ganze Weile verborgen halten können, weil sie uns von Beginn an nicht geheuer erschien. Sie war auf der einen Seite zu ehrgeizig, andererseits aber passte ihre lockere Lebensauffassung im privaten Bereich nicht zu den hiesigen Moralvorstellungen. Hier, auf dem platten Land, sind wir auch Vorbilder in der Lebensführung.«

»Und da passte Ina Wiechers nicht ins Schema?«

»Irgendwie nicht.«

»Und van Oy auch nicht?«

Hauffe sah seine Frau und Maike an, die seinen Ausführungen mit großen Augen folgten.

»Nun ist es auch egal. Nein«, sagte er mit Bestimmtheit. »Der Direktor spielt in der Öffentlichkeit den Vorbildchristen. Und wann immer sich eine Möglichkeit bietet, sucht er Prostituierte auf. Man erzählt sich, dass er gelegentlich auf dem Husumer Straßenstrich gesehen wurde. Dabei wartet er bis nach Mitternacht, in der Hoffnung, dann niemandem mehr zu begegnen, der ihn erkennen könnte.«

»Von wem wissen Sie das?«

Hauffe sah erneut seine Familie an. »Das möchte ich nicht preisgeben.«

Christoph nahm sich vor, van Oy mit dieser Behauptung zu konfrontieren. Vielleicht hatte die Nachbarin recht, und der Schulleiter hatte in der fraglichen Nacht seine Wohnung verlassen, um nach Husum zu fahren. Verständlicherweise war er bemüht, das im Verborgenen zu halten.

»Sie kennen den Werkstattraum des Hausmeisters?«

»Den kennt jeder.«

»Wann waren Sie das letzte Mal dort?«

Hauffe überlegte einen kurzen Augenblick. »Das weiß ich nicht. Normalerweise habe ich dort nichts zu suchen.«

»Würden wir dort Ihre Fingerabdrücke finden?«

Jetzt lachte der Lehrer auf. »Wohl kaum.«

»Tragen Sie Jeans?«

»O ja. Das ist seine Standardbekleidung«, lallte Renate Hauffe dazwischen und versuchte sich mit den Ellenbogen auf dem Tisch abzustützen. Dabei rutschte die Tischdecke nach vorn, und sie landete mit dem Oberkörper auf der Tischplatte. Zuerst sah sie verdutzt aus, dann fing sie lauthals an zu lachen. »Ist das nicht komisch?«

»Das ist widerwärtig«, ereiferte sich Hauffe und zeigte auf seine Frau. »Sehen Sie sich dieses Wrack an.«

Renate Hauffe hob ihren rechten Zeigefinger und versuchte eine Art Drohgebärde in Richtung ihres Mannes anzudeuten. »Nur so kann man das Leben mit dir aushalten«, nuschelte sie.

»Warum führen Sie beide ein solches Leben weiter, wenn Sie sich gegenseitig so auf die Nerven gehen? Für uns als Außenstehende erweckt es den Anschein, als hätte Ihre Ehe keine Zukunft.«

Hauffe deutete mit den Händen eine Geste der Hilflosigkeit an. »Verstehen Sie etwas von Verantwortung? Wir haben schließlich eine Tochter.«

»So wie Professor Ehrenberg zu Rantzau.«

»Das ist doch nur Show. Der feine Pinkel zeigt Rebecca wie im Panoptikum herum. ›Seht, welch ein exotisches Spielzeug ich mir leiste. Meiner Großherzigkeit ist es zu verdanken, dass dieses *Wunderkind* hier leben darf.‹ So wedelt der Mann durch seine gesellschaftlichen Kreise.«

»Immerhin war das Mädchen hochbegabt. Sie soll glänzende Perspektiven als Pianistin gehabt haben.«

Der Lehrer warf einen fast zärtlichen Blick zu seiner Tochter. »Das ist Maike auch.«

»Aber ich spiele längst nicht so gut wie Rebecca«, rief Maike dazwischen.

Hauffes Blick hing lange, fast träumerisch an seiner Tochter. »Doch«, sagte er nach einer ganzen Weile. »Jetzt schon. Auch diese Familie ist etwas wert. Trotz des farbigen Vaters. Und mit der alkoholsüchtigen Mutter.« Er beugte sich über den Tisch und streichelte seiner Frau zärtlich über den Kopf. »Wir schaffen das schon, Renate. Irgendwie.«

»Was ist los?«, antwortete seine Frau mit schwerer Zunge, hob müde den Kopf und blickte irritiert mit glasigen Augen in die Runde. Dann ließ sie ihren Kopf wieder in die Armbeugen sinken, die auf dem Tisch lagen.

»Ich muss jetzt etwas trinken«, sagte Hauffe und wollte aufstehen.

»Lass, Papa.« Maike legte sanft die Hand auf seine Schulter und stand auf. »Ich hole uns Wasser. Sie auch?« Dabei sah sie die beiden Beamten an. Dann verließ sie den Raum.

»Ich bin da irgendwie hineingeraten«, sagte Wulf Hauffe mit leiser Stimme. »Sie haben keine Vorstellungen davon, wie es ist, immer wegen der Hautfarbe verspottet zu werden. ›Neger‹, rufen die jüngeren Jahrgänge mir hinterher. Leute wie Nico prahlen vor der versammelten Klasse, der Unterricht würde ihrer Auffassung nach nicht in der Schule, sondern in einem Kral stattfinden.«

»Warum haben Sie Ina Wiechers getötet?«

»Sie hat mich wegen meiner Hautfarbe verschmäht. ›Ich kann jeden anderen Mann bekommen und bin ich nicht auf einen Mischling angewiesen. Und wenn du mich weiter bedrängst, dann erzähle ich es deiner Frau und mache dich im ganzen Ort lächerlich.‹ So hat sie mir gedroht. Dabei hatte ich Vertrauen zu ihr gefasst, nachdem wir sehr konstruktiv und kollegial zusammengearbeitet hatten. Allerdings wollte ich sie davon abbringen, das Gymnasium an den Pranger zu stellen.«

»Der Mord war aber keine spontane Handlung.«

»Nein. Als ich den Besen des Hausmeisters sah, dachte ich zuerst daran, Ina zu erschlagen. Ich wusste ja nicht, wie man an eine Waffe kommt. Und Gift erschien mir zu grausam. Sie sollte nicht leiden. Dann fiel mir ein, dass das Opfer beim Erdrosseln sehr schnell besinnungslos wird. Deshalb habe ich diese Methode gewählt.«

»Und einen Drosselknebel aus dem Besen des Hausmeisters gebastelt?«

»Ja«, gab Hauffe kleinlaut zu.

»Dabei haben Sie aber nicht bedacht, dass die moderne Kriminaltechnik Spuren Ihrer Jeans nachweisen kann, als Sie den Besenstiel über Ihrem Knie zerbrachen.«

»In solchen Dingen kenne ich mich nicht aus. Ich bin nie zuvor mit dem Gesetz in Konflikt geraten.«

»Immerhin haben Sie den Mord akribisch vorbereitet. Ihre Frau hat vorhin erzählt, dass Sie ein brillanter Schachspieler sind. Deshalb haben Sie ein Stück Draht vor dem Haus der Familie von der Hardt abgeknipst, um uns in die Irre zu leiten. Vielleicht haben Sie nicht einmal gewusst, dass dieser zufällig identisch mit dem von der Wiese am Bootsanleger ist.«

»In diesem Punkt überschätzen sie mich. Es stimmt, dass ich den Draht in St. Peter-Ording abgeknipst habe. Die Zange hatte ich zuvor beim Hausmeister ausgeliehen.«

»Wo ist die übrigens?«

»Die habe ich irgendwo in der Treene versenkt. Es war Nacht. An den genauen Ort kann ich mich nicht mehr erinnern.«

Sie wurden unterbrochen, weil aus dem Hintergrund der Wohnung Maike zu hören war, wie sie sich übergab. Hauffe sprang auf.

»Ich muss mich um meine Tochter kümmern«, rief er und rannte aus dem Zimmer.

Große Jäger wollte hinterherlaufen. »Der haut uns sonst ab«, sagte er, aber Christoph hielt ihn zurück.

»Da müssen wir uns nicht sorgen. Hauffe wüsste nicht, wohin. Der hat keinen Platz auf dieser Welt, wo er in Frieden leben könnte.«

»Wie bist du eigentlich auf ihn gekommen?«

»Da gab es mehrere Punkte, die mich nachdenklich gestimmt haben. Zum einen die Unstimmigkeit, wer die Tote in der Gracht zuerst entdeckt hatte. Hauffe wollte es so aussehen lassen, als hätte seine Frau das Kanu gesehen. Es hätte uns sonst nachdenklich gemacht, warum er sich nicht früher darum gekümmert hat.«

»Das ist aber noch kein Beweis.«

»Es war ein kleiner Nadelstich. Allein für sich war das noch nicht entscheidend. Dann gab es eine weitere Begebenheit, die mich irritiert hat. Von van Oy wissen wir, dass er ein notorischer Lügner ist. Bei dem umfassen die Gebote Mose nur neun.«

»Acht«, warf Große Jäger ein. »›Du sollst nicht ehebrechen‹ hast du vergessen.«

Christoph schmunzelte. »Als Westfale hast du vielleicht einen besseren Draht zum lieben Gott als wir Nordlichter. Jedenfalls war es nicht Hauffes Art, uns ständig die Unwahrheit zu erzählen. Warum hat er uns aber weismachen wollen, er hätte vom Pult in seiner Klasse Fouad al-Shara ums Haus schleichen sehen? Erinnerst du dich? Das hat er damals ausgesagt, als wir nach dem Überfall auf Rebecca in der Schule waren.«

Große Jäger nickte zustimmend.

»Vorhin waren wir noch einmal in der Schule, und ich habe Harry Trochowitz gebeten, Hauffes Klassenraum zu öffnen. Der Blick geht nach hinten hinaus. Man sieht nur die Marsch, und der Hausmeister hat bestätigt, dass sich in dem sumpfigen Areal niemand aufhält. Also konnte Hauffe den Libanesen gar nicht bemerkt haben. Das war nur eine Schutzbehauptung, um unsere Ermittlungen in die falsche Richtung zu lenken.«

Sie wurden kurz durch Renate Hauffe unterbrochen, die ihren Kopf bewegte und dabei einen tiefen zufriedenen Seufzer von sich gab.

»Ich staune immer wieder, was dir Kieler Schreibtischpolizisten alles auffällt. Schade, dass auch du mit sechzig pensioniert wirst, sonst könnte aus dir im Laufe der Jahre noch ein anständiger Kriminalist werden.« Der Oberkommissar warf sich in die Brust. »Etwa so wie ich.«

Aus dem Flur war ein leichtes Klirren zur hören. Kurz darauf erschien Hauffe mit einer Wasserflasche und vier Gläsern. Stumm schenkte er ein und trank einen Schluck.

»Was geschah danach?«

»Danach?«, fragte Hauffe geistesabwesend zurück.

»Als Sie die Drahtschere des Hausmeisters aus dem Auto geworfen hatten.«

»Ach ja. Ich habe den Drahtknebel gebastelt. Da ich das Drahtstück aus St. Peter in der Hektik aber nicht wiedergefunden hatte, schnitt ich ein Stück von der Wegbegrenzung bei der Schule ab. Ich hatte mich mit Ina zu einer Aussprache an der Schule getroffen.«

»Um was ging es da?«

»Ich wollte sie bitten, keine voreiligen Schritte zu unternehmen. Ich habe ihr versprochen, sie nicht mehr zu belästigen – wie sie es nannte. Aber sie hat mich nur ausgelacht. Wir haben in meinem Wagen gesessen. Sie nahm ihr Notebook über die Schulter, und wir gingen langsam Richtung Treene zum Bootsanleger. Kurz bevor wir am Wasser waren, griff sie zu ihrem Handy und hat mir ins Gesicht gelacht, sie würde jetzt eine Verabredung für den *schönen* Teil des Abends treffen. Ich stand hinter ihr. Da habe ich den Drahtknebel aus der Tasche geholt – ich war bis zu diesem Zeitpunkt immer noch unsicher – und habe sie erwürgt.«

Hauffe schüttelte sich bei der Erinnerung an die Tat, bevor er mit stockender Stimme weitersprach. »Ich war zunächst so erschrocken, dass ich Ina liegen ließ, wie sie niedergesunken war. Haben Sie schon einmal einen Menschen getötet?« Erneut durchfuhr den Lehrer ein Schauder. Dann betrachtete er angewidert seine Hände. »Ich bin zuerst zum Auto zurück und nach Hause gefahren. In dem Zustand konnte ich aber niemandem unter die Augen treten. So bin ich zunächst in der Stadt herumgeirrt, bis ich wieder klar denken konnte. Dann bin ich zur Schule zurück, habe das Notebook und das Handy in das Ufergestrüpp geworfen und gehofft, dass die Dinge dort nicht entdeckt werden. Später habe ich mich selbst einen Narren gescholten. Ich hätte die Sachen ins Wasser werfen sollen.«

Er hielt inne, weil seine Frau sich bewegte, fuhr dann aber fort, während Renate Hauffe begleitet von tiefen gleichmäßigen Tönen weiterschlief.

»Ich war unheimlich erschrocken, als die beiden Gegenstände plötzlich im Büro der Sekretärin auftauchten. Noch weniger konnte ich mir erklären, dass sie plötzlich wieder verschwunden waren. Das hat mich mehr als verunsichert, da ich nicht wusste, ob Inas Geräte in die Hände der Polizei gefallen waren.«

Er nahm einen Schluck Mineralwasser. »Nun aber zurück zum Montag. Ich habe Ina vom Knebel befreit und diesen ebenso wie das Vorhängeschloss des Kanus am Bootsanleger versenkt.«

»Zuvor hatten Sie sich den Schlüssel für die Bootskette besorgt?«

»Nein. Das war der von meinem Schlüsselbund. Am nächsten Tag habe ich mir den Schlüssel aus dem Sekretariat genommen und an meinen Schlüsselring gesteckt. So musste jeder denken, der Schlüssel für das Kanu wäre in der Schule entwendet worden.«

»Und dann sind Sie seelenruhig mit der Toten an Bord bis zu Ihrer Haustür gepaddelt.«

Hauffe schüttelte heftig den Kopf. »Von wegen, seelenruhig. Mir schlug das Herz bis zum Hals. Ich wollte Richtung Eiderschleuse paddeln und dort das Kanu freigeben. Man hätte es dann irgendwann gefunden. Mit etwas Glück hätte es sich auch an einer verschwiegenen Stelle im Uferschilf verfangen und wäre für eine unbestimmte Zeit unentdeckt geblieben. Ich bin also über die Treene in den Westersielzug. Doch auf Höhe der Feuerwehr, kurz vor der Unterquerung der Bundesstraße, bemerkte ich mehrere Leute am Ufer. Da habe ich es mit der Angst bekommen, bin ein Stück zurückgepaddelt und dann in den Burggraben eingebogen. Da ich fürchtete, andere nächtliche Spaziergänger könnten mich zufällig entdecken, habe ich das Kanu an der Kleinen Brücke festgemacht.«

»Das ist praktischerweise direkt vor Ihrer Haustür.«

Hauffe nickte versonnen. »Daran habe ich nicht gedacht. Ich wollte nur schnell fort von der Toten. Mich hatte mittlerweile das kalte Grausen gepackt.«

»Dagegen spricht aber, dass Sie am folgenden Morgen ganz cool reagiert haben und sogar in der Lage waren, eine falsche Spur zu legen.«

Der Lehrer sah Christoph an, schwieg aber zu diesem Vorwurf.

»Wo haben Sie das Paddel gelassen?«, wollte Große Jäger wissen.

»Das habe ich ins Wasser gelegt und angestoßen. Ich kann nicht sagen, wo es abgeblieben ist.«

Christoph lehnte sich zurück. »Es ist gut, dass Sie Ihr Gewissen befreien. Warum haben Sie Rebecca Ehrenberg zu Rantzau so übel zugerichtet?«

Wulf Hauffe fuhr sich mit der Hand über das aschgraue Gesicht.

»Unsere Tochter litt darunter. Ständig begegnete ihr Rebecca als leuchtendes Beispiel. Die Rantzau-Tochter konnte dieses, konnte jenes. Überall wurde sie als Wunderkind hoch gelobt. Dazu kam sicher auch ihr exotisches Aussehen. Und mit ihrem Adoptivvater im Hintergrund standen ihr alle Türen offen. Unsere Maike ist ein ganz normales Mädchen, das mit ein paar – zugegeben – schwierigen Bedingungen in der Familie zurechtkommen muss.« Hauffe beschrieb mit seinen Händen einen großen Kreis in der Luft. »Erinnern Sie sich an die Apartheid in Südafrika? Dort gab es drei Gesellschaftsschichten. Die Weißen, die Schwarzen und die ›Coloured‹, wie die Einwohner mit asiatischen Wurzeln genannt wurden. Die hatten mehr Rechte als die einheimische Urbevölkerung. Rund um den Globus gelten die Schwarzen als die Underdogs. Und selbst Maike hat darunter gelitten. Nehmen Sie Nico von der Hardt. Ein wahres Chamäleon. Einerseits verehrt ihn Maike wegen seiner vorgeblichen Unabhängigkeit. Er verkörpert aus der Sichtweise der anderen Schüler so etwas wie die Freiheit. Andererseits ist er ein schlimmer Finger gegenüber allen Menschen, die anders aussehen. Ich selbst habe diese Auseinandersetzung oft mit ihm ausfechten müssen. Auch wenn man es mir nicht anmerken konnte und ich ohne Gesichtsverlust vor den Schülern davongekommen bin, hat es mich tief getroffen. Übrigens war Ina Wiechers einmal Zeugin einer solchen Szene. Statt meine Partei zu ergreifen und sich in die Auseinandersetzung einzuschalten, hat sie mit einem fast spöttischen Grinsen der Angelegenheit beigewohnt.«

Große Jäger schüttelte heftig den Kopf. »Das ist starker Tobak. Da zerstören Sie einem jungen Menschen aus Neid die Zukunft. Mensch, ich könnte …« Er ließ seinen Gedanken unausgesprochen. »Rebecca! Rebecca! Oh, wie ich das gehasst habe. Dieses Mädchen wurde von allen hochgejubelt. Es schien, als würde sie auf einem Denkmal stehen. Und in dessen Schatten verschwanden die anderen. Sie ist doch kein Wunderkind, nur weil sie mit dem Geld und den Verbindungen eines Professor Ehrenberg Träume verwirklichen konnte, die Maike nicht offenstanden.« Hauffe trommelte mit den Fingern auf der Tischplatte. Sein Blick war ins Leere gerichtet. »Die Vorwürfe meiner Tochter haben mich bis in den Schlaf verfolgt. ›Warum die?‹, klagte mich Maike an. Rebecca war erfolgreicher, erzählte von den Kontakten ihres Vaters, von der Förderung ihres Talents. Die Jungs waren hinter dem Mädchen her. Und auch im Kollegium war sie das Maß, an das andere Schüler nicht heranreichten.« Hauffe hielt ein. Er fuhr sich bedächtig mit der Hand übers Gesicht. Dann schüttelte er sich, als würde er wie aus einer Trance erwachen. »Ich weiß nicht, was über mich gekommen ist. Plötzlich war der Zwang da, Rebecca von ihrem Sockel zu stoßen.« Er sah Christoph an, als würde er ihn um Verständnis bitten. »Ich konnte mich nicht dagegen wehren. Es *musste* sein.«

Christoph hatte Zweifel, ob Hauffe immer im Vollbesitz seiner geistigen Kräfte gehandelt hatte. Doch darüber hatten Ärzte zu befinden. Große Jäger schien den gleichen Gedanken zu verfolgen. Unbemerkt von Hauffe schwenkte der Oberkommissar die Hand vor seiner Stirn, um Christoph zu signalisieren: Der ist doch plemplem.

»Was war das Tatwerkzeug?«, fragte Christoph.

Der Lehrer antwortete ganz leise, kaum wahrnehmbar: »Das Radkreuz aus meinem Auto.«

»Wie sind Sie darauf gekommen? Das klingt sehr exotisch.«

»Ich weiß es nicht. Ich kann mich nicht mehr daran erinnern.«

»So etwas wie Sie sollte Bundeskanzler werden«, knurrte Große Jäger. »Da gab es auch Vertreter mit Erinnerungslücken.«

Sie blickten auf, als Maike wieder in den Raum zurückkehrte. Sie hielt die Hände vor den Bauch.

»Wie geht's dir, meine Kleine?«, fragte Hauffe mit besorgter Stimme.

»Schlecht«, kam es kläglich über Maikes Lippen. Sie hatte sich ein Glas Cola mitgebracht und nippte daran. Dann setzte sie sich auf den freien Stuhl neben ihrem Vater.

Christoph überlegte, ob sie das Verhör in Gegenwart des Mädchens fortsetzen sollten. Maike ließ sich bestimmt nicht fortschicken. Und ob Hauffe seinen Redefluss nach einer Unterbrechung und gar in Husum auf der Polizeidirektion fortsetzen würde, war ungewiss.

»Damit haben wir schon viele wichtige Punkte geklärt«, sagte Christoph diplomatisch.

Maike blickte ihn mit großen Augen an. Ihr war anzumerken, dass sie die Zusammenhänge der Katastrophe, die sich über dieser Familie zusammenbraute, noch gar nicht verstanden hatte.

»Wissen Sie eigentlich, wer auf der Eiderbrücke ermordet wurde?«, fuhr Große Jäger dazwischen, der die Fragen bisher Christoph überlassen hatte.

»Ich weiß es nicht«, antwortete Hauffe müde. »Ich will es auch gar nicht wissen.«

»In Friedrichstadt bleibt nichts verborgen. Morgen steht es ohnehin in der Zeitung. Wir haben vorhin die Mutter des Opfers aufgesucht. Soll ich Ihnen berichten, wie es der Frau ergangen ist?«

»Mir reicht, was über meine Familie hereingebrochen ist. Ich kann nicht auch noch das Päckchen anderer tragen«, zischte Hauffe den Oberkommissar wütend an.

»Dann fühlen Sie keine Verantwortung für das Mordopfer von der Eisenbahnbrücke?«

»Nein! Ganz eindeutig nein!« Hauffe schrie fast.

Benommen hob seine Frau den Kopf, blinzelte einmal verständnislos in die Runde und ließ ihr Haupt wieder in die Armbeuge sinken.

»Sie kennen den jungen Mann.« Der Oberkommissar war unerbittlich.

»Nein!«, schrie Hauffe und hielt sich die Ohren zu.

»Es ist der junge Libanese, der immer um Ihre Schule herumgestreift ist. Fouad al-Shara.«

246

Plötzlich verdrehte Maike die Augen und sackte in Zeitlupe vom Stuhl. Ihr Vater konnte sie gerade noch auffangen, bevor das Mädchen auf den Boden kippte.

»Da sehen Sie, was Sie angerichtet haben«, brüllte der Lehrer den Oberkommissar an. »Ist Ihnen jede menschliche Regung fremd?«

»Ich glaube es nicht«, empörte sich Große Jäger. »Da haben wir es mit einem Mörder zu tun, und der Mann regt sich auf, weil wir ihn verhören?«

»Genug«, schrie Hauffe und kniete neben seiner Tochter. Christoph hatte sich ebenfalls hinabgebeugt und fühlte den schwachen Puls.

»Es ist eine Ohnmacht«, sagte er und atmete tief durch, als Maikes Gesicht zuckte und ein leises Stöhnen über die Lippen kam. Dann öffneten sich die Lippen einen Spalt, die Lider zuckten unmerklich, und Maike blinzelte ins Licht. Im Zeitlupentempo öffnete sie die Augen und suchte irritiert die Umgebung ab, bis ihr Blick bei ihrem Vater hängen blieb.

Hauffe tätschelte ihr die Wangen. »Es ist alles gut, mein Kleines. Du musst dir keine Sorgen machen.«

Mit Christophs Hilfe trug er Maike in ihr Zimmer. Der Lehrer deckte seine Tochter wie ein Kleinkind zu, während Christoph aus dem Wohnzimmer ein Glas Wasser besorgte. Gemeinsam flößten die beiden Männer Maike einen Schluck Wasser ein. Zuerst ging ein Zucken durch den Mädchenkörper, dann wurde er von einem Weinkrampf geschüttelt.

Christoph hatte sich bis zur Tür zurückgezogen und beobachtete, wie der Vater Maike zu beruhigen suchte. Er ließ Hauffe Zeit und hörte mit einem Ohr, dass Große Jägers Handy klingelte. Der Oberkommissar saß immer noch im Wohnzimmer und wechselte mit einem unbekannten Gesprächspartner ein paar Worte. Nach dem Telefonat kam er aus dem Raum, stellte sich neben Christoph und wisperte ihm zu: »Es geschehen merkwürdige Dinge auf dieser Welt. Das war das Kind.«

»Ist Mommsen schon wieder im Büro?«, fragte Christoph.

»Ja. Und dort ist Jan Harms aufgetaucht. Er war völlig zerknirscht und wollte sich entschuldigen. Das galt auch für seinen Spezi Nico. Der hat das ausdrücklich aufgetragen. Jan versicherte, dass Nico noch einmal persönlich zu uns kommen will. Die beiden haben eingestanden, dass sie ziemlich viel Scheiß gebaut haben. Aber das Schärfste kommt noch. Jan Harms war nicht allein.« Der Oberkommissar legte eine künstliche Pause ein, um die Spannung zu steigern. »Du glaubst es nicht. Er hatte einen Kasten Weizenbier dabei. Das ist ein Gruß seines Vaters.« Große Jäger knuffte Christoph kameradschaftlich in die Seite. Dann zeigte er auf Vater und Tochter Hauffe. »Was ist mit denen?«

»Gib ihnen noch ein wenig Zeit«, sagte Christoph leise, während Hauffe am Bettrand saß und Maikes Kopf in Händen hielt. Nach zwanzig Minuten atmete das Mädchen ruhig und gleichmäßig. Vorsichtig löste sich der Lehrer und kehrte, gefolgt von den Beamten, ins Wohnzimmer zurück.

»Ich glaube, ich verstehe jetzt ein paar weitere Zusammenhänge«, sagte Christoph. »Kann es sein, dass Fouad der Vater von Maikes Baby ist?«

Ganz langsam nickte Hauffe. »Ich habe es an dem Tag erfahren, als sie die Schwangerschaft eingestanden hat.« Ein paar Tränen traten aus seinen Augen. »Dann habe ich die Welt nicht mehr verstanden. Sie haben selbst erlebt, wie hart Maike mich wegen meiner Hautfarbe angegangen hat. Ich habe fürchterlich darunter gelitten. Und dann lässt sie sich selbst mit einem ›Bunten‹ ein. Natürlich können Sechzehnjährige noch nicht ermessen, was im Leben auf sie zukommt. Schon gar nicht, was es bedeutet, Verantwortung für ein eigenes Kind zu tragen. Da wird romantisiert. Sie erzählte mir den Abend, dass sie gemeinsam mit dem Libanesen Zukunftspläne schmiedete. Stellen Sie sich vor, wie sie mir und meiner Frau ins Gesicht gesagt hat, sie wolle dem jungen Mann in dessen Heimat folgen. Bei all der politischen Unruhe, die dort herrscht, und dem anderen Verständnis, das man Frauen entgegenbringt, konnte ich das doch nicht zulassen! So habe ich ihm noch am selben Abend gesucht. In Friedrichstadt ist es nicht schwer, jemanden zu finden.« Hauffe wischte sich mit dem Ärmel die Tränen von den Wangen.

»Natürlich kannte er mich. Deshalb wich er auch einem Gespräch nicht aus. Doch auf meine inständige Bitte, die Finger von meiner Tochter zu lassen, lachte er mich nur aus. Maike wäre ein tolles Objekt – er nannte sie wirklich ›Objekt‹ – zum Üben. Aber irgendwann würde er in seine Heimat zurückkehren, um in die Fußstapfen seines Vaters und seiner Brüder zu treten. Ich fragte ihn, wie er sich Maikes Zukunft und die des Babys vorstellen würde.«

Hauffe unterbrach seine Ausführungen und starrte minutenlang auf die Wand, bevor er stockend fortfuhr: »Wissen Sie, was Fouad geantwortet hat? ›Das ist doch nicht mein Problem.‹ Der sagte mir ins Gesicht, das Kind würde sicher gut durch die Großeltern versorgt werden. Ich fragte nach seiner Verantwortung als Vater. Da hat er mich ausgelacht. ›Ich habe genug Pflichten für *meine* Familie‹, hat er gesagt. Wenn Maike nicht aufgepasst habe beim Sex, dann müsse sie auch die Konsequenzen tragen.« Hauffe unterbrach seine Ausführungen und trank einen Schluck. Er fuhr sich mit der Zunge über die Lippen, bevor er sein Geständnis fortsetzte. »Wir waren in der Zwischenzeit mit meinem Auto gefahren. Irgendwohin. Ziellos. Ich konnte nicht sagen, warum wir plötzlich am Bahndamm in St. Annen standen. Ich wollte umdrehen. Mein Herz schlug rasend, und ich bebte vor Zorn. Fouad hatte Maike nur als Lustobjekt betrachtet. Er wollte nichts davon hören, dass Maike von Liebe sprach. ›Du spinnst doch‹, hat er mir ins Gesicht gesagt. ›Liebe! Das ist doch dummes Gefasel.‹ Ich wollte nichts mehr von ihm wissen. ›Raus!‹, habe ich ihn angebrüllt. Aber er hat nur gelacht. ›Sag mal, Alter, glaubst du, ich lauf zu Fuß zurück?‹ Ich bin aus dem Wagen gestiegen und habe versucht, ihn aus dem Auto zu zerren. Er hat sich heftig gewehrt. Dann kam es zu einem Handgemenge.« Hauffe fasste sich mit den Fingerspitzen beider Hände an die Schläfen und massierte sie vorsichtig. »Ich kann mich nicht mehr an Einzelheiten erinnern, aber plötzlich lag er benommen vor mir. Weil ich Angst hatte, er würde mich erneut angreifen, habe ich ihm die Hände mit Draht gefesselt, den ich im Kofferraum hatte. ›Du bist genauso ein Schwein wie deine Tochter‹, höhnte er. Als er mich anspuckte und ›Scheißnigger‹ sagte, ist bei mir eine Sicherung geplatzt.« Erneut begann Hauffe mit seinen Fingern auf der Tischplatte zu trommeln.

»Dann haben Sie Fouad gepackt und kaltblütig an die Schienen gefesselt«, sagte Große Jäger.

Verzweifelt schüttelte Hauffe den Kopf. »Nein! Das war ich

nicht. Ich bin wieder fort von der Stelle. Ich habe keine Erinnerung, dass ich das war.« Er sah Christoph aus glasigen Augen an. »Ich müsste das doch wissen. So etwas mach ich doch nicht. Verstehen Sie das?« Er hatte seine Hand auf Christophs Unterarm gelegt und rüttelte daran. »Ich habe es *nicht* getan. Ich nicht!«

Wieder war der abwesende Ausdruck in Hauffes Gesicht getreten. Er starrte ins Nirgendwo, als würden dort nur für ihn erkennbare Bilder ablaufen.

Für Christoph war es erwiesen, dass eine tief gestörte Persönlichkeit vor ihm saß. »Ich glaube, Sie brauchen dringend einen Arzt«, sagte er, aber der Lehrer hörte ihn nicht.

Nach einer ganzen Weile fuhr Hauffe zusammen, als hätte ihn jemand geweckt. »Ich wollte nur verhindern, dass meiner Tochter ein ähnliches Schicksal widerfährt wie ihr da.« Hauffe zeigte auf seine schlafende Frau. »Sie sehen selbst, wohin das führen kann.«

»Glauben Sie nicht, dass vieles von dem, was Sie uns als persönliches Schicksal vortragen, aus Selbstmitleid geboren ist?«, fragte Große Jäger.

Hauffe sah den Oberkommissar an, ohne den Sinn der Frage zu verstehen.

»Packen Sie bitte die Sachen zusammen, die Sie in der nächsten Zeit benötigen. Kleidung, Zahnbürste, Rasierzeug. Außerdem werden wir die Jeans mitnehmen, und zwar alle Jeans aus Ihrem Schrank.«

»Ja, aber …«, setzte der Lehrer an, brach dann aber resigniert ab. Er machte immer noch einen verwirrten Eindruck, obwohl es schien, als würde er dem Gespräch wieder folgen können.

»Auch ohne Ihr Geständnis, das das Gericht sicher zu würdigen weiß, wäre es uns nicht schwergefallen, Ihnen die Taten durch Indizien nachzuweisen. Nicht nur die Übereinstimmung der Mikrofasern von der Hose, sondern beispielsweise auch Partikel von Fouad al-Shara, die wir in Ihrem Auto finden werden, überführen Sie«, erklärte Christoph.

»Weshalb hat Ihre Frau Ihnen ein falsches Alibi gegeben, als sie bestätigte, dass Sie in der Mordnacht zu Hause gewesen wären?«, ergänzte Große Jäger.

»Die hat das im guten Glauben getan, ohne wirklich etwas mitzubekommen. Sie sehen es ja selbst, wie es ist, wenn sie getrunken hat.«

»Und Maike?«

»Die stand noch unter dem Einfluss der Beruhigungsmittel, die ihr im Husumer Krankenhaus verabreicht wurden.«

Hauffe stützte sich an der Tischplatte ab und stand auf. »Ich werde meine Sachen packen«, sagte er.

»Sie sind ein Mann voller Widersprüche«, stellte Große Jäger fest. »Sie sind mit Ihrem eigenen Leben nicht klargekommen und haben alle anderen dafür verantwortlich gemacht. Ich denke, Ihr Fall wird nicht nur die Juristen, sondern auch die Ärzte beschäftigen.« Für Hauffe unhörbar fügte er an: »Genie und Wahnsinn liegen dicht beieinander.«

Renate Hauffe hatte angefangen zu schnarchen. Wie getaktet kamen die Töne aus ihrem geöffneten Mund, aus dessen Winkel auch ein dünner Speichelfluss austrat. Wulf Hauffe bewegte sich auf leisen Sohlen in der Wohnung und packte seine Utensilien in eine kleine Reisetasche. Vorsichtig beugte er sich im Mädchenzimmer über seine Tochter und streichelte ihr sanft übers Haar. Dann ging er mit schweren Schritten zur Wohnungstür. Gefolgt von den beiden Beamten. Sie hatten die Tür noch nicht ganz geschlossen, als Maike schlaftrunken aus ihrem Zimmer kam, ihren Vater mit der Tasche sah, auf ihn zuwankte und ihn umklammerte.

»Papa. Du darfst mich nicht alleinlassen. Bitte, bleib doch«, jammerte das Mädchen.

Dichtung und Wahrheit

Diese Geschichte ist frei erfunden, und ein Gymnasium wird man im idyllischen Friedrichstadt nicht finden. Desgleichen trifft auf die Personen zu, die keine Ähnlichkeit mit den Menschen aufweisen, die in Häusern oder an Orten leben, auf die vielleicht diese oder jene Beschreibung in meinem Buch zutreffen könnte.

Auch möchte ich nach dem achten Buch einmal klarstellen, dass in den Diensträumen der Husumer Polizei weder geraucht wird noch die Füße in der Schreibtischschublade geparkt werden, wenn es auch der Wahrheit entspricht, dass dort besonders sympathische und hilfreiche Beamte sehr erfolgreich ihren Dienst verrichten.

Für klugen Rat zu meinen Büchern danke ich
Dr. Christiane Bigalke, Martje Brandt, Egon Dirks, Klaus Ehlert, Dr. Marion Heister, Peter Liesegang, Dr. Christel Steinmetz, der Nord-Ostsee-Bahn Kiel, der Polizei Husum, meinem Bruder Walter und meinen Söhnen Malte und Leif.

Und natürlich Birthe.

HANNES NYGAARD

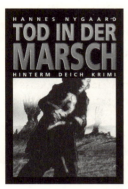

Hannes Nygaard
TOD IN DER MARSCH
Broschur, 240 Seiten
ISBN 978-3-89705-353-3

»Ein tolles Ermittlerteam, bei dem man auf eine Fortsetzung hofft.« Der Nordschleswiger

»Bis der Täter feststeht, rollt Hannes Nygaard in seinem atmosphärischen Krimi viele unterschiedliche Spiel-Stränge auf, verknüpft sie sehr unterhaltsam, lässt uns teilhaben an friesischer Landschaft und knochenharter Ermittlungsarbeit.« Rheinische Post

Hannes Nygaard
VOM HIMMEL HOCH
Broschur, 240 Seiten
ISBN 978-3-89705-379-3

»Nygaard gelingt es, den typisch nordfriesischen Charakter herauszustellen und seinem Buch dadurch ein hohes Maß an Authentizität zu verleihen.«
Husumer Nachrichten

»Hannes Nygaards Krimi führt die Leser kaum in lästige Nebenhandlungsstränge, sondern bleibt Ermittlern und Verdächtigen stets dicht auf den Fersen, führt Figuren vor, die plastisch und plausibel sind, so dass aus der klar strukturierten Handlung Spannung entsteht.«
Westfälische Nachrichten

www.emons-verlag.de

HANNES NYGAARD

Hannes Nygaard
MORDLICHT
Broschur, 240 Seiten
ISBN 978-3-89705-418-9

»Wer skurrile Typen, eine raue, aber dennoch pittoreske Landschaft und dazu noch einen kniffligen Fall mag, der wird an ›Mordlicht‹ seinen Spaß haben.« NDR

»Ohne den kriminalistischen Handlungsstrang aus den Augen zu verlieren, beweist Autor Hannes Nygaard bei den meist liebevollen, teilweise aber auch kritischen Schilderungen hiesiger Verhältnisse wieder einmal großen Kenntnisreichtum, Sensibilität und eine starke Beobachtungsgabe.« Kieler Nachrichten

Hannes Nygaard
TOD AN DER FÖRDE
Broschur, 256 Seiten
ISBN 978-3-89705-468-4

»Dass die Spannung bis zum letzten Augenblick bewahrt wird, garantieren nicht zuletzt die Sachkenntnis des Autors und die verblüffenden Wendungen der intelligenten Handlung.« Friesenanzeiger

»Ein weiterer scharfsinniger Thriller von Hannes Nygaard.«
Förde Kurier

www.emons-verlag.de

MEMONS VERLAG

Hannes Nygaard
TODESHAUS AM DEICH
Broschur, 240 Seiten
ISBN 978-3-89705-485-1

»Ein ruhiger Krimi, wenn man so möchte, der aber mit seinen plastischen Charakteren und seiner authentischen Atmosphäre überaus sympathisch ist.«   www.büchertreff.de

»Dieser Roman, mit viel liebevollem Lokalkolorit ausgestattet, überzeugt mit seinem fesselnden Plot und der gut erzählten Geschichte.«
Wir Insulaner – Das Föhrer Blatt

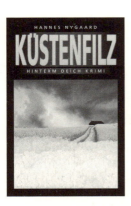

Hannes Nygaard
KÜSTENFILZ
Broschur, 272 Seiten
ISBN 978-3-89705-509-4

»Mit ›Küstenfilz‹ hat Nygaard der Schleiregion ein Denkmal in Buchform gesetzt.«
Schleswiger Nachrichten

»Nygaard, der so stimmungsvoll zwischen Nord- und Ostsee ermitteln lässt, variiert geschickt das Personal seiner Romane.«
Westfälische Nachrichten

www.emons-verlag.de

HANNES NYGAARD

Hannes Nygaard
TODESKÜSTE
Broschur, 288 Seiten
ISBN 978-3-89705-560-5

»Seit fünf Jahren erobern die Hinterm Deich Krimis von Hannes Nygaard den norddeutschen Raum.«
Palette Nordfriesland

»Der Autor Hannes Nygaard hat mit ›Todesküste‹ den siebten seiner Krimis ›hinterm Deich‹ vorgelegt – und gewiss einen seiner besten.«
Westfälische Nachrichten

www.emons-verlag.de